duplamente abençoado

Organização
CHRISTIE BALKA & ANDY ROSE

duplamente abençoado

Tradução de
MARITA FORNOS DE MAGALHÃES
E CELSO CUNHA

Editora
Rosa dos
Tempos

Rio de Janeiro
2004

CIP-Brasil. Catalogação-na-fonte
Sindicato Nacional dos Editores de Livros, RJ.

D943   Duplamente abençoado / [orgs.] Christie Balka e Andy Rose; tradução de Marita Fornos de Magalhães e Celso Cunha. – Rio de Janeiro: Rosa dos Tempos, 2004.

Tradução de: Twice blessed
Apêndice
Inclui bibliografia
ISBN 85-01-05159-4

1. Homossexualismo – Aspectos religiosos – Judaísmo. 2. Lesbianismo – Aspectos religiosos – Judaísmo. 3. Judeus homossexuais – Estados Unidos. 4. Judias lésbicas – Estados Unidos. 5. Judaísmo. I. Balka, Christie. II. Rose, Andy.

03-0953
CDD – 296.38783576
CDU – 296.1:-055.3

Título original em inglês:
TWICE BLESSED

Copyright © 1989 by Christie Balka and Andrew Rose

Todos os direitos reservados. Proibida a reprodução, armazenamento ou transmissão de partes deste livro, através de quaisquer meios, sem prévia autorização por escrito. Proibida a venda desta edição em Portugal e resto da Europa.

Direitos exclusivos de publicação em língua portuguesa para o Brasil adquiridos pela
EDITORA ROSA DOS TEMPOS
Um selo da
DISTRIBUIDORA RECORD DE SERVIÇOS DE IMPRENSA S.A.
Rua Argentina 171 – Rio de Janeiro, RJ – 20921-380 – Tel.: 2585-2000
que se reserva a propriedade literária desta tradução

Impresso no Brasil

ISBN 85-01-05159-4

PEDIDOS PELO REEMBOLSO POSTAL
Caixa Postal 23.052
Rio de Janeiro, RJ – 20922-970

EDITORA AFILIADA

Para Rebecca e Bruce

SUMÁRIO

Agradecimentos 9

Introdução / Andy Rose e Christie Balka 11

PARTE 1: *Dar Nomes a Nós Mesmos* 19
Introdução
Confissões de um *Feygele-Boichik*/*Burt E. Schuman* 23
Crescer na *Yeshiva* / *Adina Abramowitz* 33
Diferente como Moisés / *Alan D. Zamochnick* 43
Você não falou sobre estas Coisas: Crescer Judia, Lésbica e
Trabalhadora / *Felice Yeskel* 53
Esconder-se não É Saudável para a Alma / *Rachel Wahba* 61

PARTE 2: *Recuperar Nossa História* 71
Introdução 73
À Imagem de Deus: A Aceitação do Levítico / *Rebecca T. Alpert* 75
Dizer o Indizível: Gays, Judeus e Pesquisa Histórica / *Faith Rogow* 85
Em Busca de Modelos / *Jody Hirsh* 99
A História de Gerry: Uma História Oral / *Jeffrey Shandler* 109

PARTE 3: *Honrar Nossos Relacionamentos* 121
Introdução 123
Redefinir a Família: Modelos para o Futuro Judaico / *Martha A. Ackelsberg* 125
A Jornada de uma Mãe para "Fora do armário / *Agnes G. Herman* 137
Uma Cerimônia de Compromisso / *Paul Horowitz* e *Scott Klein* 145
Relações Parentais Lésbico-Judaicas / *Linda J. Holtzman* 153
Rumo a uma Nova Teologia da Sexualidade / *Judith Plaskow* 161

PARTE 4: *Criar a Comunidade Judaica Lésbica e Gay* 173

Introdução 175
Unir para Construir um Movimento Mundial / *Aliza Maggid* 177
Dar Nomes não É um Ato Simples: A Comunidade Lésbico-Feminista Judaica nos Anos 80 / *Evelyn Torton Beck* 192
A Liturgia dos Judeus Gays e Lésbicas / *Yoel H. Kahn* 203
Múltiplas Maneiras de Ser Eu: Ser Judeu na Comunidade Lésbica e Gay / *Eric E. Rofes* 220

PARTE 5: *Em Busca de Visibilidade: Judeus Gays e Lésbicas na Comunidade Judaica* 229

Introdução 231
Começando a Conhecer a Sinagoga Gay e Lésbica: Uma Rabina Vai da Tolerância à Aceitação / *Janet R. Marder* 233
Jornada Rumo à Plenitude: Reflexões de uma Rabina Lésbica / *La Escondida* 243
O Movimento Lésbico-Gay: Reações da Comunidade Judaica / *Sue Levi Elwell* 254
"Eles" São Nós: Resposta ao Desafio da Aids / *Andy Rose* 263

Epílogo: Como Transformar Nossas Visões em Ação / *Christie Balka e Andy Rose* 271

Apêndice 1: Para Educadores Judeus: Ensinar a Respeito de Homossexualidade / *Denise L. Eger e Lesley M. Silverstone* 275
Apêndice 2: Modelo de Laboratório de Homofobia / *Tom Rawson* 285
Apêndice 3: Fontes 293
Notas 295
Glossário 315
Bibliografia Anotada 321
Notas sobre os Colaboradores 329
Créditos 333

AGRADECIMENTOS

Nós somos gratos a muitas pessoas que nos ajudaram a realizar este livro.

Para começar, agradecemos a Esther Cohen por ter, inicialmente, sugerido o tema desta antologia enquanto trabalhava na Adama Press. Agradecemos aos cerca de trinta judeus gays e lésbicas que se reuniram a nós para ajudar a formar uma idéia do livro, e a Frances Goldin, que compartilhou seu entusiasmo com valiosas sugestões sobre o manuscrito. Também agradecemos aos 25 homens e mulheres que contribuíram para esta antologia. Todos eles estão se arriscando, pessoal e profissionalmente, por escreverem aqui: eles nos honram com sua integridade e coragem.

Desejamos agradecer aos membros de nossas respectivas comunidades de Filadélfia e de San Francisco pelas celebrações e lutas do dia-a-dia, que ajudaram a clarear nossa visão para este livro, e por freqüentes lembretes de luz no fim do túnel durante os estágios posteriores de edição.

Por fim, agradecemos aos inúmeros judeus gays e lésbicas que conhecemos e aos muitos mais que desconhecemos, cada um dos quais tem uma história única que merece ser ouvida. Nossa maior frustração ao editar este livro foi não encontrar um meio de incluir todo o coro dessas vozes.

Individualmente, cada um de nós tem outros a quem agradecer. Christie agradece: "A Sue Melia, por sua habilidade em processar palavras, e a Ursula Bowring, Lori Ginzberg, Faye Ginsburg e Kate Kazin, pelos comentários valiosos sobre o manuscrito. Ademais, agradeço a Rebecca, com quem compartilhei a vida no mais amplo sentido enquanto trabalhava nesta antologia."

Andy oferece os seguintes agradecimentos: "Meu amor e agradecimentos vão, em primeiro lugar, para o parceiro de minha vida, Bruce, que tem sido paciente e compreensivo no meio destes tempos extraordinários, encarando os desafios e as tragédias trazidos pela Aids a nossas existências. Nós enfrentamos o que deve ser enfrentado e a vida continua. Sou abençoado com um parceiro que é capaz de seguir adiante com firmeza, tenacidade e uma indômita e incomparável centelha de vida. Meus agradecimentos vão também para o restante de minha família, junto com tantos amigos sábios e maravilhosos, que estão tão ansiosos quanto eu para ver este livro impresso. Finalmente, agradeço aos membros distantes da Tribo Perdida, grupo que proporcionou meu primeiro vislumbre de minha capacidade de integrar meu judaísmo, minha homossexualidade e meus compromissos políticos."

INTRODUÇÃO

> A mais constante de todas as tradições relacionadas com a observância do dia era o ato de acender a luz do Sabá ao anoitecer da sexta-feira. (...) Para escondê-la de olhos curiosos, era costume local acender a luz num porão ou colocá-la dentro de um jarro; esta singularidade resultava em observância essencial. — CECIL ROTH: *A History of the Marranos*

Na Espanha do século XV, a Inquisição exigia que todos os judeus se convertessem ou se exilassem. Entretanto, alguns judeus enveredaram por um caminho diferente, convertendo-se externamente ao cristianismo e, secretamente, observando as práticas judaicas em seus lares. Conhecidos como conversos,[1] estes judeus eram considerados anômalos na história judaica. Mas, na realidade, os judeus homossexuais têm tido um destino similar ao dos conversos. Com freqüência, durante nossa existência de cinco mil anos, temos sido compelidos a esconder nossas identidades homossexuais para podermos sobreviver como judeus.

Enquanto os ensaios desta antologia refletem uma variedade de pontos de vista e experiências de vida, cada um deles é informado pela invisibilidade de lésbicas e gays — a experiência de serem tão imperceptíveis na história, na tradição e na vida comunitária judaicas quanto eram os conversos naquele tempo. Esta invisibilidade adquire várias formas, desde aquela experimentada por Adina Abramowitz, lésbica que cresceu assistindo à *Yeshiva*, até aquela vivida por Agnes Herman, mãe de um gay. De fato, a invisibilidade lésbico-gay é, em parte, o que moveu Abramowitz, Herman e outras 25 pessoas a compartilharem aspectos de suas vidas, de suas lutas com a história e com a tradição e de sua visão da vida judaica neste volume. Como ativistas da comunidade e profissionais judeus, nossas próprias experiências de invisibilidade lésbico-gay — e nossa convicção de que ela devia ser desafiada — nos motivaram a publicar esta antologia.

Andy escreve: "Sendo criado no Arizona nas décadas de 1950 e 60, aprendi que, como judeu, se não falasse sobre minha diferença, as pessoas achariam que eu fazia parte da maioria, sem cultura, história e crenças próprias. Felizmente, cedo aprendi a valorizar meu judaísmo. Eu me sentia orgulhoso de minha diferença e excitado, no decorrer dos anos 60, por ter uma identidade cultural distinta, em especial uma que valorizava tanto a justiça.

"À medida que crescia, eu sabia muito pouco ou quase nada sobre homossexualidade. Nas escolas hebraicas ou nos acampamentos judeus de verão, de que participava, e nos centros comunitários judaicos nos quais minha mãe trabalhava, falava-se da homossexualidade em piadas ou com repugnância. Não havia discussões sobre homossexualidade. Não havia históricos nem modelos de judeus gays — e isto ainda é tão verdadeiro como era vinte ou trinta anos atrás.

"Por volta de meus 25 anos, comecei a me deparar com outros que buscavam maneiras de integrar sua identidade judaica e os sucessivos compromissos políticos. Então descobri que havia grupos judaicos de lésbicas e gays refazendo as várias meadas de suas identidades. A possibilidade de integração — de ser inteiro — foi, para mim, uma revelação. Isso me conduziu ao caminho que resultou na publicação deste livro."

"Como inúmeras outras segundas e terceiras gerações de judeus americanos", escreve Christie, "fui criada numa família assimilada e não adquiri o senso de minha identidade judaica até deixar a Costa Leste para entrar na faculdade. Ao mesmo tempo, eu tomava consciência de meu lesbianismo.

"Ao trancar a matrícula na faculdade para passar um ano em Israel e no mundo árabe, aprofundei minha identidade judaica e me radicalizei. Quando regressei, minhas convicções intensas em favor da coexistência Israel/Palestina tornaram-me, quase de imediato, uma espécie de pária entre o pessoal do Hillel. Com um punhado de outros, fundei um grupo de estudo judeu, que mais tarde se transformou num capítulo da Nova Agenda Judaica. Aquele grupo funcionava como um *chavurah*, realizando festas culturais e religiosas e fazendo, simultaneamente, organização política. Contudo, apesar do fato de muitos de nós estarmos levando vidas não-tradicionais, os assuntos sobre lésbicas e gays nunca figuraram em nossas discussões acerca da vida comunitária.

"Em raras ocasiões, quando interagi com a (mais) organizada comunidade judaica, não desafiei suposições tácitas, feitas por outros, de que eu era heterossexual. Em resumo, isto alimentou em mim uma profunda sensação de falta de autenticidade, que carreguei na condição de judia.

"Depois de formada, dividi meu tempo e minha lealdade entre as comunidades judaica e lésbica. Algumas amigas lésbicas me olhavam com uma estranha curiosidade, enquanto outras consideravam-me ingênua por permanecer comprometida com uma visão do povo judeu que provavelmente não me incluía.

"No início da década de 1980, isso começou a mudar, com o surgimento de grupos como o Lésbicas Judias de Chicago e o Nova Agenda Judaica. O primeiro proporcionava a seus membros a oportunidade de explorar as interseções de nossa identidade lésbico-judaica. O último reunia lésbicas judias e gays judeus de todos os Estados Unidos e nos capacitava a aprender uns com os outros. Durante esse tempo, meu interesse pela vida judaica se aprofundou de forma considerável. Eu estava faminta por um maior conhecimento sobre nossas história e tradição. Mas, à medida que os anos passavam, meu suposto *status* de solteira heterossexual tornava-se mais difícil de explicar à comunidade judaica. O sentimento de que eu estava simplesmente deixando as suposições heterossexuais ficarem sem desafio transformou-se na convicção de que eu era falsa, cada vez que entrava numa instituição judaica.

"Lentamente, comecei a revelar minha tendência sexual à minha família, a outras ativistas e a colegas da comunidade judaica. Como lésbica declarada, eu já não me sentia isolada, inautêntica ou falsa na comunidade judaica. Ao longo de minha luta, tenho me beneficiado muito das escolhas paralelas feitas por outras, para afirmar todas as partes de nós próprias. Vejo esta antologia como mais um degrau no processo da construção da comunidade e da busca da justiça."

A experiência judaica lésbico-gay não é monolítica, como verão os leitores desta antologia. (Isto também se reflete em nossa decisão de respeitar as preferências individuais dos colaboradores com vistas à tradução de termos hebreus e iídiches.) Antes, é influenciada pelas vicissitudes da identidade, do sexo, da idade, da classe, da geografia, da habilidade física e de outros fatores. Apesar disso, judeus gays e judias lésbicas compartilham uma sensibilidade distinta.

Muitos de nós nos conhecemos como "duplamente outro".[2] Representações positivas de nossa identidade sexual; nossos relacionamentos íntimos, amizades, redes comuns; nossa linguagem, arte e humor; tudo isso está ausente da cultura majoritária. Nós somos marginais tanto para a cultura judaica quanto para a cultura americana, e alguns afirmam que isso nos proporciona perspectivas especiais em ambas. Por exemplo, num ensaio deste volume, Evelyn Torton Beck diz que ser "duplamente outro" permite às lésbicas feministas funcionar como "uma nova minoria profética" dentro do judaísmo.

Nós pagamos um preço por nossa diferença. Estamos sujeitos à *homofobia*, medo de lésbicas e gays, e ao *heterossexismo*, discriminação institucionalizada contra lésbicas e gays. Enfrentamos discriminação quanto à moradia e ao trabalho, agressão verbal, violência física[3] e, às vezes, rejeição por parte da família e dos amigos. Fazer sexo na privacidade de nossos quartos ainda é crime para 25 estados norte-americanos que mantêm leis contra a sodomia. As leis de parceria doméstica que permitem às pessoas do mesmo sexo gozar dos privilégios legais do casamento (por exemplo, benefícios do seguro social do cônjuge, direito de declaração conjunta de renda, direitos de visitação hospitalar etc.) existem apenas em poucos estados.

Como judeus que assimilam, nós aprendemos a "passar"[4] por heterossexuais — fazendo nossa parte, omitindo o sexo de um amante nas conversações ou abstendo-nos de demonstrações públicas de afeto. E isso não fere apenas a nós próprios, mas também às comunidades judaicas em que vivemos, o que não beneficia em nada nossa participação autêntica.

Quando o peso do fingimento se torna enorme, lésbicas judias e gays judeus encontram coragem para sair do casulo. Na realidade, isto é parte tão importante de nossa experiência que as histórias de assumir têm adquirido o papel de textos sagrados na cultura lésbico-gay.[5] Para os judeus, assim como para as lésbicas e os gays, a visibilidade é nossa chave para descobrir-nos uns aos outros, para construir comunidades e desafiar mitos e estereótipos sobre nossa gente.

Uma vez assumidos, muitas lésbicas e gays adquirem uma elevada consciência a respeito da construção social da sexualidade. Nossas relações sexuais desafiam a tradição judaica, que, como observa Judith Plaskow num ensaio deste volume, afirma que o desejo sexual deve ser canalizado, em primeiro lugar, para a procriação. Enquanto a maioria dos judeus modernos, simplesmente, ignora essas tradições, as lésbicas judias e os gays judeus trazem novas perspectivas à construção social do desejo sexual, da ética sexual e da mudança sexual do pensamento judeu sobre a sexualidade. Estas perspectivas, que estão começando a ser exploradas por escrito, têm o potencial de transformar as reações familiares e sexuais dos judeus de algumas maneiras fundamentais.

Para muitos de nós, a orientação sexual funciona como uma lente através da qual estabelecemos empatia com a opressão dos outros e como fonte de resistência a essa opressão. Muitos ativistas judeus conhecidos, lésbicas e gays, têm sido inspirados pela história judaica.[6] Tanto quanto eles, nós compreendemos serem a orientação sexual e a identidade judia fontes de resistência à opressão.

A história, não só dos judeus mas também de lésbicas judias e gays judeus, ensina-nos que a identidade nunca é estática: ela nos incumbe de reformá-la de acordo com as condições em que vivemos num determinado tempo. Na Páscoa, somos mandados a lutar por nossa liberdade, em todas as gerações. Como lésbicas e gays, sabemos que a identidade sexual já não é mais uma identidade, dada ou recebida, do que é ser judeu. Ambas estão sujeitas a mudar de uma geração para a outra. E, mais, ambas podem mudar dentro de uma existência, como nos ensinam aqueles que se assumem tarde na vida e os que se identificam como bissexuais.

Os aspectos de identidade e de comunidade deste volume refletem a convergência de três movimentos que evoluíram na América do Norte no fim da década de 1960: renovação judaica, feminismo e liberação de lésbicas e de gays.[7] Inspirada pelo movimento de liberação negra para reexaminar raça e etnia, uma geração inteira começou a emprestar um valor novo ao orgulho étnico e ao pluralismo cultural. À semelhança de outros grupos étnicos, segundas e terceiras gerações de judeus americanos começaram a reexaminar a cultura que muitos de nossos pais e avós, ansiosos, procuraram deixar para trás. Este movimento foi estimulado pela Guerra dos Seis Dias, de Israel, em 1967, que reafirmou a identidade judaica em muitos. Continuando a tradição experimental do judaísmo americano de dois séculos, muitos judeus universitários passaram a fomentar novas formas de expressão religiosa, cultural e política. E realizaram uma síntese da tradição judaica e das lições da era pós-Holocausto.[8] Os resultados destas experiências, vinte anos mais tarde, são evidentes em novas formas de arte, de oração, de comunidades judaicas e de ativismo político, que inspiraram muitos dos colaboradores desta antologia.

Aproveitando os movimentos da virada do século pela igualdade da mulher, a segunda onda de feminismo proporcionou a vários colaboradores um total entendimento de como nossa experiência pessoal é parte de um mais amplo sistema de dominação masculina. As feministas buscaram verdades sobre cada aspecto de nossa cultura — da história e teoria política à arte, literatura e ciência — examinando experiências vividas por mulheres. O feminismo definiu o sexo como categoria social inseparável de um contexto maior. Fundado neste entendimento, o movimento feminista conseguiu mudar algumas das condições opressivas sob as quais vivemos. Além disso, o feminismo forneceu solo fértil para que um movimento feminista lésbico emergisse no fim da década de 1960.[9]

O movimento de liberação gay dividiu com o feminismo o entendimento de que nossas identidades pessoal e sexual são construídas socialmente e inseparáveis do contexto político mais amplo. Embora as relações com o mesmo sexo sempre tenham existido em todas as culturas, através dos tempos, as lésbicas e os gays foram rotulados, pela primeira vez, de "homossexuais", pelo estatuto médico do Ocidente, no fim do século XIX. Alguns marcam o início de uma identidade homossexual distinta nesse desenvolvimento, enquanto outros o datam de um século antes. No princípio do século XX, os primeiros "direitos homófilos" surgiram nos Estados Unidos. Estes grupos subterrâneos, que existiram no começo da década de 1960, ofereciam a seus membros apoio pessoal e a esperança de aceitação social e de proteção legal.[10] Destacam-se dentre estes grupos as Filhas de Bilitis e a Sociedade Mattachine, as quais gozavam de grande popularidade nos anos 50.[11]

Mas o moderno movimento de liberação gay não nasceu até 1969, quando fregueses do Stonewall Inn, um bar gay de Nova York, insurgiram-se contra uma batida policial. Este acontecimento transformou o medo privado dos homossexuais em ódio público. Como os afro-americanos, que, anteriormente, na mesma década, haviam insistido na reivindicação de serem chamados "negros", em vez de outros nomes, nós recusamos o rótulo "homossexual" e adotamos as denominações "gay" e "lésbica". Nós despendemos energia para sair do armário, para recuperar nosso passado, para criar uma cultura que alegremente afirma nossa sexualidade e para lutar por direitos e reconhecimento básicos.

Durante esses primeiros anos, o movimento de libertação gay, dominado por homens, e o movimento lésbico-feminista trabalhavam separadamente, embora, às vezes, de maneira paralela.[12] (Havia, é claro, situações nas quais também trabalhávamos juntos, principalmente em comunidades minoritárias em que lésbicas e gays enfrentam dupla invisibilidade. Ver, por exemplo, o ensaio de Aliza Maggid sobre o Congresso Mundial de Organizações Judaicas de Gays e Lésbicas.) Na década de 1980, a confiança aumentada, a sofisticação incrementada e o imperativo de responder às ameaças externas — em especial da direita política e da Aids — aproximaram nossas comunidades. Embora partes da comunidade gay persistam na cegueira com relação ao sexismo, as nítidas distinções entre as comunidades lésbica e gay, que existiam nos anos 70, diminuíram nos anos 80. (O uso do termo "movimento lésbico e gay", nesta antologia, inclui as partes de ambas as comunidades que permanecem essencialmente separadas uma da outra.)

Nas duas décadas após o surgimento destes movimentos, muitos de nós aprendemos que reivindicar uma parte de nossa identidade é uma escolha ativa, que muitas vezes leva à reivindicação de outras partes. É um sinal da vitalidade destes movimentos que cada um tenha começado a incorporar ensinamentos dos outros. A comunidade lésbico-gay Passover Seders, os cursos de educação de adultos sobre feminismo judeu e o processo feminista utilizado por muitos *havurot* são alguns parcos exemplos. Há poucos anos, surgiu um importante conjunto de teorias explorando as interseções entre identidade judaica, sexo, orientação sexual e outras formas de identidade.

Estas teorias podem ser encontradas em trabalhos como *Nice Jewish Girls: A Lesbian Anthology*, editado por Evelyn Torton Beck; *The Tribe of Dina: A Jewish Women's Anthology*, editado por Melanie Kaye/Kantrowitz e Irena Klepfisz, e *Yours in Struggle: Three Feminist Perspectives on Racism and Anti-Semitism*, de Elly Bulkin, Minnie Bruce Pratt e Barbara Smith. Além disso, existe uma grande variedade de poesia, ficção e material litúrgico refletindo uma sensibilidade judaica, lésbica ou gay.[13]

Até a atual geração, a homofobia e a heterossexualidade na comunidade judaica levaram muitas lésbicas judias e muitos gays judeus ao exílio da comunidade judaica, convencidos de não serem queridos, ou de não pertencerem a ela. (Isto é irônico, principalmente pela preocupação arraigada na comunidade judaica a respeito do impacto da assimilação na futura sobrevivência e continuidade de nosso povo.)

Outros permaneceram na comunidade judaica, mas ficaram dentro do armário. Como o medo que assolava os judeus secretos da Espanha, o medo da descoberta consumiu as vidas daqueles que se sentiram compelidos a fazer tal opção.

Os ensaios reunidos nesta antologia apontam para uma terceira alternativa: aquela que nem é baseada no exílio de lésbicas e gays da comunidade judaica nem no ocultamento das identidades lésbica e gay. Eles falam da bênção que é afirmar ser judeu, lésbica ou gay, e de viver suas vidas fundamentadas na sabedoria das duas culturas.

Estes ensaios também sugerem probabilidades de trazer as experiências lésbica e gay a conectarem-se com a história e a tradição, a família e a vida comunitária judaica. Estes aspectos vão requerer uma mudança fundamental em nossas comunidades. Será necessária não apenas a vontade de incluir lésbicas judias e gays judeus em nosso *minyanim*, mas também o compromisso de incorporar a experiência de judeus, lésbicas e gays em nossa liturgia. Eles exigirão tanto uma abertura para celebrar os eventos dos ciclos de vida lésbicos e gays em nossas sinagogas, ao ponto de refletirem os eventos dos ciclos heterossexuais, quanto ao ponto de serem diferentes das normas heterossexuais e, às vezes, as desafiarem. Eles requererão não simplesmente o desejo de incluir lésbicas e gays como membros em nossas organizações comunitárias, mas também um total compromisso de mobilizar a comunidade judaica em apoio aos direitos de lésbicas e gays.

Os gays judeus e as lésbicas judias não desejam viver como os judeus secretos da Espanha. Nós começamos a afirmar nossa identidade publicamente. Na noite da Marcha Nacional pelos Direitos de Lésbicas e Gays, em outubro de 1987, a maior marcha por direitos civis da nação,[14] nós testemunhamos um notável exemplo disto. Aproximadamente seiscentos gays e lésbicas judeus, e nossos amigos, afluíram a um auditório em Washington, D.C., destinado à metade de nós, provocando quase um pandemônio, enquanto cumprimentávamos velhos amigos, amantes e estranhos que pareciam parentes. As luzes diminuíram e ficamos em silêncio, acomodando-nos em cadeiras, no chão, em peitoris de janelas e nos colos uns dos outros. Acendemos a vela *havdallah* e rezamos por Marcia Falk:

> Vamos distinguir partes dentro do todo
> e abençoar suas diferenças.
> Como o Sabá e os seis dias da Criação,
> possam nossas vidas ser um todo através da relação.[15]

Christie Balka
Andy Rose
Páscoa 5749/1989

PARTE 1

Dar Nomes a Nós Mesmos

INTRODUÇÃO

Dar nomes, tanto na cultura judaica quanto na lésbico-gay, é um ato da maior importância. Para os judeus, dar nome significa entrar na promessa divina de nosso povo. Quando uma criança judia nasce, quando alguém se converte ao judaísmo e, às vezes, por um significado especial, o judeu adota um nome hebraico.

Na cultura lésbico-gay, dar nome tem poder semelhante. Dar nome a nossa orientação sexual — mostrarmo-nos — derruba nosso isolamento. Permite-nos tomar nosso lugar numa longa tradição e juntar-nos a outros nas comunidades. Sair do armário é um processo contínuo que adquire muitas formas, desde revelações privadas até celebrações públicas de orgulho lésbico e gay.

Neste capítulo, cinco indivíduos descrevem o crescimento, a revelação e a integração de suas identidades não somente como lésbicas e gays, mas também como judeus portadores de deficiências, operários e sefardistas. Todos têm lutado contra a pretensão, na maior parte cristã e heterossexual, da cultura majoritária para tornarem-se visíveis, apesar de todas as dificuldades. Para uns, o judaísmo tem proporcionado valiosa compreensão sobre a importância da visibilidade e do orgulho durante este processo, enquanto para outros apresentou uma camada adicional de conflito.

Judeus gays e lésbicas existem em variedade infinita. Estes ensaios pretendem ser sugestivos, não exaustivos, de nossa variedade. Mas a idéia é clara: a homossexualidade entre os judeus, como a homossexualidade em geral, perpassa todas as linhas de idade, de classe, de habilidade física, de religião e de fundo étnico. Esta diversidade é a fonte de nossa fortaleza.

Confissões de um *Feygele-Boichik*

Burt E. Schuman

A princípio, quando fui sondado para escrever um ensaio sobre minhas experiências de crescer como judeu e gay, fui tomado por um misto de terror e embaraço. Eu temia ser visto como um *schlemiel* que passou no balanço de seus quarenta anos como um judeu marginal e gay ambivalente. Eu temia parecer indiferente às necessidades de minha comunidade e covarde para lidar com meus pais. Eu não era um modelo de ativismo corajoso. Então percebi que talvez minha história não fosse tão atípica e que outras lésbicas judias e gays judeus se identificariam com ela. Tinha de lembrar-me de que nem todos podem ser heróis aos vinte anos. A questão é como respondemos à opressão *agora*.

Embora meus sentimentos sobre ser judeu e gay sejam muito intensos, os dois nem sempre foram relacionados. Meus caminhos em direção ao judaísmo e ao homossexualismo, em minha mente, constantemente lembravam os das estradas U.S. 1 e Interstate 95, da Nova Inglaterra — às vezes convergindo, às vezes divergindo e às vezes correndo paralelas. Elas são curvas e retorcidas, cheias de voltas acentuadas e desvios repentinos.

É difícil ter certeza de quais sensações vieram primeiro — a visão de velas *shabbos* na mesa da cozinha de minha avó ou do peito nu de meu irmão, a visão de meu tio-avô usando *tefillin* ou minhas fantasias de deitar-me com meu colega do segundo ano, minha primeira visão de um rolo da Torá ou de "Spin and Marty" na televisão. Eu nutri algumas lembranças, outras eu reprimi; mas através destas lembranças é que cheguei a um acordo com minha condição de judeu e gay.

Eu nasci em East Flatbush, Brooklyn, numa família emergente de primeira geração de galegos judeus. Meu pai veio para os Estados Unidos quando tinha três anos; minha mãe nasceu em East Harlem. Ambos compartilhavam da profunda ambivalência de sua geração em relação à cultura e à religião judaicas. Para meu pai, o judaísmo ortodoxo provara ser duro e repressor, uma lembrança do pai despótico que o forçara a deixar a escola aos 16 anos para trabalhar na padaria da família. Para minha mãe, criada num ambiente muito mais carinhoso e tolerante, o judaísmo ortodoxo parecia uma barreira à cidadania de primeira classe e às delícias do mundo secular.

Ao contrário, meus avós maternos eram profundamente arraigados tanto ao judaísmo ortodoxo quanto à cultura iídiche. Eles personificavam os valores dos imigrantes autodidatas da Europa Oriental. Quanto a mim, estas atitudes de geração vieram a simbolizar os pólos positivo e negativo da identidade judaica — por um lado, um sentido envolvente e não-envergonhado de identidade religiosa e cultural e, por outro, uma confusa e torturada assimilação da classe média americana. Muitas vezes me sentia como um eletrólito oscilando entre os dois.

Quando eu tinha três anos, meus pais se mudaram de East Flatbush para um apartamento térreo em Kew Gardens Hills, no Queens. Minhas primeiras lembranças são de objetos e símbolos da cultura americana de massa: triciclos, bonés, jogos de rúgbi, óculos 3D e "Howdy Doody", "Rootie Kazootie" e "Kukla, Fran e Ollie" na tevê. Nós éramos ensinados a aclamar Adlai Stevenson e a vaiar Joe McCarthy, a torcer por Jackie Robinson e pelo restante dos Brooklyn Dodgers e a ser tão americanos quanto Horn e Hardart.

As únicas lembranças que tenho do judaísmo antes dos cinco anos são os momentos em que meus pais "falavam iídiche" trancados no quarto ou quando minha mãe passava para o hebraico ao falar ao telefone.

Eu estava com cinco anos quando entrei pela primeira vez numa sinagoga, por ocasião do *bar mitzvah* de meu irmão. Lembro-me da longa viagem ao Brooklyn, as horas sem fim sentado em bancos de madeira, mexendo-me, enquanto meu irmão cantava num pódio alto, e o tagarelar de homens velhos balbuciando ininteligivelmente. Se isso era oração, com certeza não se assemelhava com nada do que Roy Rogers ou Dale Evans faziam em suas casas. Certamente, era muito diferente das orações que a srta. Marinen nos mandava recitar antes do leite com biscoitos do primeiro ano escolar. Tudo parecia tão estranho, tão estrangeiro, tão *antiamericano*.

Só depois dos sete anos é que meu interesse pelo judaísmo começou a enraizar-se, principalmente pelos crescentes laços que me uniam a meus avós e a meu tio-avô. O *Erev Shabbos* na casa deles era um acontecimento verdadeiramente mágico. O apartamento inteiro parecia escovado e polido, com um brilho radiante. Um sentimento de alegria permeava o lar deles, que se enchia de aromas de peixe, sopa de galinha, pudim de batata, *tsimmes*, galinha cozida e carne picada.

Meu avô e meu tio-avô voltavam da sinagoga radiantes. A família enorme se reunia em torno da mesa da sala de estar — e de jantar —, uma mesa festiva, enfeitada com velas *shabbos*; sobre a toalha mais fina, a prata brilhando, os cristais elegantes e a melhor porcelana. Por todo lado, o eco das conversas e da jovialidade agitava-se no ar, junto com rajadas de humor judeu-americano e iídiche. Enquanto nós crescíamos e mudávamos, amadurecíamos, entrávamos na faculdade e iniciávamos nossas carreiras, nossas vidas, de alguma forma, permaneciam ancoradas em torno daquela mesa. Lá, fomos educados, amados incondicionalmente e informados de que éramos muito especiais.

Eu comecei a insistir com meus pais para que me deixassem passar fins de semana na casa de meus avós. Para mim, era um prazer concreto acompanhar meu avô e meu tio-avô — grande conhecedor do Talmude — a suas *shul* nas manhãs *shabbos*. A atmosfera, lá, sugeria um *shtibl* num *shtetl* galego. Os homens balançavam para a frente e para trás com um grande *taleysim* nas cabeças, espontaneamente emitindo um pouquinho de *davening* em galego rápido ou hebreu com sotaque lituano.

A Páscoa também era um tempo de magia. Meu tio-avô dirigia o *seder*, vestido com um *kitl* e um elaborado adorno de cabeça. Nós nos reclinávamos em almofadas, ouvíamos uma longa recitação sobre a libertação e saída do Egito, comíamos alimentos magníficos (inclusive o *matzoh* frito de minha avó) e cantávamos algumas das mais belas melodias da liturgia judaica. Nossa heresia de família, de um ato, ocorria durante a abertura da porta para Elias, o Profeta; minha tia-avó corria para a sala de estar com um lenço enrolado na cabeça, bebia o quinto copo de vinho e fugia pela porta. Tudo isso era feito com uma sensação de alegria e companheirismo.

Há outras lembranças — passeios *shabbos* ao sol quente, tardes preguiçosas no jardim com jornais iídiches espalhados pelo peito de meu avô, café da manhã de domingo com Wheatena* com o rádio ligado nos programas iídiches da WEVD e as tardes de domingo em que minha avó interrompia sua fornada por causa da chegada de velhos barbudos com coleções de caixas e calendários.[1]

O contraste entre as maneiras de viver de meus pais e avós tornou-se mais acentuado depois que nos mudamos, em 1957, de nosso apartamento em Kew Gardens Hills para um suburbano, estilo colonial, da década de 1940, em Hollis Hills, ainda no Queens. Foi o ano em que meu irmão entrou para a Universidade Brandeis e eu virei filho único. O prédio, rodeado por um gramado espaçoso, árvores altas e um jardim de pedras, parecia ter brotado por completo do cenário de "Leave it do Beaver" ou de "Father Knows Best."** Embora a vizinhança fosse acentuadamente judia, nosso quarteirão não o era; muitos dos primeiros proprietários ainda moravam lá.

No outono, eu fui matriculado no Hollis Hills Jewish Center e tornei-me membro da congregação de moços. Meu professor de hebraico era um jovem sionista secular, um progressista cuja personalidade cordial e pedagogia criativa (muitos jogos e canções) instilavam amor à linguagem hebraica e me faziam um aprendiz curioso. Apesar das diferenças de estilo, este *yiddishkeit* era altamente compatível com aquele de meus avós.

Ao mesmo tempo, eu me tornei muito mais intensamente consciente da ambivalência a respeito de suas identidades judaicas. Embora apoiassem meu interesse quanto ao hebraico e ao judaísmo, estabeleceram limites firmes acerca de seu envolvimento. O *kiddush* de sexta-feira à noite transformou-se numa instituição em nossa casa, o *Hanukkah* era observado regularmente, e presunto e toucinho desapareceram de nossa mesa. Entretanto, eles eram inflexíveis sobre não ter "religião a eles imposta", ou não serem forçados a permanecer *kosher*,*** ou abrir mão de viagens, esportes e compras aos sábados.

Mais e mais, considerei a atitude deles em relação aos não-judeus bastante enigmática. Por um lado, os não-judeus eram "os gentios", cujas maneiras tradicionais, jantares domingueiros e Natais pareciam tão desejavelmente "americanos". Por outro lado, eles eram "os *goyim*", cuja visível

---

*Marca de um cereal de consumo matinal. (*N. do T.*)
**Série televisiva que esteve em cartaz no Brasil com o nome de "Papai sabe tudo", com Robert Young no papel principal. (*N. do T.*)
***Referente ao que é considerado puro pela dieta judaica. (*N. do T.*)

suavidade e provincianismo eram simbolizados pela revista *Reader's Digest* ou pelo programa de TV Queen for a Day. (Os ítalo-americanos eram exceção a esta regra e considerados "almas gêmeas" por meus pais.) Estas atitudes contraditórias ficavam evidentes quando os sócios gentios de meu pai vinham jantar, ou quando meu pai demonstrava receio de exibir um *menorah** elétrico na janela, ou de cortar grama aos domingos.

Antes da adolescência, meus sentimentos gays jaziam, em grande parte, na periferia de minha consciência, com exceção de uma queda ocasional ou uma fascinação por bustos masculinos nus. À medida que eu crescia, porém, tornei-me mais consciente de ser "diferente", embora não estivesse cônscio sobre o que era essa diferença. Durante muitos anos, pude compensar aqueles sentimentos mergulhando no judaísmo organizado, através de realizações religiosas e acadêmicas, atraindo atenção e elogio.

Quando cheguei à adolescência, porém, não pude fugir dos sentimentos que continuavam subindo à superfície. Minhas fantasias e sonhos ficaram mais evidentes e assustadores. Eu sonhava constantemente com um "machão" que me protegeria e confortaria. Eu experimentava um deleite especial e furtivo nas lutas romanas de que participava com um de meus amigos e na emocionante sensação de pele contra a pele. Contudo, eu estava tão aterrorizado por estes sentimentos que fiz vista grossa a alguns dos rituais da adolescência, que aconteciam a meu redor — histórias de sessões de pôquer só de homens desnudos, brincadeiras de "mulheres", alusões à felação de dois garotos, que iam para casa comigo todos os dias no ônibus escolar, e as artimanhas de um amigo que corria para minha casa, dizia que eu era o "modelo de graça e beleza feminina" e se lançava sobre mim.

Quanto mais fortes se tornavam estes sentimentos, menos protegido me sentia em meu casulo de *yiddishkeit*. E, mais, parecia que meus sistemas de apoio estavam começando a desmoronar. Na época em que eu estava cursando o ginasial, minha avó passou a queixar-se de que eu não tinha namorada, dizendo: "Quero dançar em seu casamento." As atividades de adolescentes na sinagoga eram centradas em danças e festas; peitos nus substituíam o *Bereshit* como o principal assunto das conversações masculinas. Eu me sentia desajeitado na presença de antigos amigos íntimos, que falavam constantemente em garotas e desfilavam com suas namoradas como se elas fossem troféus. Primos e até membros de minha congregação sempre tenta-

---

*Castiçal judeu para sete velas. (*N. do T.*)

vam arranjar-me uma "linda garota". Por todos os lados, a armadilha heterossexual se apertava; meu único meio de escape foi retirar-me — física e emocionalmente.

Em raras ocasiões, eu conseguia utilizar o crescente movimento dos direitos civis para desviar minha dor. Atirando-me em reuniões, painéis de discussão e projetos de registro de votantes, eu podia evitar minha solidão e meus sentimentos sexuais. Se pudesse encontrar gente oprimida para defender, eu não teria de lidar com minha *própria* opressão. Assumindo a postura de líder, podia manter uma distância segura de meus pares.

Foi meu envolvimento com o movimento dos direitos civis que precipitou uma interrupção de 12 anos com o judaísmo organizado. Quando tentava conseguir o apoio de minha congregação ao boicote pró-integração das escolas públicas da cidade de Nova York, encontrei um condescendente rabino, comentários malévolos sobre *schvartzes*, feitos por líderes do clube de homens, e uma tempestade de hostilidade e injúria por parte dos congregados que temiam que a integração escolar destruísse o futuro de seus filhos. A experiência só aumentou a raiva e a alienação que eu já sentia.

Em 1965, entrei no Queens College. Meus dois primeiros anos de faculdade foram um inferno sexual, que piorou pelo fato de eu viver em casa. Vida gay, se é que existia de alguma maneira no *campus*, era bem escondida. Se alguém mandasse sinais em minha direção, eu estaria absorto. Eu gastava um bocado de energia tentando provar que era "normal", saindo numa série de primeiros encontros. Enquanto tinha quedas secretas por meus melhores amigos, não punha em prática meus sentimentos gays enquanto era calouro e segundanista.

Eu planejara uma fuga bem maior de mim mesmo durante minha época de calouro na França. Lá, eu me transformaria em cosmopolita e *bon vivant*: não previa ter meu primeiro encontro sexual com um homem — e muito menos com um alemão.

Conhecemo-nos num curso de orientação estudantil em Nancy. Para os demais estudantes, isto coincidia com o fim do curso de verão para alunos que não haviam passado nos exames da primavera; muitos eram estudantes estrangeiros de medicina. Meu primeiro amor era amigo de um grupo de estudantes noruegueses de medicina, que viviam no mesmo edifício em que tínhamos nossos dormitórios. Aos poucos, quase imperceptivelmente, nós nos achamos sentados lado a lado na hora das refeições, freqüentando juntos cafés e fazendo longas caminhadas ao sair do restaurante dos alunos, de volta aos dormitórios. Quando nosso curso de orientação terminou e vários de nós fomos a Reims para iniciar nossos estudos formais, eu me descobri pensando nele quase de forma obsessiva.

Eu lhe escrevi uma carta, como um balão-sonda. Para meu espanto, ele me respondeu e expressou interesse em cultivar amizade. Logo, nós nos correspondíamos com regularidade e nossas cartas foram ficando mais afetuosas. Muitas vezes, continham digressões sobre a natureza da amizade e do amor, e dupla garantia de que não havia *malentendu*. Em duas visitas rápidas a Nancy, batemos longos papos, não nos querendo separar.

Em minha terceira visita, aconteceu o inevitável. Eu não consegui achar um lugar para passar a noite; ele sugeriu que eu a passasse em seu quarto, que tinha uma cama de casal. E não teve dificuldade em me convencer de ficar por mais uma noite.

Apesar de nossas intimidades, jamais eu revelara o fato de ser judeu. Naquela noite, enquanto jantávamos com alguns de meus colegas americanos, fiz algo bastante estranho. Comecei a soltar frases em iídiche durante a conversa e alguns colegas me imitaram. Isto deixou meu amigo desconcertado e confuso.

Na manhã seguinte, um sábado, fomos acordados pelas badaladas do relógio de uma torre próxima. Murmurei sonolento: "Acho que as pessoas estão indo para a igreja." Ele perguntou: "Por que igreja? Hoje é sábado... Isso tem algo a ver com o fato de você falar em iídiche?"

Isso foi motivo de um longo e amoroso diálogo sobre ele ser alemão e eu judeu, sobre o Holocausto e a sobrevivência na Alemanha do pós-guerra. Embora o romance tenha enfraquecido — exceto num encontro casual quando ele foi aos Estados Unidos —, ficamos amigos íntimos por vinte anos.

Depois de voltar da Europa, fiquei muito tempo fugindo daquilo que tinha descoberto sobre mim mesmo. Eu era um judeu gay, um *feygele-boichick*, e nada podia alterar esta verdade. Eu não podia passar por francês, porque o anti-semitismo barulhento a que me expusera em Reims me fizera compreender o quão estranho eu parecia àquela sociedade. Não podia fingir ser um dom-juan, pois era difícil sustentar um interesse sexual compulsivo por mulheres. Não podia pretender ser amigo íntimo dos amigos homens que queria cativar, porque, mais cedo ou mais tarde, minha possessividade e meu ciúme os afastariam de mim.

Vagarosamente, tímido, comecei a aceitar meu homossexualismo e, mais tarde, meu judaísmo. Mudar-me para meu primeiro apartamento e começar a carreira de professor tornaram tudo mais fácil. Mas mesmo a saída do ninho não conseguiu remover as camadas de medo, dúvida e paranóia que se formaram em meu espírito. Lembro-me de ter dado não menos de cinco voltas no quarteirão antes de entrar, pela primeira vez, num bar de Greenwich Village. Lembro-me de caminhar em direção ao metrô com a gola do casaco levantada e o chapéu enterrado até as orelhas, com receio de que meu diretor ou algum dos amigos de meus pais me vissem. Quando respondia aos anúncios do *East Village Other*, eu insistia em ir aos encontros em território "neutro" e receava o olhar deles, ou a roupa muito "arrumadinha". Aos poucos, passei a relaxar e usufruir minha recém-descoberta maneira de viver. Eu saboreava a delícia da busca, o momento em que o alvo de meu amor concordava em ir para casa comigo e a excitação do primeiro contato sexual. Para meu espanto, descobri que a sexualidade era parte integrante de minha vida.

A exploração de minha vida sexual rendeu outros dividendos. Durante uma confissão mútua, descobri que meu melhor amigo do acampamento de adolescentes também era "sócio do clube". A revelação silenciosa a meu irmão em Londres de que eu era "uma rainha divertida e alucinada" foi respondida com o gracejo: "Eu também." Naquele momento, nós experimentamos, simultaneamente, alegria vertiginosa e tristeza profunda — alegria de mais haver razão para esconder e tristeza pelos anos gastos com mentiras. Hoje, meu irmão e eu desfrutamos de um relacionamento carinhoso, confiante e completamente sincero. Às vezes, até vamos juntos a bares e discotecas, quando estou em Londres ou ele em Nova York.

Minha volta ao *yiddishkeit* e a total aceitação do judaísmo já não eram uma viagem tão longa e árdua quanto fora a descoberta de meu homossexualismo. A mesma negação, a mesma ferocidade da autodecepção começaram a surtir efeito, com dolorosos resultados negativos.

Por fim, num domingo, dei por mim no Museu Judaico, rodeado pela prataria ritualística e enormes ampliações das fotografias, de Roman Vishniac, de *shtetls* desaparecidas da Polônia e da Hungria. Confrontado tão friamente com as imagens de meu passado imediato, fui duramente atingido por uma sensação de perda esmagadora e incapacitante.

A jornada continuou através do estudo da língua iídiche, da música iídiche e de um flerte com o socialismo. Mas o *yiddishkeit* profano não era suficiente. Eu precisava de um lar espiritual — mas onde?

Enquanto eu esperava na fila pelas entradas para o Grande Cabúqui, pus-me a conversar com um homem que discorria entusiasmado sobre a Congregação Beth Simchat da Torá, a sinagoga de lésbicas e gays de Nova York. A simples menção a esse lugar evocava em mim imagens bizarras e surrealistas: *drag queens* vestidas com diáfanos *taleysim* cor-de-rosa, gritando: "Beije meu *tsitsit!*"; e mulheres musculosas e fortes, usando roupas de couro e arrastando suas amantes até o palanque para o *aliyot*.

Para minha surpresa, encontrei uma versão atualizada da *shul* de meu avô. Por todo lado, havia manifestações de grande fé e intenso *yiddishkeit* de mulheres e homens, balançando para a frente e para trás com enormes *taleysim* nas cabeças, e até cânticos apaixonados e cerimônias de rito de passagem. Os membros dessa congregação me tratavam como filiado, e ela tornou-se para mim um lugar importante de descanso, uma estação intermediária no caminho de minha jornada judaica.

Aos poucos, senti a necessidade de um lugar religioso que fosse teologicamente menos tradicional e politicamente mais progressista. Esse lar é a Sinagoga Livre de Stephen Wise, onde vivo feliz como gay assumido numa família judia pluralista. Essa família levantou a voz bem alto em favor de lésbicas e gays — através de uma conferência sobre judeus gays e lésbicas e através do apoio veemente a uma resolução sobre a inclusão destes na comunidade judaica, na última convenção bienal da União Americana das Congregações Judaicas.

A aceitação de um lar espiritual judeu permitiu que eu me amasse mais como gay e judeu. Eu me tornei membro ativo de nosso *chevra tefila* para leigos, servindo no comitê de ritual e até liderando sessões de estudo. Meu trabalho no coro progrediu tanto que a solista me pede que a substitua, às vezes. Nada disso teria acontecido se eu ainda estivesse dentro do casulo: eu simplesmente seria muito alienado.

Há pouco tempo, submeti minha recém-descoberta identidade ao desafio máximo: aceitar a diretoria de uma agência judaica, cujos clientes vão de judeus ortodoxos a reformados. Isso foi uma grande mudança, pois trabalhava numa agência de direitos humanos, em que ser abertamente gay era "politicamente correto". Aqui, porém, vou devagar com o andor. Agora, não escolho "impor" meus problemas à agência. Tenho meus próprios veículos para expressar meu ativismo. Entretanto, a morte de um diretor abertamente gay, de Aids, fez calar quaisquer manifestações públicas de heterossexualidade dentro da comunidade. O que quer que eles sentissem sobre o problema, do ponto de vista da *halacha*, nossos rabinos ortodoxos nunca rejeitaram esse homem. Eles foram muito carinhosos e generosos durante a doença e o elogiaram no enterro. Essa manifestação do melhor judaísmo, de *gmilut chassadim*, significava muito mais para mim do que correção ideológica.

Agora estou em paz. Sinto-me um grande homem.

Crescer na *Yeshiva*

Adina Abramowitz

Eu cresci numa comunidade ortodoxa cálida, vibrante e moderna, em Washington, D.C. Embora meus pais fossem judeus conservadores, nós entramos para uma sinagoga ortodoxa, quando a família se mudou para Washington, e eu freqüentei a Ortodox Hebrew Day School — uma escola moderna para rabinos — da creche à nona série. Meu treinamento nessa escola judaica deu-me um enorme conhecimento de textos, de tradições e de práticas judaicas. Nessa escola, também aprendi que todas as minhas necessidades sociais podiam *e deviam* ser satisfeitas dentro da comunidade judaica. Minhas primeiras experiências na *yeshiva* continuam, até hoje, a informar minha identidade judaica. Apesar dos possíveis conflitos que tive entre ser lésbica e judia, nunca foi para mim uma opção deixar o judaísmo. Minhas crenças e práticas são, hoje, bastante diferentes daquilo que me ensinaram quando criança, mas ainda utilizo o conhecimento e o amor à Torá, que adquiri durante meus anos na *yeshiva*.

Sempre que participo de eventos de orgulho lésbico e gay — os que se realizam em Washington, principalmente —, procuro pessoas que se formaram em minha *yeshiva*. Com certeza, não sou a única lésbica ou o único gay formado pela Academia Hebraica de Washington!

Meus pais tiveram antecedentes bastante semelhantes. Eu fui parar numa *yeshiva*, em parte porque eles queriam que eu tivesse a educação judaica que eles mesmos não tiveram. Sempre havia uma tensão entre o que eu aprendia na escola e o que minha família observava em casa. Durante meus primeiros anos escolares, resolvi este conflito exigindo que fôssemos mais praticantes em casa, com o que meus pais concordavam. Mas, já no quarto ano, minha tendência era ser menos diligente na escola. Aos dez anos, deixei de participar das *davening* de todas as manhãs. Tornei-me uma rebelde intelectual, desafiando os rabinos sobre leis que me pareciam preconceituosas ou hipócritas. Eu era inteligente e séria, e o diretor e os rabinos não podiam ignorar meu conhecimento dos textos. O auge de minha rebelião deu-se na oitava série da *davening*, e o diretor chamou-me a seu gabinete e me interrogou com severidade sobre minha crença em Deus. Quando voltei à sala de aula, as colegas tinham escrito "Aldina Livre" em toda a extensão do quadro-negro.

Apesar da rebelião, meus dias na *yeshiva* eram felizes e eu recebi uma ótima educação judaica. Os Níveis de Tzedaka, de Maimonides, ensinaram-me a fortaleza, e os Profetas (meu tema bíblico preferido) me ensinaram a respeito de justiça social. Como conseqüência do estudo da história judaica e de viver em Washington durante as décadas de 1960 e 70, eu sempre soube que seria ativista política. Entre os 12 e os 13 anos, assisti a vários protestos e me perguntei que causa eu abraçaria mais tarde.

Na sexta série, separaram os meninos das meninas para os estudos hebraicos, para que os garotos pudessem ser iniciados no aprendizado do Talmude. Durante os quatro anos seguintes, as 16 garotas da minha classe tornaram-se bastante íntimas. Festas de *bar mitzvah*, bailes e outros ritos de passagem heterossexuais foram tomando conta de nós. Os rapazes nem sempre me convidavam e, quando eu ia, me sentia nervosa e desajeitada. Eu me sentia traída por esses rapazes que, até o ano anterior, tinham sido "meus chapas" porque eu era "levada da breca". As garotas me diziam que eu teria de parar de praticar esportes com os garotos se quisesse ter um namorado. As normas estavam mudando de forma rápida, e eu não entendia por quê.

A *yeshiva* me ensinou que as garotas eram seguras e os rapazes, não. Por que as garotas tinham permissão de passar o tempo juntas sem supervisão, ao passo que as festas dançantes eram consideradas pecado e, provavelmente, "nos transformariam a todos em viciados em drogas"?

Depois da *yeshiva*, freqüentei a escola pública local. Os dois anos que passei lá foram muito difíceis e eu estava bastante despreparada para a vida social. Durante as pausas de sete minutos entre as aulas, os rapazes procuravam as namoradas e pimba! — nós costumávamos chamá-las de as "trepadas de sete minutos". No ginásio, as drogas me chocavam. Vi alunos se injetarem drogas em público antes do início das aulas. Cuidar do corpo é um valor judaico positivo, que aprendi na *yeshiva* e que foi reforçado por meus pais. Ver estudantes usarem drogas contrariava tudo o que eu aprendera.

Comparado com a *yeshiva*, o ginásio era muito pouco desafiador, academicamente falando. Em que se agarraria meu ego, se não em realizações intelectuais? De repente na escola pública, eu fui considerada muito religiosa. Isso era embaraçoso, após nove anos pertencendo à "família liberal". Na escola pública, minha observância religiosa transformou-se em curiosidade antropológica.

Eu não fiz muitos amigos novos no ginásio e nunca tive nenhum namorado. Meus amigos continuavam sendo as crianças da *yeshiva* que tinham optado pela escola pública. Muitos de nós foram para a *midrasha* — um programa de estudos judaicos, que se reunia aos domingos de manhã e em duas tardes por semana. Eu era bem menos interessada nos rapazes do que nas garotas e, muitas vezes, me perguntava se seria lésbica, pensamento que afastava rapidamente.

Quando chegou a hora de resolver que faculdade iria cursar, eu sabia que queria continuar minha educação dupla. A primeira escolha foi ir para a Faculdade Barnard e freqüentar o Seminário Teológico Judaico (STJ) em regime de meio período. Mesmo tendo já visitado o local quando estava no último ano do ginásio, por qualquer razão não me dei conta da forte presença lésbica no *campus* ou do fato de todos os judeus que conheci serem ortodoxos. Ao chegar à Barnard como caloura, eu estava outra vez totalmente despreparada para a vida em grupo. Minhas fantasias sobre partir para a escola eram sempre relacionadas com o estímulo intelectual. No primeiro dia da orientação, conheci muitas das mulheres (de repente, éramos mulheres!) que se tornariam minhas amigas durante todo o tempo de faculdade, inclusive aquela que, mais tarde, veio a ser minha primeira amante. Todas éramos judias e, na maioria, ortodoxas.

Durante meu primeiro ano na Barnard, lutei para ajustar-me à comunidade ortodoxa, que era a única presença ativa no *campus*. Assisti a aulas tanto na Barnard quanto no STJ. O seminário foi para mim uma experiência que me abriu os olhos: ele oferecia uma aceitável visão judaica de mundo, que reconciliava muitas de minhas crenças interiores com o que eu havia aprendido na *yeshiva*. Em vez de acreditar que a Torá foi dada por Deus a Moisés, eu estudei "teoria crítica", que postulava terem sido os textos escritos, durante um longo período, por várias pessoas e grupos, e que esta compilação nada mais era do que os sagrados documentos de nossa tradição. Em lugar de uma visão fixa da *halakha*, havia um entendimento de que a lei mudara com o tempo para ajustar-se à cultura e ao ambiente em que os judeus viviam. Contudo, as implicações sociais decorrentes da freqüência ao STJ foram um desastre. Uma mulher *frum* da Barnard, depois de saber que eu assistia às aulas lá, disse: "Mas aquilo é um lugar *apikoros* [herético]."

No fim de meu primeiro ano na Barnard, minha parceira de estudos, melhor amiga e companheira constante admitiu ter sentimentos sexuais por mim. Ela era outra mulher das que freqüentavam tanto a Barnard quanto o STJ e vinha de uma família praticante de Boston. Juntas, começamos a lutar pelos vários problemas das "mulheres no judaísmo". Eu me sentia atraída por ela, mas também estava assustada. Depois de muita angústia, resolvemos "ceder" e experimentar ser amantes. Seguiu-se um período de um ano e meio de um relacionamento amoroso, sem culpa, fechado. A cada duas ou três semanas, nós nos separávamos, porque não havia um jeito de ajustar nosso relacionamento com a crença judaica e não seríamos aceitas pela comunidade judaica, de qualquer maneira. Pouco tempo depois nós voltávamos e reiniciávamos o processo. Nesse meio tempo, continuávamos a tentar encaixar-nos na vida social ortodoxa. Embora fôssemos conhecidas como uma dupla, não nos mostrávamos a qualquer um, exceto a nossas companheiras de quarto e umas poucas amigas escolhidas.

Durante esse relacionamento, fiz terapia pela primeira vez, com uma terapeuta do setor de saúde mental da Barnard. Como terapeuta bastante tradicional, ela acreditava que o lesbianismo fosse uma fase à qual muitas mulheres universitárias eram "suscetíveis". Ela também não acreditava que gente moderna pudesse ser religiosa. Para ela, o conflito entre minha sexualidade e minha crença religiosa era um mito — a primeira era uma fase e a segunda, uma neurose.

Embora tivesse conhecido muitas lésbicas bem-resolvidas durante meus dois primeiros anos de faculdade, não me permitia ser íntima delas. Nenhuma dessas mulheres se identificava como judia e algumas achavam estranho que eu o fosse. Eu me sentia julgada por elas, porque rejeitavam toda religião organizada como patriarcal e porque pareciam ver a espiritualidade como um luxo que não podíamos ter durante esse período de luta por mais direitos "básicos" da mulher. Para incluí-las em meu círculo social íntimo, eu precisava superar duas lições bem aprendidas na *yeshiva*: que minha própria sexualidade era inaceitável e que todas as minhas necessidades sociais deviam ser satisfeitas dentro da comunidade judaica.

Quando estava em casa, nos verões, eu freqüentava a sinagoga conservadora na qual crescera. Eu era solitária, confusa e cheia de conflitos. Olhava para os adultos que me conheciam desde criança e me perguntava: "Posso confiar a eles meus problemas?" Eu não me mostrava a qualquer um. Agora compreendo que jamais ouvira as palavras "gay" e "lésbica" ditas naquela sinagoga. Não admira que eu me sentisse isolada.

Durante o penúltimo ano da faculdade, morei em Israel e estudei na Universidade Hebraica. Minha amante da Barnard também estava lá, mas nós prometemo-nos não exportar nosso relacionamento para Israel. Esse ano me daria a oportunidade de ver se estava seriamente interessada em fazer a *aliyah*.

Em Israel, rapidamente fiz amizade com um grupo de americanos construtivistas e judeus *chavurah*. Eles acreditavam que o pensamento moderno e a cultura contemporânea podiam e deviam ser integrados à vida judaica. Isso abria a possibilidade de também poder haver um lugar para o feminismo e, talvez, até gays e lésbicas no seio da comunidade judaica. Nós formávamos um *minyan*, que se reunia semana sim, semana não. Ali, pela primeira vez, vi mulheres participando igualmente, com homens, de todos os aspectos da cerimônia religiosa do Sabá, e fiquei comovida. Aí estava um judaísmo que lidava com o mundo das emoções, bem como com o intelecto. No transcorrer do ano, rejeitei a ortodoxia como visão de mundo. Descobri que eu acredito que a "verdade" se origina em muitas fontes, enquanto meus amigos ortodoxos acreditam que ela tem origem numa fonte única.

Naquele ano, minha vida social ficou dividida entre os novos amigos que estavam no *minyan* e um grupo de amigos ortodoxos da Barnard que estudavam nos *yeshivot* de homens e de mulheres. Passei a maior parte dos meus Sabás com um destes dois grupos. No decorrer do ano, fui me sentindo cada vez mais distanciada do grupo ortodoxo. Quase todo o grupo ortodoxo praticava a *negiyah* — não tocar em ninguém do sexo oposto. Muito carinho físico acontecia entre membros do mesmo sexo. A presunção de que isso não tinha conotação sexual causou-me grande mal-estar, pois negava o que eu sentia mais e mais freqüentemente com relação às mulheres. O pensamento de que eu era lésbica às vezes parecia inevitável, embora isso parecesse impossível.

Pouco antes da Páscoa, num passeio iniciado duas horas antes do Sabá, uma mulher da comunidade *chavurah* revelou-se a mim. Ela estudava para ser rabina e fora namorada de outra estudante, durante a maior parte do ano. Nós ficamos tão excitadas por relacionar-nos com outra lésbica judia que permanecemos absurdamente perdidas e quase não regressamos para casa antes do Sabá.

Para mim, o mundo virou de cabeça para baixo naquele momento de honestidade. Durante as cerimônias do *seder* e nas semanas seguintes, eu só conseguia pensar em como meu isolamento terminara. Poucas semanas depois, quando compreendi que estava apaixonada por uma mulher, eu tinha alguém com quem falar. "Eu não vim a Israel para envolver-me com uma mulher", disse para minha amiga lésbica recém-descoberta. Eu estava angustiada outra vez. Senti-me como se tivesse fracassado, que era fraca e não conseguia resistir à tentação. Apesar do fato de ter duas lésbicas judias para compartilhar minhas lutas em Israel, eu ainda não achava este estilo de vida viável. Meu casulo crescera: de apenas eu mesma para três pessoas — quase um *minyan*!

Quando regressei de Israel para o último ano letivo, decidi que queria um relacionamento, bem-sucedido ou não, baseado na compatibilidade emocional e não na orientação sexual. Conheci um homem, formado pelo STJ, e saí com ele durante um ano. O privilégio heterossexual era um grande choque para mim. Pela primeira vez na vida, meu parceiro e eu podíamos andar pelas ruas de mãos dadas. Em meus relacionamentos com mulheres, eu quase não demonstrara nem recebera afeto ou mesmo um simples toque em público. (Talvez isso fosse a configuração lésbica da *negiyah*!) Os amigos dele me aceitaram e nos aceitaram como casal, sem problemas. Aquilo era uma mudança do processo medroso e cauteloso de mostrar-me a um grupinho seleto de amigos, quando eu ficava com mulheres. Eu me sentia julgada por minhas amigas lésbicas, mas era bem recebida por muitos amigos judeus. Fiquei sabendo, por comentários, que minha ex-terapeuta ficara contente por eu estar "curada". Apesar desse recém-descoberto privilégio, heterossexual, eu estava tão acostumada a estar "trancada" que muitas das pessoas que freqüentavam nosso *minyan* nunca perceberam que o rapaz e eu estávamos juntos.

Aquele relacionamento terminou por incompatibilidade emocional. Sem uma escolha consciente, voltei a estar com mulheres. Eu me sentia como se estivesse voltando para casa, o que era completamente inesperado. Por um breve período, freqüentei uma igreja de esquerda, em Greenwich Village, que tinha um ministro gay. No Sabá, eu ia ao *minyan* e me trancava e, no domingo, ia à igreja e examinava como era ser aceita como lésbica num ambiente religioso. Eu me surpreendia com o significado que as cerimônias religiosas tinham para mim — a experiência emocional não era tão diferente daquela do *minyan*. Em 1979, desfilei, pela primeira vez, na marcha do Dia do Orgulho Gay com um grupo daquela igreja.

Em dezembro de 1980, dois anos depois da formatura, participei da conferência de fundação da Nova Agenda Judaica e me inscrevi num grupo pela integração de gays e lésbicas. Aquele pode ter sido meu primeiro ato consciente de auto-aceitação e orgulho. Eu tinha 22 anos e estivera carregando o conflito entre minhas identidades judaica e lésbica durante cinco anos. O fato de estar exatamente numa sala com mais de trinta pessoas, que colocavam as palavras "Gay" e "Lésbica" junto à palavra "Judeu", era imensamente saudável. Eu não me lembro do que conversamos. Lembro-me, sim, da sensação de certeza que experimentei naquele ambiente.

Eu me tornava mais segura em minha identidade lésbica, e terminei com aquele que seria meu último relacionamento com uma mulher ambivalente quanto à sua identidade sexual. Nenhum relacionamento era melhor do que um que não afirmava minha identidade sexual. Após todos aqueles anos de debate, decidi, na véspera do Ano-Novo de 1980, tentar chamar-me de lésbica durante um mês. Quase de imediato, senti um enorme alívio. Embora os conflitos com minha orientação sexual não tivessem terminado, não questionei minha identidade lésbica a partir daquele momento. Ao longo de meu processo de "saída do armário", eu almejava encontrar uma parceira judia. Como isso parecia impossível, resolvi abrir-me para um relacionamento com uma mulher cristã, que também era ativista. Eu sentia que nós nos entendíamos espiritualmente e isso devia ser suficiente para dar certo. Até então, eu acreditava ser de tal forma importante compartilhar um lar judaico que somente uma outra judia praticante poderia ser minha parceira. Embora tenhamos terminado por razões várias, aquele relacionamento me ensinou uma lição importante. Ter uma parceira judia praticante já não me parecia pré-requisito para um relacionamento.

Tendo desistido de encontrar uma parceira judia, conheci uma mulher que, além de ser judia praticante, também estivera na *yeshiva*! No curso de nosso relacionamento, nós compartilhamos as festas judaicas e ficamos famosas pelos jantares dos Sabás que preparávamos para os amigos, e ríamos muito por causa da correspondência iídiche-hebraico-inglesa que ela ainda recebe de sua *yeshiva* do Brooklyn. Nós éramos aceitas na comunidade como um casal e nossos *simches* eram compartilhados pelos amigos. Enfim, eu encontrara e ajudara a criar uma comunidade judaica que me sustentava por inteiro.

Desde os vinte e poucos anos eu me revelei à minha família e à minha comunidade. Embora tal revelação tenha sido violenta e dolorosa para mim, fui recebida com aceitação pela maioria. Minha família, em especial, passou a valorizar minhas escolhas e aprendeu a apoiar-me de um modo que eu não teria pensado ser possível. Algumas vezes, as duas linhas de minha identidade estiveram a ponto de fundirem-se. E eu tive o privilégio especial de narrar minha história pessoal num retiro realizado pela Faculdade Reconstrucionista Rabínica (Reconstructionist Rabbinical College), durante o processo de decisão sobre a admissão aberta ou não de alunos gays e lésbicas. No retiro pude expor-me e ser vulnerável e, ao mesmo tempo, forte e destemida. Os alunos se emocionaram, e eu senti que contar minha história abriu muitas mentes e corações.

No verão seguinte, ajudei a planejar e, a seguir, oficiar uma cerimônia de compromisso de um casal de lésbicas, ambas minhas amigas íntimas. (Um dos membros do casal era a mulher que se revelara a mim em Israel.) Nós reescrevemos a maior parte da cerimônia de casamento judeu, agregando a ela nossos novos valores sobre relacionamentos e mudando a "boa linguagem". Também acrescentamos escritos de Adrienne Rich, letras de canção da compositora Margie Adam e novos rituais. Na cerimônia, as mulheres falaram uma com a outra e eu falei com ambas, individualmente e como casal. Quando terminou, não havia olhos secos no grupo. Muitos dos casais lésbicos tinham uma expressão de profundo desejo pelo juramento solene que essas duas mulheres haviam feito sobre a sua escolha de vida. Meus pés não tocaram o chão por duas semanas. Eu estava eufórica.

Outra experiência que me sensibilizou profundamente foi a cerimônia do *Havdalah*, que ajudei a organizar, na noite anterior à Marcha sobre Washington pelos Direitos de Lésbicas e Gays, de 1987. Nós convidamos alguns artistas que são gays, lésbicas e judeus para fazer um *show* e pedimos ao rabino Yoel Kahn, da Congregação Sha'ar Zahav, de San Francisco e ao cantor/compositor Ronnie Gilbert para realizar a cerimônia do *Havdalah*. Por volta de seiscentas pessoas lotaram o salão e muitas outras tiveram que ficar no *hall* para ouvir Ronnie Gilbert cantar o *berachot* do *Havdalah*, e mais Ruth Pelham, Elliot Pilshaw e Alix Dobkin. E a platéia ficou extasiada desde o começo. Velhos amigos que não se viam há anos voltaram a encontrar-se. Yoel Kahn disse: "Todos os que quero ver em meu casamento estão aqui esta noite." Meus pais estavam na platéia. Naquela noite, uma comunidade de lésbicas e gays fazia-se visivelmente presente, e nós expressamos nosso orgulho e amor uns pelos outros.

Eu sei que muitos gays e lésbicas têm dificuldade em mostrar-se. Contudo, sinto que minha comunidade judaica pôs-me numa situação que manteve o conflito sobre minha sexualidade em ebulição por muitos anos além do necessário. A comunidade judaica mantinha gays e lésbicas completamente invisíveis, embora minhas necessidades sociais devessem, supostamente, ser satisfeitas por essa comunidade. Em Israel, já comunicara ao rabino do *Hillel* meu dilema. Ele disse que eu não devia ser rejeitada por nenhuma comunidade judaica, desde que "não andasse por aí fazendo proselitismo". Perguntei-lhe se aquilo significava que eu deveria "ficar no armário". Ele disse que sim. E não tive resposta para a pergunta óbvia sobre como eu poderia conhecer uma mulher para ser minha parceira.

A luta para integrar minhas identidades judaica e lésbica era realmente duas batalhas separadas, ainda que entrelaçadas. Primeiro, precisava imaginar um jeito de ser judia que incluísse a celebração da diferença, que reconhecesse e honrasse a experiência das mulheres (inclusive nossa natureza emocional), que respeitasse a tradição sem vir de uma estrutura puramente *halákhic* (ortodoxa) e que tentasse integrar o *tikkun olan* ("consertar o mundo") com a prática do ritual. Segundo, precisava pensar em como aceitar-me lésbica, amar-me, "sair do armário" para as pessoas importantes de minha vida, com todo o vigor, e encontrar outras lésbicas com as quais compartilhar triunfos e fracassos. Nos conflitos sobre minha identidade judaica, houve muitos recursos para ajudar-me, e essas batalhas com freqüência pareciam mais produtivas. Havia uma comunidade inteira com a qual podia falar a respeito de Deus em linguagem feminina ou a respeito de como os judeus deveriam reagir à política dos Estados Unidos na América Central. Minha luta com a identidade sexual era bem mais privada e dolorosa. Muito desse trabalho prosseguiu na privacidade do consultório psicoterápico, por mim mesma, ou em longas conversas com as poucas lésbicas de minha vida.

Um dos aspectos de minha "saída do armário" na comunidade judaica fez-se mais fácil por causa de meus anos de *yeshiva*. Cada comunidade judaica com a qual estive envolvida respeita o saber e a "experiência judaica". Quando, pela primeira vez, disse a uns amigos, no *minyan* de Germantown (onde eu *davenava* regularmente por três anos), quem eu realmente era, eles já mostravam consideração por mim, devido a meu habitual *d'vrei torah*. Isso tornava mais difícil ser rejeitada pelas pessoas, pois elas, de antemão, haviam avaliado minha contribuição à comunidade. Mas eu quisera saber como é no caso de outras que não têm minha experiência.

Faz pouco tempo, eu me engajei na criação de uma nova sinagoga fundamentada no conceito de que a oração, o estudo e a ação social são componentes necessários para uma vida judaica plena. Chama-se Mishkan Shalom (Santuário da Paz) e sua declaração de princípios anuncia abertamente gays e lésbicas como membros valiosos para a comunidade. No momento, estou envolvida com uma mulher que conheci na sinagoga. Quando minha amante falou para o rabino que estávamos juntas, sua reação foi muito calma: "*Mazel tov*, vocês são o primeiro *shidekh* na sinagoga." E, quando conversei com minha mãe sobre esse novo relacionamento, ela disse entusiasmada: "E você a conheceu na sinagoga...", ao que acrescentei: "Sim, Mamãe, é um sonho feito realidade — encontrar uma mulher na sinagoga."

Diferente como Moisés

Alan D. Zamochnick

Eu sempre desfruto o *seder* na Páscoa. Para mim, ele representa a celebração contínua da libertação de nossos próprios *Mitzrayim*, nossos espaços estreitos de opressão e de desespero. Quando criança, incapaz de compreender o que o *seder* significava, lembro-me com clareza de minha mãe pondo-me um pouco de lado e, com um livro infantil sobre a Páscoa, explicando-me pacientemente a história do Êxodo e de Moisés. Até hoje, a parte da história de que mais me recordo é que Moisés era uma pessoa com uma deficiência assim como eu. Minha mãe descreveu o episódio do carvão queimando, com o qual o Faraó testara a inteligência de Moisés e determinara seu destino. O Faraó colocara, lado a lado, um prato de carvão em brasa e um prato de moedas reluzentes e jóias. Se o pequeno Moisés fosse inteligente, seria atraído pelas jóias brilhantes e moedas e, considerado uma ameaça aos herdeiros do Faraó, seria morto. Porém, se fosse atraído pelo tição ardente, não demonstraria muita inteligência e lhe seria permitido viver. A lenda conta que Moisés partiu para agarrar as jóias e moedas; no entanto, no último momento, um anjo empurrou as mãos da criança para o braseiro. Ele, então colocou as mãos na boca para lamber as queimaduras e acabou queimando a língua. A partir daí, nosso líder e mestre passou a ter dificuldade para falar.

Crescer com paralisia cerebral e uma grave deficiência da audição não foi fácil. Freqüentei uma escola pública diurna para crianças ortopedicamente incapazes. Muitas vezes, na escola, professores que não entendiam de surdez criticavam-me por não prestar atenção, dizendo-me que ouvisse mais de perto. Os colegas me evitavam por terem dificuldade em me entender e eu os evitava quando as coisas ficavam mais difíceis para eu ouvir ou tentar adivinhar o que estava acontecendo.

Apesar de minhas limitadas habilidade comunicativa e experiência social, eu estava ansioso por aprender. Quando conseguia entender o que ia sendo discutido, era brilhante e atento ao extremo; assim, desde que minha família começou a suspeitar de que eu tinha problemas de audição, os médicos levaram alguns anos em meio a vários tipos de testes para identificar minha surdez. A paralisia cerebral tornava as coisas mais complicadas, pois muitas pessoas achavam que esta significava retardamento mental. Meus pais sabiam que eu era muito atento para ser um retardado ou sem vontade de ouvir e desconfiavam de que o problema fosse outro: uma possível deficiência da audição.

Vim de uma família que valorizava os livros e o aprendizado, mas, como a maioria das famílias americanas de classe média das décadas de 1950 e 60, nós também éramos viciados em televisão. Às vezes, meu irmão e eu precisávamos de ajuda com os deveres escolares e recorríamos a nosso pai, o perito em matemática da família: ele podia fazer o mais complicado problema matemático parecer simples. Mas ele trabalhava demais. O truque era apanhá-lo tão logo chegasse em casa, tarde da noite, antes que pudesse se pôr a relaxar. Uma vez à vontade, ficava impossível — ele comia e caía no sono sobre a mesa da sala de jantar, mesmo com a TV ligada em alto volume.

Lembro-me de uma vez em especial, quando estava no primeiro ano ginasial, em que consegui forçá-lo a ajudar-me em álgebra. Ele acabara de ligar a TV, onde passava um filme policial. Meu pai tentava explicar o problema algébrico e eu buscava entender o que ele dizia olhando-o e procurando ouvi-lo, apesar do barulho da TV. Ele insistia para eu olhar para o papel que me mostrava, e não para ele. Mas, olhando para o papel, eu não conseguia ler seus lábios. Foi uma experiência exaustiva. Apenas um terço dos fonemas do inglês pode ser lido com clareza nos lábios por uma pessoa fluente nesse idioma. Para uma pessoa em minha situação — dependente tanto da leitura labial quanto de ouvir as palavras simultaneamente —, era tarefa impossível. De certo modo, eu conseguia adivinhar um quarto do que ele explicava e, o final, eu tentava imaginar.

Tanto a incapacidade auditiva quanto a paralisia cerebral interferiam em minha vida social. As comunicações interpessoais eram difíceis, na melhor das hipóteses, mesmo com um aparelho de surdez. Os livros se tornaram meu mundo. Por causa de minhas limitadas experiências sociais, eu tinha dificuldade com o entendimento da ficção, preferindo, então, livros sobre história, geografia e sobre os outros países. Queria muito estar com outras crianças, mas, por não conseguir estabelecer um contato real, me sentia distante delas.

Nos anos 60, à medida que as ilhas do Pacífico Sul e os países do Caribe e da África ficavam independentes, eu acompanhava seus progressos com olhos de gavião. Enquanto ganhava melhor controle de meus movimentos físicos, ia à cidade sozinho, comprava inúmeros jornais diferentes e abria um "capítulo", composto e organizado num álbum, para cada nação, no dia em que ela adquiria independência. Via essas antigas colônias européias como imagens de mim próprio e do desejo de fugir do isolamento de minha adolescência. Esse *hobby* me ajudava a conseguir uma auto-imagem mais independente.

Ao mesmo tempo, eu começava a me interessar por minha herança judaica. Num *Hanukkah*, tentei acompanhar meus irmãos cantando preces tradicionais. Cantei do jeito que achei tê-los ouvido e, praticamente, criei minha própria linguagem. Aquilo não era novidade: eu também arruinara o *Star Spangled Banner* e outras canções ensinadas na escola. Aquelas interpretações eram lendárias. A novidade foi que eu me tornei consciente da preparação de meus irmãos para o *bar mitzvah*.

Sem saber bem do que se tratava, lancei-me numa campanha para ir estudar na Escola Hebraica. Nós não vivíamos em bairro judeu, e a sinagoga ficava distante quase um quilômetro. No começo, meu pai duvidava que eu conseguisse, em parte por causa de minha incapacidade física e em parte porque alguns professores da escola pública tinham lhe dito que eu não era muito inteligente, já que não entendiam que meu problema de surdez podia estar me impedindo de responder adequadamente ou fazendo-me parecer tímido. Com o apoio de minha mãe, consegui convencê-lo a deixar-me tentar. De certo modo, eu consegui me matricular na Escola Hebraica antes de isso ser considerado prática comum na educação de crianças incapazes. Para mim, era um desafio e uma frustração não ter aprendido hebraico plenamente até a idade adulta, mas eu gostava de estudar sobre história e as tradições religiosas de nosso povo, sobre a ligação de nosso povo com *Eretz Yisrael* e sobre as muitas pessoas famosas que eram judias. Por conta própria, também li sobre o Holocausto nazista e a resistência judaica.

Nessa mesma época, tropecei com a palavra "homossexual", num material de leitura. Creio que descobri essa palavra num livro didático. Fiquei interessado de imediato. Ademais, eu adquirira fascinação por peitos masculinos bem cabeludos. Sem ter certeza do que aquilo significava, mas achando ser errado, não discuti o assunto com minha mãe. As garotas eram bonitas, mas era só isso e, por uma razão que eu desconhecia, isso constituía um fardo emocional. Esse foi meu primeiro reconhecimento de que eu devia ser mais diferente do que imaginara. Como de hábito, tentei ler tudo o que pude encontrar sobre a palavra, acabando apenas frustrado pelas prateleiras cheias de restrições das bibliotecárias e vendedoras de livrarias dizendo que eu não devia perguntar por tal tipo de material. "Você é muito jovem", algumas falavam. Alguém inclusive me aconselhou a esperar até que eu entrasse para a faculdade de medicina. Em face das barreiras impostas por pessoas que, normalmente, faziam grande esforço para compreenderem-me, desisti do assunto, ainda que o perseguisse de vez em quando, ao buscar em enciclopédias por outros temas.

O interessante é que minha mãe foi quem abordou o assunto sexo, certa noite. Ela desenhou figuras básicas das anatomias feminina e masculina e as explicou para mim. E também explicou as funções reprodutivas dos órgãos sexuais. Por fim, falou sobre "higiene sexual", dizendo que eu não deveria deixar ninguém, mulher ou homem, tocar meu pênis. Por qualquer motivo, essa afirmação desencadeou em mim um furor adolescente. Eu disse a Mamãe que entendia por que uma mulher não poderia tocar meu pênis, mas por que não um homem? Recordo-me de haver gritado essa frase de forma muito rápida, e, ou ela não entendeu, ou deixou-a sem resposta. E ela não voltou a falar sobre sexo, e, quando levantei o assunto mais tarde, nós o discutimos em termos de "higiene" e de namoradas, com base principalmente nas minhas observações sobre as namoradas de meu irmão.

No ginásio, minhas atividades sociais eram limitadas em extremo. Eu brigava com o sistema escolar que tinha idéias rígidas sobre o futuro de pessoas com graves incapacidades. A idéia era que as pessoas com paralisia cerebral e aquelas com dificuldades de comunicação não tinham futuro, exceto em escolas especializadas para deficientes físicos. Mas eu jamais poderia adaptar-me àquele molde. Minha professora no ginásio reconheceu isso e me incentivou a aprender outras coisas por conta própria. Junto com minha mãe, ela me encorajou para que eu tivesse um saudável desrespeito pelo "sistema", mostrando às autoridades o que eu poderia fazer quando me era dada a oportunidade de destruir as barreiras da ignorância. Mostrando-me como discordar construtivamente das autoridades, ela me estimulava a pensar sobre os preconceitos contra os deficientes e contra as minorias.

Isso influenciou sobremaneira meus interesses políticos e minha participação nos movimentos sociais das décadas de 1960 e 70.

Minha professora, entretanto, não podia ajudar-me quanto às minhas habilidades sociais. Muitos anos antes, eu freqüentara um acampamento de verão para crianças e adolescentes com deficiências. Lá, conheci vários participantes que estudavam na escola local para crianças surdas. Fiquei encantado por seu uso da linguagem através de sinais e tentei aprender alguns com eles. E me surpreendi por ver quão difícil era para mim formar as letras do alfabeto manual. Contudo, isso me fascinou. Naquele verão, voltei para casa soletrando palavras com as mãos. Quando minha mãe me viu soletrando uma palavra, ficou muito aborrecida. Um professor dissera a ela que nunca permitisse que eu viesse a aprender a linguagem dos sinais, porque eu perderia a motivação para usar a fala. Isso foi irônico, considerando que, mais tarde, estudei na Faculdade Gallaudet (atual Universidade Gallaudet), a única faculdade liberal de artes do mundo para estudantes surdos. Na realidade, o aprendizado da linguagem dos sinais ajudou-me a melhorar a fala, pois fornecia chaves visuais para os sons que eu não entendia bem ou não ouvia.

Na Gallaudet, obtive muitos dos conhecimentos que me faltavam. Tive até a oportunidade de sair com mulheres. Pouco a pouco, porém, comecei a perceber que era difícil achar mulheres interessadas em encontros. Nunca foi dito abertamente, mas não demorei muito para descobrir que se recusavam a sair comigo porque eu tinha paralisia cerebral. Mas havia ainda um outro fator. Eu também não conseguia firmar os namoros. Toda vez que me interessava por uma mulher, sabia que não poderia ir além de um certo ponto emocional. Parecia que eu continuava dando pancadas numa parede interna de tijolos. No princípio, pensei ser porque não me achava apto para tal relacionamento. Ao mesmo tempo, entretanto, notei de novo que me via atraído por genitálias e torsos cabeludos masculinos. Soube, então, que tais sentimentos eram homossexuais e que eu tinha medo deles. Tive, também, a consciência de que, no *campus*, os estudantes a quem supunham "delicados" eram fortemente molestados. Por outro lado, eu gostava da companhia de mulheres. Não sabendo bem o que fazer, introjetei meus sentimentos sexuais, permitindo-os aflorar somente em particular ou quando via fotos de homens nus em revistas de garotas. Não sabia muito bem qual era minha tendência sexual. Numa aula sobre psicologia anormal, aprendi a respeito do estereótipo homossexual e a conseqüente estigmatização social. Não conseguia identificar-me com ele, mas as imagens eróticas do peito masculino, nu e cabeludo, continuavam flutuando em minha mente.

Certa vez, numa viagem a Connecticut para visitar um amigo da faculdade, decidi passar um tempo em Nova York. A curiosidade levou a melhor e resolvi visitar um cinema para homens. Tropecei no escuro para achar lugar. Assisti ao filme durante uma hora e fiquei muito chateado, pois não conseguia acompanhar o diálogo. Também havia pouca ação física, o que era irônico em tal tipo de filme. Além disso, os atores do filme tinham o peito liso. Saí antes que qualquer coisa acontecesse de fato. Contudo, as imagens daquele filme sempre voltavam à minha mente.

Aos poucos, também fui ficando consciente do movimento pelos direitos dos gays. No último ano do ginásio, eu testemunhara uma demonstração sobre os direitos dos hemofílicos, na frente do Independence Hall, em Filadélfia, num Quatro de Julho, com fascinação e pavor.[1] Não tive coragem para aderir à demonstração. Não era hora.

Na Gallaudet, eu era um respeitado colunista do jornal dos estudantes, escrevendo sobre assuntos nacionais e internacionais, expressando de maneira aberta minha oposição ao envolvimento dos Estados Unidos no Vietnã e minha esperança de paz no Oriente Médio. E escrevi sobre os direitos das minorias na América. Em meu último artigo antes da formatura na Gallaudet, afirmei que os surdos, como grupo minoritário, deviam defender seus direitos. Em nenhuma dessas colunas jornalísticas falei sobre os direitos dos gays. Era um assunto muito sensível para mim. Eu sabia apenas vagamente da Rebelião de Stonewall, em Nova York, quando gays e lésbicas enfim se rebelaram contra a ação policial, em 1969.

Depois de formar-me pela Gallaudet, em 1970, fui fazer minha graduação na Universidade de Nova York. Sempre tivera inclinação pela vida urbana e queria viver na maior das maiores cidades. Minha atração por Nova York, em parte, era por causa de suas grandes e variadas comunidades judaicas. Além do mais, teria a oportunidade de visitar todos os cinemas para homens, quando precisasse de alívio sexual, sem ter de explicar a meus pais aonde ia nem sentir culpa por mentir para eles.

Nova York marcou um novo capítulo em minha vida. Pela primeira vez, eu vivia e interagia com meus iguais em pé de igualdade. O programa em que me matriculei, Comunicação em Educação, era o mais próximo que eu conseguia chegar do campo didático. Por ter-me matriculado através do Centro de Pesquisa e Treinamento da Surdez, pude me habilitar aos serviços de intérprete de linguagem dos sinais e cursar a cadeira de Estudo sobre a Surdez.

Nova York também foi onde vim a reconhecer minha tendência sexual. Embora não estivesse pronto para me descobrir a mim mesmo, ia aos cinemas pornôs para alívio sexual e encontros ocasionais. Já que não estabelecia relacionamentos com pessoas que conhecia nesses cinemas, pude pela primeira vez explorar minhas necessidades e tensões sexuais. Ironicamente, essa época foi de grande ativismo com a onda inicial do movimento de liberação gay, e não participei dele. Não sabia como expressar minha sexualidade de forma aberta num ambiente inóspito a gays. Por estar "dentro do armário", não conhecia nenhum gay no alojamento em que morava. Ouvira falar e lera sobre os gays serem enganados, espancados e mortos. A única organização em que provavelmente me sentiria mais confortável, o Grupo Judeu Gay de Nova York, ainda não havia sido fundado.

Entretanto, eu tinha de encarar outras batalhas. Queria ser professor ou consultor de jovens e adultos portadores de diferentes problemas com a audição ou inteiramente surdos. Embora meus orientadores da UNY tivessem mais perspicácia do que aqueles de muitos outros programas de graduação, ainda assim resmungavam perguntas sobre minha capacidade física para fazer-me entender por pessoas surdas.

Contudo, eu estava comprometido com o mundo e era capaz de curtir em plenitude tudo o que Nova York tinha para oferecer. Então, algo ocorreu. No segundo ano do curso de graduação, eu trabalhava em duas agências com adultos portadores de problemas de surdez e incapacidade de comunicação, em cursos de verão, quando, de repente, tive um grave espasmo do músculo do pescoço. Fiquei paralisado por algumas horas e, simplesmente, não conseguia mexer-me por causa da dor intensa. Nesse exato momento, fiquei viciado em Valium.

Aparentemente, a droga parecia funcionar no alívio dos espasmos do músculo dolorido, ao passo que os outros músculos do pescoço continuavam puxando em direção oposta. Passados alguns dias, pude retornar ao trabalho e, enfim, concluir os estudos e colar grau, como planejado. Mas, por dentro, a droga estava causando-me depressão emocional. Pensando bem, a coisa mais assustadora era que eu não sabia disso até que vários fatores se juntaram para piorar minha depressão. Sob supervisão médica, eu tomava a droga o tempo todo.

Durante sete anos, essa droga obscureceu em mim as percepções e danificou a auto-imagem. Por inúmeras razões, inclusive minha incapacidade e minha recusa em morar em áreas com pouco transporte público, não conseguia encontrar emprego fixo em tempo integral. Voltei para a casa de meus pais e para um trabalho em meio expediente como professor de comunicação para adultos incapazes, num estágio para obtenção de emprego. Por causa da depressão, eu contraía mais infecções respiratórias do que o normal, o que me obrigava a permanecer sempre em casa. Além disso, minhas experiências sexuais eram limitadas a encontros nos cinemas pornôs. Eu tinha poucas oportunidades reais para encontros sexuais e ficava frustrado emocionalmente. Em várias ocasiões, experimentei formas violentas de auto-aversão.

Depois de inúmeros episódios destes, resolvi por mim mesmo que já era hora de acabar com o hábito de tomar o Valium. Decidi que algo deveria ser feito, e rápido. A princípio, tentei parar de chofre, mas isso tornou as coisas piores. Por sugestão de minha mãe, diminuí as doses de Valium mais espaçadamente. Levou quase um ano, mas funcionou.

Depois de afastar-me do calmante, notei que voltava minha velha ânsia de envolvimento. Aderi a muitos grupos de defesa dos direitos dos incapazes e tornei a me ligar com o mundo. Entretanto, ainda faltava algo em minha vida.

Num dado momento, apanhei um folheto com referências à Beth Ahavah, a sinagoga de gays e lésbicas de Filadélfia. Lembro-me de olhar para o nome com interesse, mas ainda sem certeza de ir. No começo, evitei comparecer a uma cerimônia, por estar inseguro de ser aceito e por me sentir um pouco assustado sobre minha participação. Por fim, na Páscoa de 1979, resolvi ir à cerimônia noturna do Sabá. Cheguei atrasado e encontrei a congregação no meio da cerimônia do *Amidah*. Tentando entrar em silêncio, tropecei num degrau estreito da entrada e quase caí em cima da congregação, literalmente. Todo mundo olhou e eu fiquei muito embaraçado! Um rapaz deu-me um *siddur* e os demais resumiram o *davening*. Ao fim da cerimônia, foram passadas taças de vinho entre nós para o *kiddush*. Eu queria vinho, mas notei que as taças plásticas eram tão pequenas que não conseguiria segurar uma sem derramar seu conteúdo. Finalmente, o homem que dirigia a cerimônia naquela noite, Jerry Silverman, perguntou-me se eu queria vinho. Disse que sim, mas que não podia segurar a taça. Ele me trouxe uma, com o vinho, e segurou-a para eu beber. Isso foi o início de uma grande amizade que dura até hoje.

Minha ida à Beth Ahavah permitiu enfim que eu aceitasse o fato de ser gay. Lá havia pessoas verdadeiras e amorosas, com nomes autênticos — e judias! Aceitando-me como era, os membros da Beth Ahavah ajudaram-me a fazer a mais importante transição de minha vida. Pouco depois de "sair do armário" para mim mesmo, revelei-me a meus pais. Dentro de um ano, eu tinha um emprego novo e trabalhava para tornar-me independente.

Para mim, "sair do armário" foi difícil. Estivera brigando todos aqueles anos para mostrar às pessoas que era igual a todo mundo. Pedia às pessoas que me dessem a oportunidade de mostrar-lhes que eu era, realmente, igual a elas. Ao aceitar a idéia de ser gay, compreendi que não era como os outros e, sim, diferente em termos de minhas necessidades emocionais e desejos físicos. Nunca tentara esconder minha incapacidade ou mesmo o fato de ser judeu, mas a sexualidade era outra história. Na realidade, apoiava-me em meu entendimento do judaísmo para aceitar a mim próprio. Freqüentando as cerimônias da Beth Ahavah, aos poucos pude estabelecer e abraçar minha sexualidade como parte de meu ser total.

O judaísmo contém algumas contradições interessantes em suas atitudes quanto às pessoas com defeitos físicos. Além de Moisés, há vários outros modelos bíblicos com deficiências, inclusive Isaac, — que, por ser cego, deve ter sofrido um grave trauma mental; Lia, a "de olhos apertados"; e Jacó que lutou uma noite inteira e adquiriu não só um novo nome, Israel ("o que luta com Deus"), mas também uma diminuição da mobilidade. Míriam tinha lepra; diz-se que Elias portava um defeito numa das mãos; e Jó parece que apresentou um caso evidente de depressão maníaca. Estes e outros exemplos mostram que as pessoas com defeitos físicos ocuparam posições de liderança entre o povo judeu dos tempos bíblicos.

Além disso, as leis e a interpretação do Talmude dificultam às pessoas portadoras de defeitos físicos serem totalmente aceitas e integradas à vida judaica. Essas leis, principalmente as que se aplicam a pessoas surdas, refletem a falta de aceitação nas grandes sociedades em que os judeus têm vivido. O Talmude fala dos *cheresh*, aqueles que não ouvem nem falam e que foram considerados sem responsabilidade plena. Assim, foram proibidos de se casar, de celebrar contratos, de comprar ou vender propriedades e isentados da participação na vida religiosa judaica. Os surdos-mudos foram colocados na mesma categoria dos lunáticos (*shoteh*) e dos menores de idade (*katan*).[2]

Independentemente da intenção original, essas leis impedem a integração de judeus deficientes na vida religiosa, até hoje. Muitos dos obstáculos se concentram em torno do trabalho. Por exemplo, o judaísmo considera carregar uma cadeira de rodas escada acima e a interpretação de sinais como trabalhos, o que é proibido no Sabá e nos dias festivos. Isso, na verdade, impede que muitos judeus praticantes compartilhem sua vida religiosa num contexto judaico com aqueles que são portadores de defeitos físicos. Os intérpretes não-judeus da linguagem dos sinais, por exemplo, podem não estar familiarizados com a liturgia judaica e podem desconhecer os sinais adequados ao expressar certos conceitos religiosos judaicos. Eles usam sinais religiosos expressos na cultura comum dos surdos, o que muitas vezes exprime conceitos religiosos cristãos nas sociedades de língua inglesa.

Moisés é a figura bíblica com a qual posso melhor identificar-me, por causa do tipo de sua incapacidade. Não só é um desafio para ele ser compreendido pelos outros, mas também seu irmão Aarão está sempre a seu lado interpretando o que ele fala. Essa é uma imagem poderosa em minha vida, desde a descoberta de que me comunico mais efetivamente e entendo melhor quando uso um intérprete de linguagem de sinais. Moisés é um líder que mostra serem os líderes também humanos e possuírem necessidades normais.

O conceito de *tikkun olam* — consertar, rejuvenescer, fazer do mundo um lugar melhor para todas as pessoas — está no centro de minha identidade judaica, o núcleo de meu ativismo político e social, e me motiva a ser um indivíduo compreensivo e carinhoso. Quase todas as coisas com as quais me identifico, sendo judeu, se irradiam desse ideal.

Em 1988, nove anos após ter entrado para a Beth Ahavah, fui designado para ser o presidente da sinagoga. A exemplo de Moisés, relutei em assumir o papel de líder. Durante anos, eu soube que poderia ser mais influente como voz por trás da cortina. Minha eleição para presidente fez-me compreender o quanto era aceito por meus pares.

A despeito desta e de outras experiências que me fizeram entender que eu era aceito, também vivi momentos de profunda solidão. Eu sempre quis ter um relacionamento amoroso e duradouro com outro homem e ainda não tive essa oportunidade. Até agora, tenho muitos amigos, estou trabalhando para uma agência federal pelos direitos civis dos deficientes e dos aidéticos, e sou independente. Expandi meu próprio *Mitzrayim*, meu próprio "Egito".*

---

*Referência à passagem dos judeus pelo mar Vermelho, quando da saída do Egito e da perseguição pelo Faraó. (*N. do T.*)

Você não falou sobre estas Coisas: Crescendo Judia, Lésbica e Trabalhadora

Felice Yeskel

Felizmente, eu nunca fui contaminada por qualquer confusão sobre minha identidade judaica. Aprendi sobre o orgulho judeu em casa.

Nunca fui insegura quanto ao fato de eu ser lésbica. Tive, sim, um problema em admitir esta parte de mim e em acreditar que os outros me aceitariam, mas o fato de eu amar mulheres sempre foi conhecido. Infelizmente, não aprendi em casa sobre o orgulho de ser lésbica. Aprendi sobre medo, vergonha e discrição. Aprendi sobre o orgulho lésbico com outras lésbicas: com leituras de livros, como *Rubyfruit Jungle*;[1] nas ruas de Berkeley, Califórnia; nos festivais femininos de música; em manifestações políticas; e na cama.

Até hoje, quando digo a mim mesma que sou uma trabalhadora, pergunto-me se isso é correto. O orgulho de pertencer à classe trabalhadora é, para mim, coisa totalmente diversa. Tive o contexto doméstico para me desenvolver como judia e um contexto para "sair do armário" numa comunidade lésbica que me apoiou. Mas não havia aonde ir para desenvolver o orgulho de pertencer à classe trabalhadora, e o que aprendi sobre isso, tanto em casa quanto em vários movimentos de mudança social, foi vergonha e não orgulho.

Há várias maneiras de ser judia, lésbica e trabalhadora. Cada um de nós tem uma história para contar, e a minha não é mais nem menos típica, iluminada ou relevante do que qualquer outra. Ela é influenciada pelo fato de eu ser branca (tenho olhos azuis, pele clara e "não pareço judia"), *ashkenazi*, com 35 anos e, no momento, saudável. Cresci na cidade de Nova York, onde fui rotulada de "intelectualmente dotada" pelo sistema escolar, e, durante muito anos, considerei-me uma radical.

Meu pai era um imigrante polonês; veio para os Estados Unidos aos nove anos de idade. Ele cresceu num lugar chamado "os projetos", em Newark, Nova Jersey. Morreu, após uma série de tumores cerebrais não-malignos que começaram quando eu tinha cinco anos e o tornaram praticamente um incapaz. Minha mãe nasceu em Nova York, filha de pais judeus-russos. Ela viveu a vida toda em Manhattan, ocasião em que meus pais se mudaram para a Flórida. Meu pai veio de um contexto social de pobre a remediado, enquanto minha mãe era da classe média baixa. Sou filha única.

Uma de minhas primeiras experiências de crescimento foi a de ser diferente ou, pelo menos, de me sentir diferente. Enquanto a "razão" de sentir-me diferente mudava de ano para ano, minha experiência de iluminação permanecia a mesma. Ser judia, lésbica e não pertencer à classe média eram três das maiores razões.

Não estou muito certa sobre qual das diferenças notei primeiro. Talvez fosse a de ser uma menina levada e masculinizada, a única que jogava *skellies*[2] e *ring-a-levio*[3] com os garotos. A reação de minha mãe, mais do que a diferença em si, foi importante: ficava horrorizada com minhas calças *jeans* surradas e com o fato de eu não gostar de pular corda ou de bonecas. Ela alimentava a esperança de que eu não fosse notada e, diariamente, costumava perguntar: "Por que você não pode ser como as outras meninas?" Minha sensação de que eu não era como as outras garotas aumentou até o ponto de eu entender que era lésbica.

Talvez minha alienação tivesse algo a ver com minha experiência na Hunter College Elementary School, uma escola pública para crianças "intelectualmente dotadas", na Park Avenue. O desejo de minha mãe de ascensão social e sua tendência de me pressionar levaram-me à Hunter, depois de meses de testes-padrão. Aos cinco anos, eu freqüentava a área nobre da cidade, e não a escola elementar local com meus amigos do *playground*.

Na Hunter, eu sentia vergonha quando tinha de dizer às crianças o que meu pai fazia. Ele era vendedor de sacos usados, e eu achava que era o único no mundo. *Bem, você já ouviu falar de um vendedor de sacos usados?* Quando lhe perguntei o que eu deveria escrever nos formulários, no espaço para a ocupação do pai, ele disse "mascate". Eu não sabia o que era pior: ser vendedor de sacos usados ou mascate. Por que ele não podia fazer uma coisa "normal"? A maioria das crianças da Hunter morava na parte alta da cidade. Seus pais haviam freqüentado faculdades e eram profissionais. Alguns até tinham mordomo. Mais uma vez, eu me vi em posição de ser diferente e sem saber o nome dessa diferença. Na época, como agora, não se falava a respeito dessas coisas (mas mudava-se o comportamento por causa delas).

Eu não convidava ninguém da escola para ir a meu apartamento, embora fosse brincar em suas casas. E nunca contava as histórias de quando cabulava as aulas para ir trabalhar com meu pai em seu caminhão vermelho, voltando para casa coberta pela farinha dos sacos que ele recolhia. Nunca falava sobre o ritual das manhãs de domingo, que compartilhava com meu pai: ele descia até o Lower East Side, a poucos quarteirões de onde morávamos, para comprar o café da manhã — bolinhos, arenque, carpa e peixe branco. Meu pai falava iídiche com os homens que vendiam coisas em carroças e eles me davam guloseimas de graça.

Eu também nada dizia a meus colegas sobre os pais de meus pais, que moravam num cortiço em Newark, Nova Jersey. Minha avó colocava elásticos nos punhos, para poder reaproveitá-los. Meu avô usava um solidéu o tempo inteiro. E sentiam-se mais à vontade falando iídiche do que inglês. Eles me pareciam bastante estrangeiros e tinham cara de Velho Mundo, fascinantes e repulsivos ao mesmo tempo.

Minha vida em família parecia bem diferente da vida na escola. Apesar de um terço das crianças da escola serem judiais, eu achava que elas não tinham a menor idéia sobre minha vida em casa. Elas pareciam mais americanas, mais "normais". A vida delas assemelhava-se com a que eu via na TV.

Na escola, fui levada a acreditar numa realidade mais expansiva. Diziam a meus colegas de classe e a mim: "Você é o melhor, o mais brilhante, o mais verbal. Tudo é possível para você!" Este era o mito do sonho americano: se você se aplicar e trabalhar muito, poderá fazer tudo o que quiser.

Enquanto minha mãe parecia acreditar nessa mensagem quanto a mim, não era assim que agia a seu próprio respeito. Sua versão de "tudo é possível" foi diluída por constantes lembretes de anti-semitismo. Parecia que ela acreditava em algo, como: "Você pode chegar lá, mas não graças aos preconceituosos *goyim* que desejam evitar que os judeus realmente cheguem lá." Em casa, eu tinha constantes lembretes quanto ao fato de ser judia (e de ser oprimida), enquanto na escola éramos simples americanos. A atitude de "nós somos melhores do que eles", que aprendi com minha mãe sobre ser judia, era semelhante à atitude sobre a classe trabalhadora e os pobres, que aprendi na escola.

Em conseqüência disso, não me sentia em casa em lugar nenhum: meus mundos eram separados um do outro. Eu me achava diferente das crianças da vizinhança, porque sabia ser mais inteligente e, portanto, melhor do que elas. Mas notava algo errado em mim, embora não pudesse pôr meu dedo na ferida. Não me via tão boa quanto as crianças da escola, que não precisavam de passaporte porque já estavam "lá". Durante aqueles anos, eu queria ser "normal" acima de tudo.

Para aumentar minha confusão, havia uma luta de classes de baixa intensidade entre meus pais, e eu era a arena na qual ela se exercia. Minha mãe me dava a mensagem de que meu cérebro me levaria a qualquer lugar, ao passo que meu pai queria que eu fizesse o que me trouxesse felicidade. Todas as semanas, nós três saíamos para jantar. Muitas vezes eu me sentia embaraçada e envergonhada, do tipo "a quem estamos enganando?" Qualquer um que se desse o trabalho de olhar para nós poderia dizer que estávamos deslocados e que não éramos o que fingíamos ser. Era muito enervante, às vezes torturante. Minha mãe estava alerta a respeito de qualquer coisa que meu pai e eu dizíamos ou fazíamos, com receio de que algo errado fosse dito sem querer. E prometeu que, se eu aprendesse a comer adequadamente, ela me levaria ao Top of the Sixes — um restaurante elegante. Enquanto para minha mãe a aparência era por demais importante, meu pai não ligava para isso de jeito nenhum. Sua atitude era: se a comida era gostosa, que diferença fazia o lugar onde se comia?

Meu pai aceitava nossas condições e me acolhia do jeito que eu era. Minha mãe queria mais de nós. Por esta razão fazia críticas a meu pai e a mim o tempo todo. Suas críticas tinham a ver com nossa aparência e com o que as pessoas pensariam. Ela preparou-me para ser aprovada no mundo em que eu vivia desde que entrei para a Hunter. Meu pai podia não me dar ajuda naquele mundo, mas me oferecia um amor incondicional e um abrigo seguro para meu descanso.

Por ser filha única, todas as esperanças e sonhos de meus pais se concentravam em mim. Minha mãe queria que eu tivesse uma vida mais fácil e melhor do que a sua. Para ela, isso significava viver a vida confortável da classe média num subúrbio, com um homem capacitado profissionalmente, criando filhos e tendo até um trabalho importante. Por ser "brilhante", eu poderia consegui-lo, minha cabeça era meu passe.

Mas quando eu tinha 11 anos, compreendi que era lésbica. Achei a "palavra L" num dicionário e soube que aquilo era eu. Mais uma vez, senti a diferença, outro segredo vergonhoso a guardar. Assim como meu pai fora o único vendedor de sacos usados do mundo, agora, era eu a única lésbica do mundo.

Ao compreender-me lésbica, eu me colocava como se estivesse lançando uma grande alteração no projeto de meus pais. Eu pensava em matar-me quase todos os dias. Como poderia destruir a felicidade de meus pais? Minha luta para "sair do armário" como lésbica e admitir minha identidade foi uma batalha longa, solitária e dolorosa. Quando criança, eu me sentia pessoalmente responsável pela sobrevivência do povo judeu. Se a família judaica era o primeiro agente da sobrevivência dos judeus, onde eu me encaixava, sendo lésbica?

Além de culpada, sentia-me como uma anomalia na família. Não tenho mais parentes solteiros de minha idade. O *status* de adulto é conferido a quem tem sua própria família (leia-se: marido e filhos) — todos os outros são eternamente crianças. Aos 35 anos, eu ainda sou considerada criança aos olhos de minha família, sem um papel adulto definido com clareza.

"Você só pode confiar na família: todos os demais vão acabar querendo te sacanear." Esta era outra mensagem que eu recebia de meus pais, tias, tios e avós. Nós temos uma família unida, e isso significa que todos acham que têm o direito de comentar sobre todas as coisas que são feitas: relacionamentos ("Então, novidades?"), filhos ("Quando?"), roupas ("Quando vai comprar algumas?"), trabalho ("Quando vai conseguir um emprego de verdade?"), escolhas de estilo de vida ("Quando vai começar a viver como um *mentsh*?"). Nesse contexto cultural, é bem diferente "sair do armário", ao contrário daquele de minhas amigas WASP* da classe média, cujos pais morreriam antes de perguntar qualquer coisa tão pessoal!

E, então, havia as críticas sobre minha vida amorosa. A partir dos 13 anos, ouvia comentários, como: "E aí, por qual rapaz você está interessada?", ou: "Por que você não vai às danças do templo?", ou ainda: "Bem, quando vai se casar e me dar netos?" Havia uma agenda heterossexual definida e um bocado de pressão para que eu me atirasse a ela.

Mas, ao contrário de muitas outras lésbicas, nunca me preocupei em ser repudiada. A idéia era incompreensível para mim. Eu me preocupava em não ferir minha família ou em desapontá-la, porém jamais em perdê-la. Nossos mundos haviam sido fortemente divididos, de várias maneiras,

---

*WASP: White, Anglo-Saxon and Protestant (branco, anglo-saxão e protestante).(*N. do T.*)

anos antes, mas nós conseguíramos aceitar isso. Quando meu avô me indagava sobre minha vida e eu lhe dizia, omitindo meu lesbianismo (ecos das palavras de minha mãe: "Você vai causar-lhe um ataque do coração; ele é muito velho, não o aborreça", soando em meus ouvidos), ele sacudia a cabeça e respondia: "Você é um pouco doida, mas, se é feliz, está bem para mim." Embora possamos não nos ter entendido, sabíamos que seríamos sempre muito íntimos e que sempre nos amaríamos.

Como muitos de minha geração, politizei-me por meio do movimento pacifista, quando estava no curso secundário. Mas minha política pessoal era bem mais comprometida com a luta pelo uso de calças compridas na escola e pela conservação de minha integridade masculina não-consciente. Esta integridade foi difícil de despir durante a adolescência, e tenho lembranças vívidas de minha mãe chamando-me de travesti por eu querer fazer compras nas lojas de artigos do Exército e da Marinha.

Quando me tornei adulta, recebi uma bolsa de estudos para freqüentar uma faculdade privada. (Minha companheira de quarto tinha um carro esporte conversível e uma piscina reniforme em seu quintal suburbano.) Na faculdade, deparei-me com o Movimento de Liberação da Mulher. Finalmente, encontrara a confirmação para minha própria realidade. Lutei, junto com outras de minha geração, para levar uma vida mais compatível com meus valores. Abandonando um programa de Ph.D. em terapia psicológica, emigrei (costume antigo da tradição judaica) para Berkeley, Califórnia, o que me permitiu, enfim, "sair do armário". Através de três anos de separatismo sem sutiã, aumentei meu intenso orgulho de ser lésbica. "Sair do armário" em frente de minha família foi o alívio do medo e da culpa de que eu precisava, e nunca mais fiquei trancada.

Prossegue minha luta para achar trabalho e definir um estilo de vida com o qual eu possa viver. Ao longo dos anos, vivi sozinha; com meu amor atual; em casas coletivas; e numa comunidade de 125 pessoas. Trabalhei numa variedade de empregos: conselheira de campo; terapeuta; treinadora; pesquisadora; educadora; organizadora de pessoal e administradora. Em todos os cargos, minha meta sempre foi trabalhar por mudanças sociais e ganhar meu sustento. Nos últimos cinco anos, venho trabalhando na Universidade de Massachusetts como advogada de gays, lésbicas e bissexuais. Tão importante como meu trabalho por dinheiro tem sido meu ativismo numa larga escala de assuntos.

Não ficou claro para mim quando "saí do armário" como lésbica e mesmo por que abandonei a faculdade, e ainda não está claro, hoje, qual desapontamento é o pior em minha família: eu ser lésbica ou minha opção por não seguir a rota do profissionalismo da classe média. Porém, eu *me sinto* mais culpada decepcionando minha família na arena das classes, como se o investimento feito em mim, tivesse tido um mau retorno. Financeiramente, não tenho condição de cuidar de minha mãe viúva em sua velhice e, embora ela não espere que eu desempenhe esse papel, gostaria de poder fazê-lo.

Ao mesmo tempo em que me sinto maravilhosa a respeito do trabalho de mudança social com o qual comprometi minha vida, percebo um conflito íntimo com o conforto e a segurança potenciais que estou deixando de lado. Este conflito é exacerbado quando estou rodeada por lésbicas que, nascidas na classe média alta, tornaram-se pobres e se comportam hipocritamente a respeito de sua escolha. Minhas preocupações quanto à segurança revelam-se nas escolhas inconscientes que faço sobre dinheiro. O fato de economizá-lo de forma compulsiva significou "tirar do sufoco" um montão de amigos da classe média alta quando a companhia telefônica ameaçou cortar-lhes as linhas por falta de pagamento.

Meus hábitos de economia podem ser ilusórios. Muitas vezes, tenho mais dinheiro do que minhas amigas cujas famílias possuem mansões no subúrbio e casas de veraneio; como poderia eu pertencer à classe trabalhadora? A única razão pela qual tal pensamento entrou em minha mente foi porque uma amiga judia da classe trabalhadora disse: "Felice, eu acho que você é da classe trabalhadora." Quando ela falou isso, eu me senti insultada, o que mostrava quão profundamente eu internalizara o classismo da sociedade e minha formação. As outras pessoas dessa classe que eu conhecera não eram judias, e suas experiências pareciam muito diferentes da minha. Mas encontrar uma outra judia da classe trabalhadora e compreender que tínhamos algo em comum, transcendendo nossa conexão judaica, fez-me começar a pensar sobre isso.

Os problemas de classe, como os problemas a respeito de sexualidade, são tabu. Aqui, nos Estados Unidos, vivemos numa "sociedade sem classes": acreditamos que somos todos da classe média. Talvez existam uns poucos pobres infortunados (lemos sobre eles nos jornais) e algumas pessoas muito ricas e sortudas (nós as vemos na TV), mas quem conhecemos e vemos pertence à classe média. E aqueles de nós que são diferentes sentem-se pressionados a passar para a classe média ou a guardar nossa cultura para nós mesmos.

Quem escolheu a opção de ascender pode sentir-se diferente, mas sem saber por quê; nós muitas vezes achamos que também somos da classe média. Como judeus, gays e lésbicas ou bissexuais, aprendemos a sobreviver numa sociedade cristã heterossexual, que nos confere invisibilidade. Entendemos muito bem a pressão para sermos assimilados. Vários de nós lidam com isso organizando comunidades que nos confirmam e nos apóiam a viver num mundo multicultural. Mas o mito da mobilidade de classes, principalmente para os judeus (e a realidade para alguns de nós), torna mais difícil um encontro com a classe trabalhadora.

Por ser a classe uma função da cultura e dos recursos financeiros, a cultura da classe trabalhadora judaica muitas vezes mascara-se como classe média. Com freqüência eu me via como a única judia num contexto de classe trabalhadora. Em geral, sou rodeada por católicos desta classe, cujas preocupações são diferentes das minhas. E me foi dito centenas de vezes (principalmente por pessoas da classe média alta): "Você não pode ser da classe trabalhadora, você tem educação de nível superior." A cultura judaica enfatiza a educação, de modo que eu sabia que, de qualquer maneira, iria para a faculdade, tivesse minha família dinheiro ou não. Muitas vezes as pessoas se surpreendem ao ouvir uma judia dizer que é da classe trabalhadora. Os estereótipos custam a morrer, e todo mundo sabe que "os judeus têm dinheiro". E freqüentemente esta afirmação é feita por judeus a respeito de outros judeus.

Ao escrever este depoimento, eu me sinto desleal com minha família. Sinto-me nervosa por compartilhar todas estas coisas que fui ensinada a esconder. Mas minha experiência como judia lésbica da classe trabalhadora ensinou-me que o silêncio sobre as diferenças cria ignorância, medo e isolamento. Eu sonho com minha aceitação como judia lésbica da classe trabalhadora nas comunidades judaica e lésbica. Sonho com a possibilidade de encontrar uma comunidade da classe trabalhadora que abranja minha experiência. O silêncio interfere nestes sonhos. É assustador quebrar o silêncio, mas sei que me arriscar ajudará outros a arriscarem-se também. Logo, esses mundos, que pensamos serem tão homogêneos, revelarão sua diversidade cultural. Portanto, por favor, queiram contar suas histórias também.

Esconder-se Não É Saudável para a Alma

Rachel Wahba

Às vezes, acontece mesmo antes que você se dê conta. Você se percebe passando pela vida com serenidade, com educação, não "ostentando" suas diferenças próprias que outra pessoa não possa, com facilidade, entender, aceitar ou apreciar. Seguir pela vida, de forma calma sempre que possível, sem estardalhaço, é, muitas vezes, considerado mais "adequado" do que "desistir". Mas penso ser isso justamente o que ocorre. Eu sei que, quando espero não ser compreendida, fico quieta. E se ser notada me parece perigoso, algumas vezes me escondo.

Quando uso meu *Shaddai*,[1] minha estrela-de-davi, torno-me visível como judia. E a aliança de ouro em meu dedo mostra que sou "casada". Ambos os símbolos representam, concretamente, identidades primárias muito importantes para mim. A maioria das pessoas reconhece minha estrela-de-davi pelo que ela é: um símbolo de identidade judaica. Pelo meu anel, a suposição é que eu seja casada com um homem.

Meu *Shaddai* impediu que me sentisse "apátrida", crescendo como uma criança judia sem país. Ele assegurou, de fato, a continuidade de minha identidade e de meu sentido de pertencer a algo, refletindo os laços com meu povo, o qual, ao longo de séculos, no Oriente Médio, na África e na Europa, foi levado a usar a estrela-de-davi como um símbolo de vergonha. Em minha adolescência, fotografias de judeus na Europa nazista, usando a estrela amarela, faziam com que eu me sentisse orgulhosa e zangada, mas não envergonhada. Forçada ou por vontade própria, posso usar meu *Shaddai* com firmeza.

Minha identidade lésbica não seria problema se nós não fôssemos, de certo modo, "apátridas", caso essa escolha pudesse ser considerada um modo de viver natural, viável e legítimo. Para mim, diferentemente do que ocorria quanto ao fato de ser uma criança judia "apátrida" criada com uma identidade judaica positiva e acostumada ao anti-semitismo em todas as frentes, a identidade lésbica veio bem mais tarde, no momento em que tropecei nessa possibilidade numa aula de estudos feministas, em meados da década de 1970. Foi uma opção anteriormente inimaginável: era uma nova expressão de mim mesma e um novo caminho de crescimento fora dos relacionamentos desiguais e das ciladas da sexualidade internalizada. Isso me deu a sensação de ser parte e caminhar junto a uma comunidade, o que eu ainda não experimentara nos Estados Unidos.

Meu *Shaddai* foi feito para minha mãe por seu pai e, quando eu nasci, ela o deu a mim. Uso-o a maior parte do tempo. Algumas vezes, de maneira confortável, natural; em outras, como disfarce, quando me sinto vulnerável por qualquer razão. Meu *Shaddai* parece-me enorme e bem óbvio, talvez muito espalhafatoso para um mundo que deseja que os judeus se assimilem. Alguém poderia chegar para mim e gritar: "Ei, você! Você, judia!", como aquele homem odioso fez com meu irmão, numa manhã em que ele ia para seu emprego de ônibus. Ele nunca mais foi para o trabalho de transporte público. Tento manter-me afastada de lugares perigosos e dirijo meu carro por todo lado. Ouço as palavras de minha mãe, ditas a partir de sua experiência como judia em Bagdá: "Você nunca sabe [que perigo te espera]. Tenha cuidado [tenha seus olhos na nuca], porque você nunca sabe."

Minha mãe tinha 16 anos quando houve a Revolta Rashid Ali.[2] A revolta estourou de repente, e eu os imagino — minha avó, minha mãe, sua irmã, seu irmão e sua velha avó cega — escondendo-se da multidão frenética que matava os judeus por nada e saqueava suas casas durante horas sem fim. Minha mãe, Khatoon/Katie, dormiu com os sapatos por semanas, pronta para correr e pular de telhado em telhado ao primeiro sinal de perigo. Ela me disse que os ingleses (que ainda tinham bases militares no Iraque) levaram dois dias para deter as hordas assassinas e saqueadoras: era uma boa maneira de permitir que os agitadores esfriassem os ânimos e que os judeus fossem considerados dispensáveis. Minha mãe lembra-se de ter visto o Tigre cheio de móveis: vidas e lares judeus flutuando rio abaixo.

Ela era uma garota assustada mas orgulhosa. Sua mãe ficava menos apavorada, por ter sido criada na segurança relativa de Cingapura, então colônia britânica, antes de regressar ao Iraque. Meu avô sabia que tinha de tirar a família de Bagdá, porque minha avó não se mantinha quieta a respeito dos abusos anti-semitas. Seu inglês (e sua arrogância) salvaram-na — os árabes achavam que ela era inglesa, e não judia.

Se você fosse judeu no Iraque, "nunca saberia" o que lhe aconteceria. Eu me lembro de ouvir muitas histórias (porque tinha "orelhas grandes", diziam) quando minha família e seus amigos sentavam-se e conversavam depois do jantar, no Japão, sobre suas vidas no Iraque, no Egito, na Síria, no Líbano, no Afeganistão, na Birmânia, na Índia, na Alemanha, na Polônia, na Rússia e na China. Eu cresci entre judeus que não podiam mais viver em sua terra natal. Eu cresci sem terra natal.

Eu não precisei enfrentar as ameaças de estupro e insultos sobre futuros massacres que minha mãe, como judia, enfrentou ao passar pelas ruas estreitas de Bagdá. No Japão do pós-guerra, foram os estrangeiros de pele escura que tiveram momentos difíceis. Meu irmão e eu nunca sabíamos quando algum garoto da escola ia gritar "*kurombo!*" (gíria para "escurinho") ou "*gaijin!*" (termo pejorativo para estrangeiro), alertando todo mundo na rua, onde os dedos apontados e as risadinhas nos enchiam de vergonha.

Na rua, no Japão, ser "judeu" não era o problema. Entretanto, nas escolas missionárias católicas que eu freqüentava, sim. Com meus pais, aprendi sobre anti-semitismo muçulmano; e na Stella Maris, minha escola, aprendi sobre anti-semitismo cristão. Ouvi muitas e muitas vezes como os judeus mataram Cristo e como eu deveria me arrepender e usar um crucifixo, em vez de continuar a usar meu *Shaddai*. Por que eu era tão teimosa? A irmã Joan, que eu adorava e queria agradar, lisonjeava-me com: "Mas, Rachel, Jesus era judeu, exatamente como você."

Na Stella Maris, aprendi como as freiras de lá justificavam o Holocausto: "Esses acontecimentos terríveis continuarão a ocorrer aos judeus até que aceitem Cristo." Recordo-me de minha primeira exposição oral, na sétima série, sobre Eichmann e o que aconteceu na Alemanha nazista. Minha colega alemã, Helga, ficou na defensiva, proclamando que "Hitler não era tão mau". Seu pai tinha lhe dito que ele "construíra boas estradas para a Alemanha". O restante do tempo, a classe discutiu se ele era mau ou não, e concluiu que se, no último minuto, Hitler tivesse se arrependido, caso fosse católico, batizado, teria ido para o céu depois de algum tempo no purgatório, ao passo que os judeus (não-batizados) jamais entrariam no paraíso. Eu continuei a usar meu *Shaddai*. Isso era mais difícil em uns dias do que em outros.

Meu pai, Maurice/Moshe/Moussa, seu pai, Eliahu, o pai de seu pai, e assim por diante, eram todos egípcios. O lado de sua mãe, Rachelle/Rahel, teve sua origem na Espanha, na Palestina e na Argélia. A vida no Egito foi menos opressiva para os judeus do que no Iraque de minha mãe, onde sua família remonta a tempos tão antigos quanto se possa rastrear, talvez desde o exílio babilônico (por volta de 2.600 anos atrás). O Egito, em comparação com o Iraque, sempre foi muito mais cosmopolita e menos isolado, com maior influência ocidental. Mas meu pai também tem histórias sobre por que teve de deixar o Egito. A subjacente cidadania de judeus de segunda e terceira classes em terras muçulmanas sempre existiu. Alguns períodos eram mais favoráveis que outros, mas um judeu jamais podia se sentir inteiramente seguro. Nunca se experimentava uma sensação de tranqüilidade ou proteção, nem qualquer defesa para quando as coisas iam mal. Sob o islamismo, a segurança dos judeus ficava sempre ao capricho do regime vigente. Havia leis extraordinárias, criadas para os judeus, e muitas vezes um imposto específico para todos os *Dimmis* (não-crentes, inclusive judeus e cristãos), acrescido ainda de outro só para os judeus. Ao longo dos séculos (em diferentes ocasiões), os judeus foram obrigados a usar sinos em torno do pescoço, proibidos de morar em casas mais altas do que seus vizinhos muçulmanos, impedidos de ter educação superior e sujeitos ao *Chtaka* — um ritual de se bater na cabeça de quaisquer transeuntes judeus enquanto se recitava uma frase sacramental. E, claro, pairava sempre o medo de massacres a qualquer momento, em especial durante os dias santos, deles ou nossos.

Com a ascensão de Hitler no Ocidente, meu pai testemunhou a agitação no Egito. Os livros proliferaram com o *Mein Kampf* traduzido para o árabe e exibido por todo lado. Meu pai disse a si mesmo: isso é o fim, é hora de partir para sempre. Enquanto isso, no Iraque, o Grande Mufti fazia planos para receber Hitler e acabar com os judeus em terras árabes.

Meus pais fugiram de suas terras natais e se encontraram em Bombaim, na Índia. Eles se casaram e me tiveram e, depois, meu irmão. Meu pai foi para o Japão, levado por seu porto seguro e possibilidades de negócios. Após uma demora longa por causa de nosso *status* de "apátridas", nós nos juntamos a ele e iniciamos a espera da oportunidade de imigrarmos para os Estados Unidos.[3] Foi uma espera enorme: mais de vinte anos.

Em 1964, cheguei a Los Angeles como estudante universitária. Estava muito feliz e excitada por estar aqui e, enfim, realizar meu sonho de criança, que era me tornar judia americana. No entanto, fiquei desapontada ao me descobrir fora do compasso de meus pares que viraram ou estavam virando, com rapidez, "judeus-americanos" altamente assimilados. Além disso, a maioria dos judeus que encontrei nunca haviam conhecido, nem lhes passava pela cabeça conhecer, uma "judia árabe". Eles se admiravam com o fato de isso ser possível. Minha família tinha migrado da Rússia ou da Europa para o Oriente Médio? Eu era parte muçulmana e parte judia?

A princípio, eu não compreendia bem por que meus antecedentes eram tão difíceis de entender. Afinal de contas, os *ashkenazis* sabiam que tinham uma origem próxima como judeus poloneses ou alemães ou russos ou húngaros ou romenos. Mas, antes das primeiras migrações para a Europa, eu gostaria de saber o que eles pensavam sobre qual fora a origem de seu povo. Na pequena, porém muito cosmopolita, comunidade judaica do Japão, fui criada entendendo que somos um só povo, disperso. Nossas diferenças — Ocidente/*ashkenazi*, Oriente/sefardim — só tinham a ver com aculturação regional: linguagem, música, costumes, ritmos e superstições. Nossas semelhanças, muito mais profundas do que as diferenças, residem na similitude de nossos valores: textos sagrados comuns, ciclos ritualísticos semanais e anuais e nosso sentido de história e de continuidade.

Compreendi, enquanto ia lendo muitos livros de autores *ashkenazis* prolíferos, que os percursos não eram os mesmos. Havia pouca coisa escrita, vinte anos atrás, sobre o "judaísmo oriental", em comparação com o que se escrevia sobre o judaísmo ocidental.[4] Os judeus dos países árabes, no princípio lojistas e mercadores, não queriam fazer barulho e chamar a atenção para si próprios. Assim, sem escritores e editores para contarem nossa história, não é de admirar que, muitas vezes, os *ashkenazis* (e o mundo como um todo) nada saibam sobre nós.

Uma de minhas mais estimulantes descobertas, porém, foram os livros de Albert Memmi,[5] um judeu tunisiano, agora cidadão francês, a exemplo de muitos judeus do Norte da África. Memmi, professor de sociologia na Sorbonne, escreveu livros sobre os judeus em terras árabes, os quais me forneceram a informação e a validação de que necessitava. Comprei todos os exemplares que pude encontrar e encomendei outros mais ao editor, para que pudesse levar a meus amigos um significado melhor da história e da experiência dos judeus árabes.

Para a maioria dos *ashkenazis* americanos, sefardim significa "da Espanha" e que fala o idioma ladino. E, se não ladino, por que não o iídiche? Os judeus que me conhecem bem, em particular os que cresceram falando e ouvindo iídiche em casa, olharão para mim e enfatizarão: "Você realmente não fala iídiche?" O iídiche, para os *ashkenazis*, é muitas vezes sinônimo de "judeu". Eles percebem minha forte identidade judia e sabem que sou imigrante, por isso para eles é desconcertante que esse idioma não esteja entranhado em mim.

Na maioria dos países árabes, os judeus falavam judeu-arábico, um dialeto, em vez de uma língua desenvolvida como o iídiche, ou o ladino. É árabe misturado com palavras hebraicas e exclui a língua corânica, que o diferencia do mais clássico arábico islâmico. Minha mãe me disse que, no Iraque, uma vez que você abrisse a boca, eles poderiam dizer se você era judeu: diferente.

Os sefardins não eram "árabes judeus", e sim judeus árabes (não conseguiam assimilar a cultura árabe, a não ser que se convertessem ao islamismo). Minha família e as pessoas da comunidade judaica no Japão eram judias em primeiro lugar. Nós vivíamos com judeus americanos e judeus europeus. Compartilhávamos uma ligação forte e indissolúvel como judeus. De qualquer maneira, com o passar do tempo, resistíamos ativamente ou apenas não nos permitíamos assimilar.

E aconteceu da mesma forma quando me defini como "lésbica judia", o que fiz algumas vezes, e me sinto incompreendida. De repente, minha identidade é trocada. "Judia", o nome definidor, transforma-se em um adjetivo descritivo. Eu sou judia e virei lésbica, portanto, sou judia lésbica. Mas não é fácil quebrar a continuidade. E isso vem ocorrendo de forma profunda e há muito tempo, gerações após gerações. Portanto, as identidades resultam: sefardita, mulher, lésbica, filha, irmã, mãe, amiga, amante, "esposa".

A analogia entre ser judia e lésbica é óbvia. Lutamos contra o preconceito e pelos direitos civis, e lutamos pelo direito de, sem medo, sermos visíveis. Empenhamo-nos em preservar o auto-respeito e em manter o amor próprio diante da intolerância e da ignorância. Como lésbicas, gays e judeus, enfrentamos problemas para assimilar, "passar" ou "sair do armário".

Como lésbica, todas as vezes em que saio de meu território gay de San Francisco, automaticamente sou colocada em posição ou de "sair do armário" ou de "estar trancada". Eu não "pareço gay", de acordo com as imagens estereotípicas predominantes; uso aliança de casamento e tenho uma filha que mora comigo. As pessoas pensam que sou heterossexual e casada. E a maneira de eu sentir e responder a estas suposições muda a cada situação — do bem-estar natural e autoconfiante ao conflito interior doloroso. Em geral, não há contexto para "sair do armário", o que, em certas horas, torna difícil a comunicação. Eu poderia obter uma reação para a qual não estou preparada. Poderia entrar em longas explicações que não me foram pedidas ou que são desnecessárias. Receio que alguém que não me conheça me coloque numa categoria que tem pouco a ver com a totalidade de quem sou. Às vezes, é necessário familiarizar-se para poder ser visto, ou sentir-se compreendido.

Um fato recente passou-se comigo: num coquetel, após uma conferência, eu estava conversando com alguém de quem gosto muito e admiro, primeiro sobre a conferência e, em seguida, gravitando com rapidez para um assunto judeu. Por mais que nossas histórias sejam diferentes, nós sentimos um vínculo especial baseado em nossa forte identidade judaica. Mas quando ela me perguntou se eu tinha casado novamente, pulei para dentro de meu armário, dizendo "não". Eu sabia que ela queria dizer "casada com um homem". E quando, depois, ela perguntou: "Você ainda é íntima de seus sogros?", eu quis sair do armário , mas o melhor que pude fazer foi dizer: "Oh, isso é uma história que depois eu conto." Como nos encontrávamos apenas rapidamente nessas conferências anuais, o "depois" não aconteceria com facilidade.

As pessoas com as quais sinto afinidade em especial, quero poder ter a meu lado para conversar sobre o que quer que seja. É desgastante excluir e censurar aspectos importantes de minha vida — coisas sobre as quais outras pessoas falam livremente —, de modo específico no que se refere a meu cônjuge. Mas, como fazer menção a este, se ainda não temos um termo que possa ser compreendido por todos para descrever um cônjuge lésbico ou gay? "Alguém importante", "amante" (mais apropriado a um caso ou novo romance), "companheiro", "parceiro" — todos soam forçados ou estéreis. Eu gosto mais do som poético de "alma gêmea", ou "amor de minha vida", do que de todos os demais, mas como inserir essas expressões numa conversa heterossexual assumida a respeito de "maridos" e "esposas"? Apenas dizer o nome dela, que, por certo, não será representante do sexo oposto ao meu, é inadequado. Meu amor lésbico/parceira/alma gêmea/esposa" não pode ser simplesmente minha "amiga". A má denominação do relacionamento me atira de imediato para dentro do armário, e eu fico lá até que consiga sair.

Eu me preocupo (em meus momentos mais inseguros) em saber se as pessoas reagirão de forma negativa ao que sou e ao que estou dizendo. Tenho sido muito barulhenta, tenho me exposto em demasia, tenho "ostentado" minha maneira de viver, encabulado alguém ou causado desconforto aos outros? E como isso é diferente de usar meu *Shaddai* e de que alguém me pergunte: "Por que você tem que usar um tão grande?"

Minha mãe provavelmente quereria saber por que estou escrevendo este ensaio — a respeito da parte lésbica — por que tenho de ser tão pública em relação a isso? (Ela preferia a parte judaica — não estamos mais no Iraque.) A parte lésbica ainda é "uma experiência muito diferente daquela que conheço, de minha criação e de meu conhecimento", diz ela. E, é claro, eu entendo isso. Ela é minha mãe e meu amor por ela é incondicional, assim como o dela por mim. Nós temos a sorte de morarmos na mesma cidade, de maneira que, a cada dia, meu estilo de vida lésbico torna-se mais familiar e menos estranho a ela.

Quando "saí do armário" pela primeira vez, minha mãe pensou que nosso relacionamento estivesse rompido. Meu pai ficou horrorizado. Eles gritaram e choraram. Esperavam que eu me reconciliasse com meu marido ou me casasse com outro homem. Tudo parecia muito "anormal" para eles. Agora, nossa família voltou ao habitual, porque a familiaridade e o cotidiano assim o fazem. E, para minha filha, morar comigo e Judy é o normal; é a vida, como de costume.

Nossos pais e "sogros" tornaram-se família, como achei que aconteceria. Quando os pais de Judy vêm nos visitar, ficam na casa de meus pais. Suas experiências geográficas são completamente diferentes: meus pais são judeus "nômades", imigrantes de países árabes, ao passo que os pais de Judy são judeus de Nova York, cujas famílias vieram da Rússia e da Polônia. Eles compartilham valores parecidos, entendem o anti-semitismo, preocupam-se com Israel, conversam longamente sobre coisas judaicas e discutem com paixão sobre problemas políticos.

Há um ano, aconteceu um incidente quando os pais de Judy vieram visitar-nos, o que me levou a escrever aos quatro. Após nove anos, eu queria dizer isso alto: que Judy e eu éramos "casadas" como qualquer casal e que eles eram "sogros" de cada uma. Todos se comportavam como se isso fosse assim, mas as palavras continuavam não-ditas, omitidas, evitadas. Senti, então, como sinto agora, que é importante dizer as palavras, portanto compartilho trechos do que escrevi:

Vivemos num mundo apavorado com as diferenças. Por isso, quando nós, lésbicas, somos consideradas diferentes, há uma grande pressão para que fiquemos quietas, sejamos felizes com a tolerância e nos escondamos. À medida que escrevo esta carta, compreendo que, para vocês, casais casados, esta é uma "saída do armário". Não legalmente, porque não temos aquele direito humano básico (ainda)...

Vocês, nossa família, nos oferecem mais aceitação do que a maioria, mais do que todos nossos amigos têm por parte de seus familiares. Nós somos "gays privilegiados" quanto a isso. Que coisa rara é ver os pais de um casal lésbico se relacionarem entre si, fazerem visitas e se hospedarem uns na casa dos outros! Nossas amigas nos invejam. Vocês têm sido tão maravilhosos para conosco como casal e de tantas outras maneiras, que nos sentimos abençoadas, não só individualmente mas também como casal, por termos pais assim, dos quais podemos nos orgulhar. Temos certeza disso.

Vocês, nossos pais e mães, foram forçados a lidar conosco porque optamos por ser abertamente gays. Nós não nos apresentamos a vocês como "companheiras de quarto", nem posamos de filhas solteiras. Isso não estava em seus planos nem em sua criação e, talvez, vocês se ressintam por ter de lidar com as escolhas feitas por suas filhas, unilateralmente.

Judy e eu temos um relacionamento que continua a crescer e aprofundar-se. Como vocês, nós encontramos almas gêmeas uma na outra. Trabalhamos muito em nosso relacionamento e em nós próprias. E aprendemos muito ao longo dos anos, individualmente e juntas. Por isso quando, por omissão, vocês não falam do que, de fato, é um casamento de nove anos, isso invalida o que temos. Como todos os casamentos, com seus altos e baixos, pontos críticos e dor e alegria, o nosso precisa do mesmo respeito e reconhecimento que qualquer relacionamento necessita. E, à medida que ficamos mais velhas, torna-se menos aceitável fingir, aceitar invalidação, mesmo que de certo modo possa parecer insignificante.

Recentemente, quando estivemos todos juntos, vocês brindaram à "amizade especial" existente entre vocês, e eu disse: "Vocês não são apenas amigos, são parentes por afinidade." O clima ficou desconfortável e vocês insistiram em que o importante era ser amigos. Então, desistimos. Mas eu não! Continuo me perguntando como vocês reagiriam se fôssemos um casal heterossexual.

A irmã Joan, minha freira favorita e primeira mentora, disse-me, ano após ano, que "estava rezando por minha alma". Ela gostava de mim, mas não podia aceitar-me totalmente, porque eu era judia. Aprendi, naquela escola, a ter muito orgulho de ser judia, apesar da forte diferença, uma judia que se sentia muito ligada a seu povo e a Deus e que não via nenhuma razão para cristianizar-se.

Como vocês todos sabem, esconder-se é bem ruim para a alma. Nós não nos escondemos quando usamos nossas *Magen Davids*,* organizamos uma aliança antidifamação, apoiamos Israel, deixamos de assimilar e continuamos orgulhosas de sermos judias. Nós nunca deixamos de "sair do armário" como judeus cada vez que falamos alto e nos recusamos a desaparecer. Como judeus, sabemos todos quão importante é ter uma voz e estar totalmente exposto. E, quando se é gay numa sociedade heterossexual, é o mesmo: você nunca pára de "sair do armário".

"Sair do armário" tem de ser melhor para a alma do que passar pela vida em várias gradações de invisibilidade. Pode ser desconfortável e assustador, às vezes. Mas não fazê-lo deixa-nos desligados, de certo modo. Por isso eu agarro um espaço, como fiz aqui, e o abro, derramando luz sobre diferenças e semelhanças. E penso ser verdade que, quando as diferenças são compreendidas, as semelhanças são sempre maiores.

---

*Estrela de seis pontas, associada aos judeus e ao Estado de Israel. (*N. do T.*)

PARTE 2

Recuperar Nossa História

INTRODUÇÃO

Como judeus, lésbicas e gays, consideramos a história fundamental em nossas vidas. Mas a história registrada não é objetiva nem imitável. Neste capítulo, os autores avaliam, reinterpretam e recuperam textos judeus e história, desafiando as suposições heterossexuais que os judeus fizeram a respeito de nosso passado.

A passagem bíblica do Levítico 18:22, que rotula a homossexualidade como abominação, é fundamental para as discussões judias sobre homossexualidade. Rebecca T. Alpert analisa esse texto e nota a ausência de perspectivas lésbicas e gays a partir da interpretação contemporânea dele. Ela chama a atenção para a importância do confronto do versículo direta e emocionalmente; e pergunta como deveríamos usar esse texto em nossa luta pela liberação de lésbicas e gays.

Usando as ferramentas tradicionais de interpretação, Faith Rogow examina a ausência da experiência lésbica e gay do entendimento histórico judeu. Rogow discute as tendências tradicionais e os desafios metodológicos inerentes à pesquisa histórica sobre temas lésbicos e gays. Ela ressalta a importância da compreensão dos paralelismos históricos entre as experiências judia e gay, e oferece suas próprias reinterpretações de certos textos, estimulando os historiadores judeus a fazer o mesmo e discutindo que o autoentendimento judeu será frustrado se as vozes de lésbicas e gays judeus permanecerem ausentes da história.

Na busca de modelos lésbicos e gays, Jody Hirsh continua o processo *midrashic* iniciado por Faith Rogow, examinando as figuras mais conhecidas e as menos conhecidas da literatura judia bíblica e medieval. Suas interpretações certamente criarão possibilidades para aqueles desejosos de questionar suas convicções heterossexuais a respeito do texto.

Finalmente, Jeffrey Shandler transmite uma história oral de Gerry Faier, uma lésbica judia cuja vida abarca o século XX. Sua experiência acrescenta uma nova dimensão ao nosso entendimento da história judaico-americana do século XX. Enquanto as histórias de gerações anteriores de lésbicas e gays judeus só podem ser reconstruídas agora, a partir de registros muitas vezes pouco elucidativos, a geração de Gerry é a primeira cuja experiência não precisa ficar perdida para nós.

Estes ensaios serão desconcertantes para aqueles que crêem que a verdade histórica só pode ser encontrada por quem se afasta das experiências vividas. Nós os incluímos aqui exatamente para desafiar essa suposição e inspirar novas pesquisas sobre temas lésbicos e gays na história judaica.

À Imagem de Deus: A Aceitação do Levítico

Rebecca T. Alpert

Joan e Leslie são amantes há cinco anos. Este ano, elas resolveram passar as festas judaicas na casa da família de Joan, no estado de Nova Iork. Era um marco importante. Os pais de Joan haviam ficado mais à vontade com a maneira de viver da filha e com sua amante; isso seria um jeito de reconhecer o crescimento do relacionamento entre Leslie, Joan, os pais e o irmão mais novo.

A família de Joan é profundamente envolvida com a sinagoga conservadora local, e, de fato, era um ato de coragem para eles irem todos juntos às cerimônias do *Kol Nidre*. Joan estava excitada — orgulhosa de sua família e ansiosa por voltar à vida judaica que deixara para trás. Leslie estava assustada, mas interessada em saber mais a respeito do envolvimento na comunidade judia. Embora os pais de Leslie sejam judeus, ela foi criada sem educação religiosa.

A véspera do *Yom Kippur* resultou numa boa experiência. Os fiéis foram amistosos e deram as boas-vindas a Joan e sua "amiga". Em termos religiosos, também, as mulheres ficaram emocionadas com o poder da oração comunitária. Aquela noite, elas decidiram passar o dia seguinte todo na sinagoga, continuando o jejum e esperando pelo toque agitado do *shofar* anunciando o fim do dia.

Tudo foi bem até a cerimônia da tarde. O rabino explicou que, para a parte da Torá, eles leriam o capítulo 18 do livro do Levítico, uma descrição das práticas sexuais proibidas. Por que ler aquilo no mais santo dos dias do ano? Não foi dada explicação. À medida que a Torá era lida, Joan e Leslie seguiram a tradução até lerem as palavras: "Não se deite com um homem como se deita com uma mulher; é uma abominação."[1]

Joan e Leslie gelaram, reconhecendo o significado para elas, como lésbicas, embora a linguagem se referisse somente a homens. Elas se entreolharam, o desapontamento espalhado pelo rosto de Joan, enquanto uma lágrima se formava no canto do olho de Leslie, como a dizer: "Este lugar realmente não é para nós, afinal."

Três vezes por ano, na tarde do *Yom Kippur* e daí duas vezes durante o ciclo anual das leituras da Torá, todos os anos nos últimos 2.500 anos, judeus de todo o mundo ouvem a leitura pública das palavras do Levítico que declaram "uma abominação" um ato sexual entre dois homens. Quando a proibição é lida no Levítico 20, durante a terceira leitura anual, é declarada não apenas uma abominação, mas também um pecado mortal.

O que poderia ser mais profundamente alienante do que saber que o texto mais sagrado do seu povo, lido em voz alta no dia mais santo do ano, chama de abominação o que é o centro de sua vida? O que poderia ser mais aterrorizador do que saber que o que para você é um ato de amor sagrado foi considerado por seus ancestrais passível de punição por morte?

Talvez o maior problema enfrentado individualmente por homens gays e mulheres lésbicas na busca de um lar religioso dentro da comunidade judaica seja entrar em um acordo com o Levítico. Antes de examinarmos as estratégias coletivas para enfrentarmos este dilema, temos que compreender o poder e a autoridade desse texto. O que é o Levítico, e por que ele é tão importante?

O Levítico é o terceiro livro do Pentateuco, os cinco livros de Moisés. Estes livros compreendem a história do nascimento de nosso povo e os princípios do sistema legal judeu. Por tradição, eles são entendidos como revelação — palavras de Deus escritas por Moisés, profeta de Deus, no monte Sinai. Portanto, estas palavras são consideradas, não apenas um registro de nosso passado, mas também a explicação de Deus para o povo de Israel. As leis codificadas nestes livros são a última fonte de autoridade e o ponto de partida do posterior desenvolvimento da civilização judaica. De acordo com a interpretação estrita da lei judaica, nenhuma lei da Torá pode ser anulada ou ab-rogada.

Além de suas implicações no sistema legal judeu, a Torá tem profundo poder simbólico. Ela é preservada num rolo de pergaminho manuscrito, e guardado na arca, um espaço na frente ou no centro das sinagogas, sob uma chama permanentemente acesa. É enfeitado com uma capa especial e ornamentos. É tirado da arca com grande pompa para ser cantado alto três vezes por semana. A leitura pública da Torá é o acontecimento central da cerimônia matinal do Sabá. É uma grande honra ser chamado à Torá para recitar a bênção pela leitura do pergaminho. A bênção e a leitura da Torá constituem a principal prática da cerimônia do *bar/bat mitzvah*. (Imagine, se quiser, o adolescente, que acha que é gay, tendo que ler o Levítico 18 ou 20 no rito de passagem!)

É claro, as palavras da Torá não podem ser descartadas levianamente, nem nós gostaríamos que fossem. A Torá contém conceitos vitais para nós: que devemos amar nossos próximos como a nós mesmos, e lidar de modo respeitoso com o estrangeiro, o pobre e o excluído pela sociedade. A Torá nos ensina a todos a ver-nos como tendo sido criados à semelhança de Deus, e portanto dignos de santidade no mundo. Ela também contém histórias maravilhosas e desafiadoras do princípio do mundo e da jornada de nosso povo da escravidão para a liberdade.

Aqueles de nós que escolhem permanecer identificados com a tradição judaica assim o fazem em parte por causa dos fundamentos da Torá. Nós não podemos simplesmente cortar o que não gostamos; ela é nossa herança e o primeiro texto de nosso povo. Contudo, uma pergunta penetrante surge e ecoa ao longo de nossas vidas: como viver como judeus quando o mesmo texto, que nos diz termos sido criados à imagem de Deus, também nos fala que nossos atos sagrados de amor são puníveis com a morte, por decreto do mesmo Deus?

Esta questão pode levar-nos a negar o poder do Levítico, mas, na realidade, não podemos. Para todos aqueles envolvidos, de algum modo, na vida judia, este texto tem autoridade. Ele tem autoridade para ser usado por outros para apoiar a crença de que a homossexualidade é errada. (É claro, isto é verdade não apenas para os judeus. O Levítico é citado por grupos religiosos cristãos de direita para o mesmo fim.) E, aceitando ou não, conscientemente, a autoridade do texto, nós seríamos loucos de pensar que não nos afeta profundamente, às vezes de maneira sutil ou insidiosa. Para os que são lésbicas ou gays, isso pode minar nosso amor-próprio, alimentando a própria homofobia, bem como a dos outros.

Deixem-me sugerir, então, três métodos para chegar a um acordo com o Levítico. Assim como nossos ancestrais, podemos interpretar o texto para nos permitir trabalhar com ele em seus próprios termos. Podemos, como os estudiosos da Bíblia, tratar o texto como um registro histórico e tirar conclusões baseadas na maneira como ele funcionava num determinado contexto. Ou podemos confrontar o texto com nossas emoções e nosso autoconhecimento, permitindo que fiquemos com raiva e, mais tarde, partamos para a ação.

Cada método aceita a autoridade do texto de maneira diferente. Por meio da interpretação do texto, ficamos dentro do sistema e o relacionamos. Por meio do raciocínio histórico, estabelecemos limites à autoridade do texto pelo exame dele com as lentes de outro sistema. Por meio do encontro do texto, emocionalmente, nós o confrontamos e, então, o usamos como instrumento de transformação.

O Método Interpretativo

O *Midrash* — o processo de fazer comentários para interpretar o texto — é um aspecto vital das tentativas ao longo da história judaica para reavivar a Bíblia. Em todas as gerações, os intérpretes buscaram tornar o texto acessível a seus contemporâneos que talvez não compreendessem o sentido original. O texto pode ser ambíguo, obscuro ou redundante. Pode ser que uma palavra ou costume não sejam familiares e precisem de explicação. Uma parte do texto talvez contradiga outra, sendo necessária a solução do conflito. A mesma palavra ou frase pode estar repetida, aparentemente sem intenção, e os comentaristas procuraram explicar estas repetições atribuindo-lhes significados diferentes. Por fim, há casos nos quais a gramática, ou sintaxe, não é comum e se presta a fornecer uma nova interpretação.

Ao passo que os métodos interpretativos são legítimos e amplamente praticados, dever-se-ia ressaltar que muitos poderiam afirmar que o texto, na realidade, não precisa de interpretação. Ele é independente como palavra de Deus.

Com este entendimento como pano de fundo, vejamos como o Levítico 18:22 e 20:13 tem sido interpretado pelos comentaristas judeus tradicionais. Achamos que essa proibição é menos mencionada do que outras na Torá. Alguns afirmam que esta falta de discussão é devida ao fato de o homossexualismo não ser comum entre os judeus. Basta dizer que só podemos especular sobre a extensão da prática homossexual, mas podemos afirmar, com certeza, que o assunto não era considerado tão problemático a ponto de exigir extensa discussão pública. Seja como for, com certeza o homossexualismo não foi um assunto visível no mundo judeu até os tempos contemporâneos.

A maioria das interpretações do Levítico 18:22 depende de uma palavra obscura — *to'evah* — que geralmente é traduzida por "abominação". De fato, o significado desta palavra é obscuro. Portanto, os intérpretes valeram-se da oportunidade para traduzi-la de maneira a explicar a proibição. Afinal de contas, o texto jamais nos diz por que deitar-se com um homem é *to'evah*, mas apenas que é.

O que significa *to'evah*? De acordo com Bar Kapparah, comentarista do século II, quer dizer *"to'eh ata ba* — você fica perdido por causa disso" (veja o Talmude Babilônico, Nedarim 51b). Este jogo de palavras foi tomado para significar que não é intrinsecamente um mal entregar-se a atos homossexuais, mas, sim, que eles têm conseqüências negativas. Bar Kapparah não explicou claramente essas conseqüências negativas — antes, deixou que os comentaristas posteriores interpretassem de sua interpretação.

Certos textos medievais sugerem que as pessoas se sentem perdidas em relação à principal função do comportamento sexual, a procriação. Alguns rabinos comentaristas afirmam que perder-se significa abandonar a esposa e despedaçar a vida familiar. Esta interpretação é reforçada pelo pronunciamento geral do comentarista medieval Saadiah Gaon, segundo o qual a legislação moral da Bíblia visa à preservação da estrutura da família (*Emunot ve-Deot* 3:1). Por fim, o comentarista moderno R. Baruch haLevi Epstein, autor do comentário *Torah Teminah*, sugere que perder-se quer dizer não seguir a maneira anatomicamente adequada da união sexual.[2]

O mais conhecido comentarista bíblico, Rashi, que viveu na França no século XI, não fez mais que um comentário sobre o assunto. No intuito de tornar o texto mais claro para seus leitores, ele explicou um tanto graficamente o significado da frase "assim como com uma mulher": "Ele penetra como o pincel é inserido no tubo."

Nos dias atuais, os judeus tradicionais tiveram que aceitar o fato de homens gays e de lésbicas terem marcado sua presença na comunidade judaica. A mais séria e completa resposta tradicional ao assunto foi dada por por Norman Lamm.[3] Ele afirma ser o texto simplesmente como é compreendido — uma forte proibição contra a homossexualidade. Enquanto defende não ser necessária interpretação para entender o texto na realidade, ele faz a própria interpretação do significado de *to'evah*: "A própria variedade de interpretações de *to'evah* conduz a um significado mais fundamental, isto é, que um ato caracterizado como abominação é, *prima facie** odioso e não pode ser definido ou explicado".[4] Enquanto o termo *to'evah* não é problema para Lamm, o fato de ser considerado crime capital é no mínimo penoso. Mas, considerando que o castigo capital foi uma das coisas que os rabinos interpretaram como inexistente, tornando impossível condenar alguém por um crime capital, Lamm opõe-se ao castigo do comportamento homossexual.

Não são apenas os judeus ortodoxos que defendem as interpretações para evidenciar seus pontos de vista anti-homossexuais. Veja-se a seguinte resposta do conhecido rabino reformador, **Solomon Freehof**: "Na Escritura (Levítico 18:22) o homossexualismo é considerado uma 'abominação'. O mesmo em Levítico 20:13. Se a Escritura chama isso de abominação, significa que é mais do que uma violação de um simples ato legal, e revela uma atitude ética profundamente arraigada."[5]

Até aqui, examinamos as interpretações tradicionais do texto. Estas interpretações ou apóiam o significado óbvio do texto, explicam palavras obscuras ou difíceis do verso ou usam o texto para criar jurisprudência legal sobre assuntos não relacionados.

Contudo, o método interpretativo também é usado para alterar o significado de outros versículos bíblicos, às vezes até violando o significado original. Este fato cria a oportunidade, entre os **comentaristas contemporâneos**, de alterar ou expandir o significado de nosso versículo.

Comentaristas contemporâneos, no primeiro exemplo, vêem uma contradição entre o Levítico 18:22 e a idéia expressa no Gênesis de que todos nós fomos criados à imagem de Deus. Esta contradição deve ser resolvida. Precisamos admitir que aqueles que foram criados lésbicas e gays também são a imagem de Deus, e que os atos centrais de nossa identidade não podem, portanto, ser uma abominação.[6]

Em outra interpretação, mostra-se que o texto se refere apenas a certos atos sexuais, não aos relacionamentos com o mesmo sexo. Portanto, o texto não é importante para um estilo de vida e amor e família que era ignorado por esse texto.

Muitas vezes, tem sido ressaltado que as lésbicas não estão incluídas na proibição do Levítico. Este fato leva a uma variedade de interpretações: que as atividades sexuais das mulheres não têm importância, que a atividade lés-

---

*Prima facie: baseado no que parece ser verdade, embora possa ser desaprovado mais tarde. (*N. do T.*)

bica é aceitável, ou que a ausência desta norma faz com que as leis contra os homens gays sejam inválidas.

Talvez o texto trate da questão da experimentação sexual. De acordo com esta interpretação, os homens heterossexuais, que estão pensando numa "aventura" e, com isso, magoando sua atual parceira, deviam evitar fazê-lo.

Outros comentaristas, inclusive Arthur Waskow, sugeriram que o texto está apenas tentando dizer-nos que não façamos amor com um homem como se ele fosse uma mulher — isto é, o amor gay e o heterossexual são, de fato diferentes.[7] Um não deve ser confundido com o outro. (Os atos não evocam os mesmos sentimentos nem satisfazem os mesmos mandamentos.)

Para alguns leitores, todo este processo de interpretação textual pode parecer irracional e desnecessário, até mesmo divertido. Por que preocupar-se em validar esse texto? Por que jogar de acordo com essas normas? Há muitos judeus gays e lésbicas que se sentem compelidos pela absoluta autoridade e imutabilidade da Torá. Para eles, isto é a única solução que lhes permitirá afirmar seu caráter gay e judeu, e ajudá-los a se sentirem inteiros. E, para todos nós, como visto anteriormente, as interpretações tradicionais afetam de maneira sutil e destrutiva. Por essas razões, é necessário mais trabalho criativo na área da interpretação do texto.

O Criticismo Bíblico

Pouco mais de cem anos atrás, pensadores judeus e cristãos começaram a estudar a Bíblia como documento criado por mãos humanas. O questionamento dos primeiros críticos bíblicos sobre a autoridade divina é considerado lugar-comum hoje, mas naquele tempo, suas opiniões eram heréticas.

Os estudiosos da Bíblia buscavam colocá-la em seu contexto no Antigo Oriente Próximo. Eles explicaram muito do que estava obscuro no texto bíblico pela referência a práticas de outras culturas. Explicaram as redundâncias como resultado da compilação de documentos feita por inúmeros autores. Apresentaram o conceito de evolução e tentaram datar materiais bíblicos. Os críticos bíblicos mostraram sensibilidade às nuances do texto, revelando preocupações a respeito dos padrões lingüísticos e literários.

O ponto de vista do criticismo bíblico permite-nos apreciar nosso versículo em seu contexto histórico, lingüístico e cultural, e compreendê-lo de modo novo, mais objetivo. De fato, devemos ter em mente que a objetividade total é inatingível. Mesmo olhando para o texto de fora, somos levados por nossas próprias normas culturais e expectativas. Na realidade, olhamos para nosso versículo através de outra espécie de lente. Embora pensemos que a abordagem do criticismo bíblico é um modo válido de olhar para o texto, não achamos que, neste método, encontramos uma maneira de obter "a verdade".

A partir desta perspectiva, nós certamente vemos o significado simples do texto — que, nos tempos bíblicos, os atos homossexuais eram proibidos. Mas este método não exige que afirmemos a verdade daquela realidade para os dias de hoje. Como críticos bíblicos, podemos admitir a necessidade de um reexame das normas bíblicas. (Afinal, a Bíblia também aprovava outras coisas que já não são aceitas como dignas — a escravidão e o *status* de segunda classe para mulheres e pessoas com deficiências, por exemplo).

Além disso, podemos explicar por que os atos homossexuais eram considerados *to'evah* a partir de uma perspectiva diferente, examinando usos lingüísticos paralelos da palavra. Descobrimos que *to'evah* é, de fato, um termo técnico usado para referir um ato de idolatria proibido. A partir desta informação, podemos concluir que as referências no Levítico são específicas a práticas de culto da homossexualidade, e não a relacionamentos sexuais como são conhecidos hoje. Esta explicação é apoiada pela referência à outra condenação legal da homossexualidade no Deuteronômio, que proíbe diretamente as práticas homossexuais relacionadas com a adoração do culto.

Segundo, entendemos que grande parte da Bíblia é um esforço para separar os atos considerados santos daqueles considerados profanos, para criar uma percepção ordenada do universo. Portanto, as proibições sexuais descritas encaixam-se na categoria mais ampla de leis sobre alimentos *kosher*; a separação dos sexos e suas roupas e as proibições de arar com dois tipos de animais e de misturar certos tipos de tecido. Hoje, podemos reexaminar quais dessas separações ainda são significativas.

Olhar o texto do lado de fora também nos permite explicar a repetição da lei como sendo derivada de duas diferentes fontes, escritas em épocas distintas. Assim, a pena de morte pode ter sido aplicada a um período da história bíblica, mas não a outro.

Por esta abordagem, podemos recuar do texto e fazer perguntas sobre como funcionava. Podemos ver, a partir de algumas das sugestões acima, que o texto funcionava para manter a ordem e defini-la, e para separar o povo israelita das práticas de seus vizinhos. Isto nos dá a oportunidade de concluir que os valores podem ser separados de leis específicas, e que deve haver outros meios de perpetuar os valores, se de fato ainda os compartilhamos hoje. Além disso, se não somos levados pelas suposições de autoridade, podemos afirmar que, enquanto a proibição contra os atos homossexuais funcionava naquele tempo, ela já não é adequada à nossa sensibilidade ética de hoje.

O Confronto do Texto

Há uma última abordagem para lidar com o Levítico. Neste método, confrontamos o texto diretamente. Não olhamos para as histórias explicando o significado dos textos judeus, ou os doutos, para interpretar os textos para nós. Antes, encaramos o texto em suas imediações — buscando seus significados em nossas vidas, entretanto em acordo com tudo o que ele implica, e indo mais além dele.

Fazer face ao significado simples do Levítico é reconhecer a fonte de grande parte da opressão gay e lésbica. A Bíblia nos diz que os atos sexuais entre pessoas do mesmo sexo são *to'evah* — uma abominação — e que eles são punidos com a morte. E sabemos muito bem que este texto tem permitido a gerações acharem que lésbicas ou gays são nojentos, para usar a palavra de Norman Lamm; odiar-nos; ou até praticar violência contra nós.

Em nosso confronto com o Levítico, experimentamos a dor e o terror e a raiva que essa afirmação nos causa. Imaginamos o dano indizível feito a gerações de homens, mulheres e crianças que experimentaram sentimentos pelo mesmo sexo e foram forçados a encobri-los ou reprimi-los. Refletimos sobre aqueles que tiveram esses sentimentos e foram forçados a sentir vergonha e culpa, e temer por suas vidas. Lembramo-nos de como nos sentimos quando, pela primeira vez, ouvimos aquelas palavras e soubemos de sua fonte sagrada. E ficamos zangados com o poder que essas palavras tiveram sobre nossas vidas, e com a dor que sentimos, não menor, por causa dessas palavras.

Então, se podemos, crescemos mais do que a raiva. Começamos a ver estas palavras como ferramentas com as quais educar as pessoas sobre a história arraigada da opressão lésbica e gay. Começamos a usar estas mesmas palavras para começar a quebrar o silêncio que nos rodeia.

Proclamamos as duas semanas consecutivas da primavera durante as quais estas palavras são lidas (*Parshat Ahare Mot* e *Parshat Kedoshim*) como Semanas da Consciência Gay e Lésbica Judia. Durante este tempo, nós insistimos para que as sessões de estudo da Torá sejam realizadas em todas as sinagogas, a fim de abrir a discussão do papel dos judeus gays e lésbicas na comunidade. Aqueles que podem assumir o risco da visibilidade devem ficar disponíveis para contar nossas histórias — e de nossa alienação da comunidade, e de nosso desejo de voltar. Cada um de nós pode contar a história do que esta proibição significou em nossas vidas — como lutamos por ela, e onde estamos no caminho para a resolução. E esperamos ser ouvidos, com atenção e respeito, como fazemos também nós.

Deste modo, podemos transformar a Torá de um impedimento num caminho de entrada. Tornando-nos mais honestos conosco mesmos e com nossa comunidade sobre as barreiras ao nosso envolvimento, sobre nossa necessidade de lugares separados para culto religioso e sobre nossa exigência de ser aceitos como parte integrante da vida judaica.

Quer tentemos interpretar, criticar ou confrontar, não há respostas fáceis para pôr-nos de acordo com o Levítico. Mas não podemos desistir do desafio de encontrar soluções criativas para lidar com esta dimensão de nossa opressão. Para ser inteiros como lésbicas judias e homens gays devemos reconhecer com que dificuldade aqueles pedaços de nossas vidas se encaixam. Mas também devemos exigir — de nós mesmos e da comunidade — que esses pedaços sejam feitos para encaixar.

Nós nos admiramos pelo fato de que palavras escritas milhares de anos atrás ainda tenham tanto poder para afetar nossas vidas. As palavras são poderosas. Agora, depende de nós fazer as palavras que transformarão nossas vidas e darão novo significado à nossa existência como judeus gays e lésbicas.

Dizer o Indizível: Gays, Judeus e Pesquisa Histórica

Faith Rogow

Tudo quanto não tem nome, não descrito em imagens, tudo quanto é omitido numa biografia, censurado em coleções de cartas, tudo quanto é chamado por um nome errado, difícil de achar, tudo quanto é enterrado na memória pelo colapso de significado sob uma linguagem inadequada ou mentirosa — isso tornar-se-á não apenas não dito, mas *indizível*.[1] —
ADRIENNE RICH

Como judeus, nossos laços com a história não são casuais, nem são em vão. Nosso conhecimento da história molda a visão da política econômica, social e externa. Além do mais, nossa identidade religiosa é baseada no conhecimento de nossa história. De acordo com o explicado pelo historiador Michael Meyer:

> Para os judeus modernos, a compreensão do passado não é mero assunto acadêmico. É vital para sua autodefinição. As formas contemporâneas de identidade judaica estão todas enraizadas em algum aspecto da história judaica; que as sustenta e lhes serve de legitimação. (...) A fé tradicional judaica baseia-se não em especulações abstratas nem em uma revelação feita a um único profeta: é a resposta coletiva e contínua do povo a uma vontade Divina a ele manifestada nos primórdios de sua existência histórica e que determina seu destino até o tempo presente.[2]

Como testemunho da importância da história na vida dos judeus, dedicamos grandes recursos comunitários à preservação de nossa história; e, muitas vezes, determinamos o futuro de nosso povo pela maneira como transmitimos nossos costumes de geração a geração. Tendo a história como centro da vida judia, é de admirar que tantos sábios judeus ignorem as técnicas básicas da pesquisa histórica quando se trata de estudar judeus gays.[3] A atitude refletida na maior parte dos conhecimentos sobre gays, a partir de recursos judeus, vai da ambivalência à hostilidade. Este ensaio explorará as suposições históricas imperfeitas nas quais essas opiniões se baseiam. Ele também proporcionará uma investigação das interseções multifacetadas da história judia e gay.

Apesar das dificuldades em usar textos sagrados como recursos históricos, os judeus contam com tais textos para interpretar o mundo. Portanto, os historiadores também devem basear-se neles para decifrar a experiência judia. Na melhor tradição da sabedoria judaica, aprendemos muito com nossos textos fazendo-lhes tantas perguntas quantas nossa imaginação permita. Quanto melhores as perguntas, melhores as respostas. Os que tentam silenciar os inquiridores ameaçam esse processo de aprendizado. Assim, há motivo para se ter cautela com aqueles que restringem a interpretação do texto a uma perspectiva heterossexual. Essas pessoas, muitas vezes, usam os textos, principalmente a Bíblia, como uma arma para desacreditar pretensos inimigos. Infelizmente, inúmeros sábios judeus fizeram isso, justificando a homofobia, afirmando que Deus declarou o homossexualismo um pecado, uma afronta à ordem Divina do mundo[4]. Historicamente, essa afirmação é difícil de sustentar, propiciando mais perguntas do que respostas.

Talvez a alegação mais comum seja a de que a existência de judeus gays é um fenômeno novo, e, no passado, judeus gays eram uma raridade.[5] Tais argumentos são baseados numa resposta rabínica a R. Judah, que proibiu dois homens solteiros de dormirem juntos sob a mesma coberta, porque poderiam ser tentados sexualmente, ou manchar sua reputação (Mishnah, Kiddushin 4:14). Os sábios, porém, discordaram, sustentando que a decisão não era necessária, porque a homossexualidade era tão rara na comunidade judia que os resultados temidos provavelmente não ocorreriam (Talmude Babilônico, Kiddushin 82a). Essa decisão foi mais tarde codificada por Maimonides na *Mishneh Torah* e reafirmada quinhentos anos mais tarde por R. Joel Sirkes.[6]

Para o historiador, aceitar estas fontes de informação é problemático por várias razões. Primeiro, concluir que não havia judeus gays é curioso à luz do fato de que o assunto foi discutido no texto. Em geral, as comunidades não fazem leis para restringir comportamento que não ocorre. Além disso, esta conclusão ignora uma decisão interposta por R. Joseph Caro de que dois homens não devem estar juntos sozinhos por causa da prevalência da homossexualidade. Ela também deixa de esclarecer os motivos por trás da decisão inicial de R. Judah.[7] Por fim, a posição de que os judeus gays eram uma raridade ignora as descobertas de historiadores contemporâneos sobre a experiência gay. Embora a história gay seja um campo novo, há sinais que dão a entender que, em todas as épocas e em todos os lugares, houve lésbicas e homens gays.[8] Se isso não fosse verdade quanto à comunidade judia, os estudiosos precisariam explicar por que a comunidade judia era uma aberração tamanha.

John Boswell é um historiador contemporâneo cujo trabalho focaliza o texto bíblico. Em seu estudo clássico, *Christianity, Social Tolerance and Homosexuality*, ele observa que, comparativamente, poucas passagens bíblicas lidam de fato com a homossexualidade. A falta de referências deveria sugerir que a homossexualidade era rara no antigo Israel, mas é igualmente possível que as referências limitadas sejam indicativo não de falta de números, mas de falta de interesse. Isto é, o texto não perde muito tempo com o assunto porque não era considerado anormal ou perturbador para nossos ancestrais e, portanto, não merecia atenção.

Das passagens existentes, Boswell põe em evidência a história de Sodoma (Gênesis 19) como o maior influenciador das atitudes modernas. Vamos fazer um resumo da narração. Lot leva dois anjos para sua casa, e logo um bando de homens sodomitas exige que eles sejam cedidos para que o bando possa "conhecer" (*neydah/yodah*) esses anjos. Lot se recusa, chamando o pedido de "mau", e oferece as filhas como substitutas. Os homens sodomitas persistem e por fim Deus destrói a cidade. A interpretação tradicional conclui que o bando tencionava ter relações homossexuais com os anjos e que a homossexualidade era um pecado tão grave que levou à destruição da cidade.

Boswell observa que a palavra "conhecer" é raramente usada num sentido sexual: "Em somente dez de suas 943 ocorrências do Velho Testamento ela tem o sentido de conhecimento carnal."[9] A seguir, ele diz que "Sodoma é usada como símbolo do mal em dezenas de lugares, mas em nenhum exemplo o pecado dos sodomitas é especificado como homossexualidade". É bem possível que os antigos israelitas entendessem ser o pecado dos sodomitas alguma coisa completamente diferente de homossexualidade. Boswell fornece várias explicações alternativas, incluindo transgressões às normas vigentes de hospitalidade. Ele cita a narração paralela em Juízes 19, observando que fontes judias "não interpretaram isso como homossexualidade", a despeito da frase idêntica "para que possamos *conhecê-lo*".[10] Mesmo que a interpretação de Boswell fosse rejeitada, ainda não é claro que o homossexualismo seja a fonte da "maldade" de Sodoma. Em vez disso, tal como em Juízes 19, o assunto em questão é, provavelmente, estupro.

Os argumentos de Boswell são reforçados adiante se examinada a passagem que precede diretamente a história de Sodoma, na qual nos é dito que os visitantes de Lot são anjos enviados por Deus para destruir a cidade. A menção desse intento certamente seria suficiente para levantar uma multidão irada, e sua exigência para "conhecer" os visitantes podia ter sido nada mais que um pedido de certeza de que Lot não estava arriscando a cidade por hospedar esses visitantes. É também um enigma que Abraão debatesse com Deus a destruição pendente de Sodoma, se os habitantes fossem amplamente conhecidos como homossexuais, e a tribo de Abraão visse a homossexualidade como um mal. Em outras passagens (ex.: Deuteronômio 23:18), o termo "sodomita" é usado em paralelo com "prostituta", o primeiro para descrever homens e o último, mulheres. Há uma conotação de prostituição, não de homossexualidade. Em outros casos, o termo "sodomita" foi tradução incorreta, da palavra *kadesh*. Novamente, *kadeshim* eram prostitutas, mas não há nada no texto que sugira que fossem prostitutas homossexuais. De fato, se os intérpretes tradicionais estão corretos e os hebreus abominavam a homossexualidade, parece estranho que eles usassem um termo baseado na palavra "sagrado" (*kadosh*) para descrever homossexuais.

O outro texto bíblico normalmente usado para justificar a homofobia é o Levítico 18:22, que declara que "um homem não deve deitar-se com um homem como com uma mulher. É uma abominação". Aqui, Boswell observa que a terminologia não é tão óbvia quanto os intérpretes deduziram. Ele explica que o termo *to'evah* (normalmente traduzido como "abominação") muitas vezes significa algo que, no ritual, não é limpo, em vez de algo que intrinsecamente seja pecado. Ou seja, as relações homossexuais são condenadas não porque a sexualidade expressa seja de algum modo um pecado, mas porque os antigos hebreus consideravam tais relações idolatria. Na realidade, em vários exemplos *to'evah* significa "ídolo".[11] Se alguma coisa que era idolatria no tempo antigo é necessariamente idolatria hoje, é assunto distinto, que não pode ser inserido adequadamente no objetivo deste ensaio.

O que devia ficar claro, porém, é que as passagens bíblicas citadas para caracterizar a homossexualidade como pecado e contra a ordem natural de Deus não condenam, necessariamente, a homossexualidade, mas, antes, podem censurar aqueles que cometem estupro, idolatria, ou rejeitam o importante costume da hospitalidade. [Nota da Editora: Para uma discussão mais ampla deste texto, ver o ensaio de Rebecca T. Alpert neste volume.]

Para melhor conhecer estas passagens, podemos observar os textos relacionados. Com certeza, a mais famosa declaração de amor pelo mesmo sexo é entre Davi e Jônatas: "A alma de Jônatas foi entrelaçada com a alma de Davi, e Jônatas o amava como à sua própria alma. (...) Então Jônatas fez um pacto com Davi, porque ele o amava como à sua própria alma" (1 Samuel 18:1-3.) Davi não é uma figura menor — nossas messiânicas esperanças judaicas repousam num retorno à sua era, por isso é justo tomá-lo como modelo judeu adequado. Além disso, o texto não faz comentários negativos sobre esse amor, levando o leitor a admitir que não continha nenhuma preocupação, pelo menos por parte dos redatores, ou, de modo algum, pelos contemporâneos de Davi e Jônatas. Assim, se outros textos são interpretados como sendo uma condenação do amor pelo mesmo sexo, precisam eles ser harmonizados com este texto.[12] As interpretações heterossexuais insistiram em que Davi e Jônatas se amavam platonicamente, por essa razão, isso não é um exemplo de homossexualidade. Esta explicação, porém, é baseada numa definição incompleta de homossexualidade, que limita a identidade gay ao ato sexual.

Além da Interpretação Tradicional: *Midrash* Gay

A história judaica também incorpora um método de exegese textual conhecido como *midrash*, um tipo de comentário em forma de história. Desde os tempos do Talmude, todas as gerações de judeus usam este método interpretativo para distinguir o significado contemporâneo dos textos sagrados. Por meio da utilização do *midrash*, ampliamos nosso conceito de história para poder abordar o texto com visão nova. Um modo de adquirir tal visão é questionar as suposições heterossexuais nas quais se baseiam nossas narrativas tradicionais. A história de Dina (Gênesis 34) é um exemplo. Tendo se mudado para um novo lugar, Dina "saiu para ver as filhas da terra". Ela é vista por um homem do lugar, Siquén, que a estupra, tenta consolá-la com palavras "confortadoras" e, por fim, pede à família sua mão em casamento. Os irmãos de Dina concordam, o tempo todo planejando atacar a tribo de Siquém como vingança porque a irmã fora "desonrada". A história termina com o massacre de todos os homens da tribo de Siquém.

Poder-se-ia imaginar isto como a história de um homem heterossexual, que espera que todas as mulheres rendam homenagem à sua façanha sexual, mas é enfrentado por uma mulher que responde com indiferença. Siquém vê o interesse de Dina por mulheres e decide "converter" esta lésbica estuprando-a. Podemos imaginar que as palavras "confortadoras" de Siquém a Dina foram, de fato, uma autojustificativa, alegando que a amava o suficiente para fazer dela uma "mulher de fato". Enquanto a sociedade moderna muitas vezes perdoa tal comportamento fazendo de conta que não viu, o Gênesis nos dá um exemplo de afronta comunitária a esse tratamento a uma lésbica. (Mas o sexismo ainda é aparente na história: em nenhum momento Dina é consultada — ela se mostra indefesa tanto em face de Siquém quanto dos irmãos delas.)

Outro texto que vale a pena reconsiderar[13] é a história de Raquel e Akiba. Na versão tradicional do conto, Raquel, filha de uma família rica, reconhece o gênio do pobre e sujo Akiba. Ela se casa com ele contra o desejo da família, perdendo a herança por isso. Akiba a deixa para buscar entrar em uma academia, e, embora ele desapareça pois muitos anos, sua fé nele é por fim justificada, pois ele retorna como um dos maiores sábios de Israel. Assim mesmo, porém, as obrigações de liderança impedem que Akiba fique com Raquel.

Contado exclusivamente do ponto de vista masculino heterossexual, o conto retrata Raquel como modelo porque, a serviço de um grande sábio, ela é totalmente abnegada. O relato é desconcertante, porque nos é dito que o resultado desse grande amor é que o casal nunca se vê. De acordo com a história, eles nem sequer tentam ver-se, apesar das normas vigentes que esperavam que Akiba fosse pai.

Mas talvez Raquel e Akiba não fossem heterossexuais, e, embora vivendo em mundos diferentes, ambos necessitavam da "capa" heterossexual do casamento para ganhar respeito e credibilidade num mundo homofóbico. Eles concordaram, antes do casamento, que Akiba se retiraria para o mundo masculino dos doutos, e que Raquel sobreviveria não como uma mulher sozinha, mas com o apoio de outras mulheres. Eles não precisavam ver-se porque não tinham a intenção de consumar o casamento. Em lugar de uma história de sacrifício heterossexual, temos um exemplo de gays usando as instituições da cultura dominante para sobreviver.

A Experiência da História Gay

Os breves exemplos acima mostram duas tendências principais na experiência da história gay. A primeira poderia ser denominada o método "grandes gays", enquanto a segunda vai além, para examinar como os fatos diferem quando encarados de um ponto de vista gay. O método "grandes gays" tenta levar legitimidade a uma minoria odiada, ressaltando que alguns dos heróis aceitos pela sociedade pertenceram a essa minoria, como no caso de Davi e Jônatas. Ele também fornece provas que contrariam as afirmações de que os gays não existiam, mostrando as realizações de gays individuais.

A comunidade judia fez um trabalho bem abrangente ao negar heróis a si mesma, pela simples exclusão de gays do registro histórico. Um exemplo notável é o dr. Magnus Hirschfeld, um cientista excelente da República de Weimar (Alemanha), amplamente reconhecido como o pai da sexologia, a ciência da fertilidade e sexualidade humanas. Apesar de seu fecundo trabalho como cientista e suas consideráveis contribuições às ciências biológicas, Hirschfeld está ausente de todas as enciclopédias judaicas e coletâneas biográficas de grandes judeus. Seu trabalho, bem como o do Instituto de Pesquisa Sexual, que fundou e dirigiu, foram destruídos por Hitler. Numa resposta que ressalta a ironia da negação, a comunidade judia alemã deixou de reagir ao incêndio do Instituto, atribuindo o ato de Hitler ao sentimento antigay. Os gays alemães tendiam a encarar o fato como parte da campanha de Hitler contra os judeus, e não como um sinal de que eles, também, podiam estar em perigo.

Descobrir os gays judeus do passado provavelmente não é tarefa fácil. Como tem sido perigoso ser publicamente rotulado de homossexual, em muitos lugares e diferentes épocas, os gays deixam poucos registros escritos identificando-se a si mesmos como tal. A maioria dos relatos da experiência gay provém de fontes que lhes são antagônicas, algumas das quais deliberadamente falsificam registros para adaptar-se a seus pontos de vista.[14] Em alguns casos, os registros gays existem, mas as famílias que os controlam bloqueiam-lhes o acesso porque não querem que a homossexualidade de uma pessoa seja revelada publicamente. Em outros casos, instituições acadêmicas impedem a pesquisa, estigmatizando aqueles que escolhem estudar a experiência gay, ameaçando os pesquisadores com a recusa de empregos ou recomendações vitais, ou concluindo que o trabalho deles é, de algum modo, pouco sério. Mesmo quando podemos identificar indivíduos gays, o historiador deve ter cuidado para não pôr em perigo a vida ou o bem-estar do indivíduo pela exposição pública.

Outra dificuldade ligada à abordagem "grandes gays" é definir quem é gay. Assim como os historiadores judeus têm dificuldade em identificar quem é judeu (por exemplo, é judeu quem é filho de mãe judia?, quem é praticante?, quem se converteu como judeu reformado?), assim, também, os historiadores da experiência gay discordam sobre quem deve ser considerado gay. Se um indivíduo concentra sua vida em torno de pessoas do mesmo sexo mas não tem contato genital, é gay? Que dizer de uma pessoa que vive publicamente como heterossexual, mas secretamente procura experiências homossexuais?[15]

Os historiadores até mesmo discordam sobre se a definição de homossexualidade mudou com o tempo. Uma escola de pensamento, exemplificada por Judy Grahn, afirma que a homossexualidade mudou com o tempo, mas, como no caso dos judeus, podemos rastrear uma cultura gay contínua, do tempo antigo até o presente.[16] Outros estudiosos insistem em que toda experiência gay é historicamente específica, ressaltando que a vida de indivíduos gays em culturas que aceitavam a homossexualidade era muito diferente daquela em sociedades que condenavam os gays, e as experiências dos homens gays não eram necessariamente idênticas às das lésbicas.[17] Outra escola de pensamento, exemplificada por Jeffrey Weeks, sustenta que o comportamento homossexual é essencialmente universal, embora a identidade gay seja historicamente específica.[18] Boswell acrescenta que, em muitas culturas, o comportamento homossexual não era o cerne da identidade. Ele observa que a Bíblia não tem uma palavra para "homossexual", e conclui que os anciãos viam a homossexualidade como um comportamento, e não como uma identidade.[19]

Assim como as definições têm diferido através dos tempos, assim também a terminologia. As palavras usadas para descrever pessoas que amam outras do mesmo sexo são relativamente novas. "Homossexual" foi usada pela primeira vez pela comunidade médica ocidental em 1869, e "gay" foi inventada muitas décadas depois. Como observou o historiador Jonathan Katz, cada termo "dá corpo material a um conceito histórico específico" e fornece um indício "às idéias e julgamentos muitas vezes radicalmente diferentes" que temos sobre aqueles que chamamos "gays".[20] Assim, é um tanto inexato usar a terminologia de uma época para fazer alusão a fatos ou pessoas de uma época diferente. Rotular como "gay" alguém que viveu mil anos atrás pode ser confuso, porque significa que sua experiência é paralela à dos gays de hoje. Por outro lado, o uso de terminologia historicamente correta mas pouco usual também pode ser confuso. (Neste ensaio, eu usei a terminologia dos anos 80 para fornecer ao leitor moderno um quadro de referência, reconhecendo que, enquanto essa prática dá ao leitor melhor idéia geral do assunto, em parte obscurece as variações da experiência gay ao longo da história). Mais importante que a escolha da terminologia é o reconhecimento de que, enfim, só os rótulos (de modo especial aqueles não escolhidos livremente) não nos podem dizer como indivíduos "se designaram, pensaram a respeito de si mesmos e se avaliaram ou a seus atos, sentimentos e relações, ou como foram percebidos e correspondidos pelos outros".[21]

Alguns autores abordaram equivocadamente o assunto "quem é gay", numa tentativa de descobrir a causa da homossexualidade.[22] Na pior das hipóteses, essas tentativas são motivadas pela esperança de que, uma vez descoberta a causa, seguir-se-á a "cura". Na melhor das hipóteses, eles nos excluem da mais importante pesquisa histórica sobre as manifestações e lições do legado gay. Frank Kameny, judeu e antigo líder da Mattachine Society (a primeira organização de direitos gays dos Estados Unidos), tratou deste assunto nos anos 50, comparando os gays com outras minorias:

> Eu não vejo grande interesse por parte da B'nai B'rith Anti-Defamation League na possibilidade de resolver problemas de anti-semitismo pela conversão de judeus em cristãos. (...) Estamos interessados em obter direitos para nossas respectivas minorias, *como negros, como judeus* e *como homossexuais*. Por que somos negros, judeus ou homossexuais, é completamente irrelevante, e se podemos ser trocados para brancos, cristãos ou heterossexuais, é igualmente irrelevante.[23]

Os judeus não precisam resolver estes assuntos históricos para começar a incorporar gays e lésbicas em seus livros de história. Um simples início vincularia a reivindicação de serem nossos os judeus que têm liderado o movimento de direitos gays. Além disso, os judeus não precisam solucionar os assuntos teóricos para ganhar a partir da segunda etapa de fazer história gay, o que vai além da simples identificação de "grandes gays", pela busca de novas maneiras pelas quais nossa tradição nos fala quando tiramos nossos antolhos heterossexuais. A história de Raquel e Akiba não é mais que um exemplo.

Coisas em Comum e Conseqüências

A comunidade judia provavelmente ganha compreensão sobre os meios pelos quais temos sido oprimidos examinando a opressão dos gays. A freqüência com a qual a experiência gay se iguala à experiência judia é impressionante. Boswell escreve: "Muitas sociedades (...) que toleram livremente a diversidade religiosa também aceitam a variação sexual, e o destino das pessoas judias e gays foi idêntico ao longo da história européia, desde a antiga hostilidade cristã até o extermínio em campos de concentração (...) até os mesmos métodos de propaganda foram usados contra judeu e gays, retratando-os como animais voltados para a destruição dos filhos da maioria".[24] Essas semelhanças também têm sido perceptíveis na América, desde a cultura popular até a retórica dos grupos rancorosos da direita. Por exemplo, o filme americano *Crossfire*,* uma adaptação do romance *The Brick Foxhole*, de Richard Brook, substitui facilmente um judeu por um gay vítima de assassinato, no original. O filme foi aclamado como um tratamento maduro do anti-semitismo, sem menção à trama planejada para explorar a homofobia. Não apenas inúmeras sociedades associaram a judeus e gays, mas os próprios gays notaram as semelhanças, como nas "Missões e Propósitos" para 1951, da Mattachine Society, que afirmavam que uma das notas organizacionais era desenvolver "uma cultura ética homossexual (...) comparando as culturas emergentes de nossas minorias — os povos negro, mexicano e judeu".

---

*Filme do diretor Edward Dmytrick, de 1947, com Robert Young, Robert Mitchum, Robert Ryan e Gloria Grahame, candidato ao Oscar para melhor filme, diretor e coadjuvantes. Em português chamou-se *Rancor*. (*N. do T.*)

De modo geral, os judeus são mais lentos para reconhecer semelhanças. Como em *Crossfire*, muitas vezes a experiência gay é obscura em relação à experiência judia.[25] Poucas cerimônias do *Yom HaShoah* (Dia de Recordação do Holocausto) incluem lamentos pela perda da vida gay, embora dezenas de milhares de gays, além dos seis milhões de judeus, estivessem entre as vítimas de Hittler.[26]

A oposição da comunidade judaica ao exame da experiência dos judeus gays tem origem, em parte na acusação de que os gays representariam uma ameaça à comunidade judaica. Repetindo os temores expressos por todas as denominações, o rabino ortodoxo Abraham B. Hecht afirmou que, se a homossexualidade não for refreada, "a instituição do casamento sairá de moda e os filhos se tornarão criaturas estranhas — indesejadas e desamadas."[27] Nathaniel Lehrman também toma esta posição, afirmando ser baseada em evidência empírica e nas "lições da história".[28] Contudo, estas alegações quanto à historicidade nunca são apoiadas por exemplos históricos, porque a esmagadora evidência histórica contradiz aquelas conclusões. Muitas sociedades aceitaram a homossexualidade completamente, e nenhuma passou pela erradicação da heterossexualidade, do casamento ou dos filhos.[29] Na realidade, não existe evidência histórica que sugira que os gays não desejem ter e educar filhos. É necessário apenas olhar para a enxurrada de publicações recentes sobre pais gays e para os casos levados aos tribunais americanos nos quais gays lutam para ficar com os filhos, para ver a falsidade desta posição.[30]*

Uma negação semelhante de fato histórico é habitualmente apresentada por escritores judeus que se opõem aos direitos civis dos gays. Seu argumento é tríplice. Primeiro, no que Ellen Umansky, apropriadamente chamou de "teoria dominó da imoralidade", uma variedade de estudiosos advertiu que a concessão de direitos civis aos gays resultará em depravação moral ampla e certa, uma afirmação facilmente provada como não-histórica pela evidência citada no parágrafo anterior.[31] Uma segunda abordagem insiste em que os gays realmente não sofrem discriminação e portanto não necessitam de proteção legal.[32] O aumento bem documentado dos ataques físicos aos gays nos anos 80 e o caso Hardwick (no qual o Supremo Tribu-

---

*Ver, neste volume, os ensaios de Martha Akelsberg, Judith Plaskow, Evelyn Torton Beck e Linda Holtzman, para discussão mais extensa sobre este assunto. (*N.do.E.*)

nal dos EUA considerou um homem gay culpado de sodomia depois de ter sido descoberto com um amante no quarto) fornecem prova abundante de que essa afirmação é errônea.[33] Por fim, esses autores optaram por ignorar a experiência paralela de gays e judeus. Os judeus que se opõem aos direitos civis dos gays definiram, equivocadamente, os gays como sendo tão diferentes deles mesmos que, erroneamente, concluíram que o que acontece aos gays não tem efeito sobre os judeus. Além disso, sua negação ignora os milhares de judeus que também são gays. Historicamente, os judeus americanos têm defendido os direitos civis não apenas porque os padrões morais ditaram a ação, mas também porque os judeus viram a proteção das minorias como coisa de nosso próprio interesse. Se os judeus, agora, quebram este modelo histórico e se recusam a reconhecer os interesses que dividimos com os gays, inevitavelmente perpetuamos a discriminação e devemos perguntar por quê. Os judeus têm medo de confrontar a história gay porque isso nos forçaria a confrontar o opressor da mesma forma que o oprimido em nós? Será que continuaremos a negar a experiência gay simplesmente porque ela nos lembra que nem sempre vivemos de acordo com nossos próprios padrões morais?

Por ironia, enquanto os judeus deixaram de reconhecer as vozes gays como parte da diversidade da história judaica, os gays têm estado presentes, cada vez mais, na literatura judaica. Embora isso seja um passo positivo, não representa ainda uma aceitação geral dos gays pela comunidade judia. A reedição, pela Jecoish Publication Society, do romance de Jo Sinclair, *Wasteland*, é um exemplo que mostra bem a ambivalência da comunidade. Uma das personagens mais fortes de *Wasteland* é uma lésbica. É interessante que a personagem é loura, ou seja, não "parece judia". A descrição permite ao leitor ver a personagem fisicamente diferente, como "outra", e talvez de certo modo menos do que verdadeiramente judia. Outro livro da mesma série da JPS, *Allegra Maud Goldman*, de Edith Konecky, conta a história de uma adolescente judia lutando para tornar-se adulta e, nesse meio tempo, descobrindo o que significa ser uma mulher judia na América. Ela se vê atraída por mulheres e, embora a história termine antes de ela amadurecer sexualmente, sua natureza independente e aventureira leva o leitor a crer que ela, por fim, se identificará como lésbica. As outras personagens judias, porém, descrevem sua atração por mulheres como anormal, assegurando ao leitor que a protagonista não é normal e não será aprovada pela maioria da comunidade judia. Não é coincidência que estas descrições de judeus gays tenham sido limitadas à ficção, o que pode facilmente ser criticado como uma falsa representação da realidade. Também não é coincidência que a comunidade judia, que é sempre rápida em orgulhar-se de seus autores de sucesso, geralmente ignore escritores de trabalhos gays, mesmo quando esses escritores são tão talentosos como o vencedor do Prêmio Tony, Harvey Fierstein (*Torch Song Trilogy*).[34]

A menos que os judeus passem a aceitar os gays como parte de nossa história, corremos o risco de criar o "indizível" que Adrienne Rich descreve na epígrafe deste ensaio. Contudo, o risco não é o de a voz gay vir a ser enterrada, pois a comunidade gay continuará a explorar sua herança com ou sem o apoio da comunidade judia. O perigo é que uma autêntica voz judia será silenciada e que se perderá uma oportunidade de melhor compreender nossa tradição.

Exatamente como estudamos com afinco outros subgrupos de judeus, devemos começar a olhar para a experiência dos judeus que centralizam suas vidas na comunidade judia. Sabendo como é ser excluído da sociedade, os gays há muito tempo basearam sua política no princípio da inclusão, colaborando com outros grupos oprimidos, mesmo quando esses grupos têm aparentemente necessidades conflitantes. Talvez as lições de coalizão-construção gay forneçam modelos para os diálogos judeu-árabe e judeu-negro. A comunidade gay também tem mostrado grande criatividade no desenvolvimento de novas estruturas de família e redes de apoio. Estes novos modelos podem muito bem ser a chave da sobrevivência judia num mundo de crescente mobilidade. Por fim, os gays lembram aos judeus americanos como é viver sob injustiça constante. Em face da opressão, os judeus são instados a ir em busca da justiça, mas, quando nossas circunstâncias imediatas são confortáveis, é fácil esquecer que outros sofrem. O contato com a comunidade gay poderia reacender nossa raiva comum e conduzir-nos de volta ao ativismo que nos inspira a ser "uma luz para as nações".

Quando a comunidade judia se cala, omite ou distorce as vozes gays, ela nos nega o acesso a uma parte de nossa história. Melhor do que levar a um maior entendimento da tradição judaica, ela garante que nossa compreensão permanecerá incompleta. Quando nossos preconceitos nos levam a limitar as perguntas que fazemos, nosso conhecimento está fadado a tornar-se velho e dogmático. Como disse o rabino Chanina ben Dosa: "Quando a consciência tem precedência sobre o aprendizado, o aprendizado suporta; mas, quando o aprendizado tem precedência sobre a consciência, o aprendizado não suporta."[35]

Em Busca de Modelos

Jody Hirsh

Durante séculos, supôs-se que a homossexualidade era um anátema para todos os judeus decentes. Estudiosos modernos, como Robert Gordis, disseram que o judaísmo tem mantido um "sentimento persistente de reação ao homossexualismo".[1] Semelhante suposição obscureceu nossa percepção da história judaica de tal maneira que até imagens obviamente positivas da homossexualidade na tradição e fontes judias foram ignoradas ou mesmo reinterpretadas radicalmente, a fim de invalidar quaisquer atitudes potencialmente positivas. Agora, ao reexaminarmos nossas suposições e nossa história, achamos que os modelos positivos de gays e lésbicas existem em todos os períodos da história judaica.[2] Séculos de negação e anulação, porém, tornaram tais modelos invisíveis para os judeus modernos — até para os judeus gays.

Se os modelos gays têm ficado invisíveis, os mundos religioso e acadêmico, em sua recusa de admitir a experiência gay na história judaica, reforçaram aquela invisibilidade. Consideremos, por exemplo, o trecho bíblico abaixo, que descreve a despedida de Davi e Jônatas, o qual muito pode revelar sobre o relacionamento deles. Jônatas, temendo pela vida de Davi, fez planos para avisá-lo do perigo por meio de um sinal preestabelecido, mediante o lançamento de flechas, e dando instruções em voz alta a seu jovem servo:

> E Jônatas deu suas armas a seu servidor, e lhe disse: "Vá, leve-as para a cidade." E, tão logo o rapaz saiu, Davi dirigiu-se para um lugar na direção do sul e caiu com a face sobre a terra, e curvou-se três vezes; e eles se beijaram, e choraram um com o outro até que Davi se fartou.[3]

Esta tradução "padrão revisto" baseada na Bíblia do rei James nos informa que Davi "se fartou", uma referência obscura, para dizer o mínimo. O hebraico é mais claro. Ele diz "até que Davi tornou-se grande" (*ad David higdil*). Eu penso que é uma referência à excitação física. Tal leitura, porém, jamais foi sugerida por estudiosos da Bíblia: o primeiro *Lexicon of Biblical Hebrew*, de Brown, Driver e Briggs, a referência padrão usada por gerações de estudantes de língua inglesa do Velho Testamento, nos diz que *higdil* significa aumentar, tornar-se grande ou tornar-se largo — exceto uma vez, em toda a literatura hebraica, *higdil* significa "chorar muito"![4] Como não encontrei nenhum outro lugar em que *higdil* se refira a excitação sexual masculino, tal interpretação parece bem menos uma distorção do que "chorar muito". Além disso, um relacionamento físico é certamente coonestado pelo famoso lamento de Davi sobre Jônatas:

> Eu estou aflito por você, meu irmão Jônatas!
> Você foi muito amável para mim!
> Seu amor por mim foi maravilhoso,
> Ultrapassando o amor das mulheres.[5]

O livro de Rute apresenta um modelo de relacionamento primário entre duas mulheres, Rute e sua sogra Noemi. Embora Jônatas e Davi fossem provavelmente figuras históricas reais, Rute e Noemi foram aparentemente ficcionais, sendo criadas no século V a. C. como personagens de um romance histórico passado no século XIII a. C. A história fala de uma mulher judia, Noemi, que se muda com a família para um país estrangeiro, Moab, a fim de escapar da fome. Quando o marido de Noemi e os dois filhos morrem em Moab, Noemi decide deixar as duas noras e voltar à Judéia. Uma das noras, porém, insiste em acompanhá-la, e até se casa com um parente distante de Noemi, para dar alguma segurança a ambas as mulheres. As interpretações tradicionais deste conto insistem em que a essência se refere à compreensão de Rute de que o Deus dos hebreus é o único Deus real, e por isso diz a Noemi que o Deus de Noemi será, de fato, seu Deus.

Contudo, a questão essencial da história não é a "conversão" de Rute ao judaísmo. Sua adoção do Deus de Noemi não é de jeito algum extraordinária. Os povos antigos, politeístas, acreditavam que os poderes dos deuses eram geográficos. Por essa razão, a mudança de Moab para a Judéia teria forçado uma mudança de religião. Mas o que é extraordinário é a devoção entre Rute e Noemi. Por que Rute não voltou a Moab como a outra nora, Orfa? A chave está no compromisso de Rute com Noemi.

Rute segue o conselho de Noemi e até persuade Booz, parente de Noemi, a pensar que ele participou das intrigas sexuais da estação da colheita, dormindo com ela. Mulheres sozinhas e não-casadas, sem a convencional estrutura familiar para protegê-las e apoiá-las, eram vulneráveis à insegurança financeira e ao perigo físico. Rute se casa com Booz para proteger e sustentar sua sogra, um compromisso que deveria ter sido desfeito pela morte do marido de Rute, filho de Noemi. A devoção primacial a Noemi, mais que apenas um compromisso com o povo judeu, não poderia ser mais clara:

> E Rute disse: "Pede-me que não te deixe e regresse após ter-te seguido, porque aonde tu fores, eu irei; e onde tu te alojares, eu me alojarei: teu povo será meu povo, e teu Deus meu Deus; onde tu morreres, eu morrerei, e lá serei sepultada; o Senhor faça assim comigo, e, mais ainda, que nada além da morte te separe de mim."[6]

Não há conclusão de que o relacionamento entre Rute e Noemi seja físico. Contudo, o motivo fundamental de Rute ter-se casado com Booz é o bem de Noemi. De fato, a história toda gira em torno da força do compromisso principal das mulheres entre si.

De todos os contos bíblicos, a história de José é, de longe, a mais complexa, com respeito ao subtexto gay. A história relata a vida de José, o filho favorito de Jacó, que é, no princípio, um "filhinho-de-papai" desagradável e bisbilhoteiro, que leva ao pai histórias dos irmãos. Ele enfurece os irmãos, ainda, por interpretar sonhos que deduzem que ele os governará. Depois de ser vendido como escravo, José é levado ao Egito, onde trabalha na casa de Putifar, um alto funcionário egípcio. Depois de ser falsamente acusado pela mulher de Putifar, ele é atirado na prisão apenas para ser lembrado como intérprete de sonhos num momento de crise. Ele se torna o braço direito do Faraó, capaz de salvar a própria família da fome e responsável por levar os filhos de Israel para o Egito.

A história de José é de sofrimento e crescimento. Após anos de escravidão, prisão e sofrimento, José muda: mostra grande sensibilidade e simpatia em ver os irmãos outra vez. Em vez de vingar-se deles, ele demonstra sua estatura e humanidade: "Então José não pôde conter-se perante todos aqueles que estavam a seu lado; e gritou: 'Façam todos os homens afastarem-se de mim.' E não ficou nenhum homem com ele enquanto José se fez conhecido a seus irmãos. E ele soluçou alto; e os egípcios ouviram, e a casa do Faraó ouviu. E José disse aos seus irmãos: 'Eu sou José; meu pai ainda vive?'"[7]

As descrições sumárias sobre José o apresentam como uma figura semelhante a um xamã ou oráculo: ele é intérprete de sonhos e profeta do futuro. Sua célebre "capa de muitas cores" (*k'tonet passim*) é, de fato, uma peça de roupa de mulher. Essa capa é descrita em outra passagem da Bíblia que explica que "com tais roupas eram as filhas do rei, que eram virgens, adornadas".[8] De acordo com o historiador Arthur Evans: "Os primeiros xamãs (ou sacerdotes curandeiros), nas sociedades naturais, eram mulheres. Os primeiros xamãs masculinos imitaram as mulheres desempenhando seu papel e vestindo suas roupas."[9] Esta explicação nos dá considerável compreensão sobre um importante aspecto do papel de José na história do povo judeu.

As aventuras de José na casa de Putifar, no Egito, reforçam a imagem de José como homem gay. Comentaristas da Bíblia há muito notaram a importância da seleção e ordem de pormenores na narrativa normalmente esparsa da Bíblia. A descrição dos progressos de José na casa de Putifar é de fato reveladora:

> E José foi trazido ao Egito; e Putifar, oficial do Faraó, capitão da guarda, egípcio, comprou-o das mãos dos ismaelitas que o haviam trazido para aquele lugar. E o Senhor estava com José, e ele era um homem próspero; e ele estava na casa de seu amo, o egípcio. E seu amo viu que o Senhor estava com ele, e que o Senhor fazia prosperar tudo o que ele empreendia. E José encontrou generosidade à vista dele, e o servia. (...) E José era de forma bonita, e formoso de se olhar.[10]

A aparência física de José é acrescentada, claramente para explicar o sucesso de José. Putifar promoveu José em sua casa em parte porque ele era "formoso de se olhar". Mesmo os antigos rabinos não podiam ignorar a implicação. Numa tentativa de explicar o uso da palavra *saris* (eunuco)[11] para descrever Putifar, nos dizem: "Isto implica que ele era castrado, concluindo-se que ele [Putifar] comprou-o para o fim de relacionamento sexual."[12] É claro que os rabinos insistem em que a atração não era mútua, que José não podia ter sido homossexual — uma interpretação que o texto contradiz. A mulher de Putifar tenta seduzir José:

> E aconteceu, quando ela [a mulher de Putifar] falou com José dia após dia, que ele não a ouviu, para deitar-se ao lado dela, ou estar com ela. E aconteceu certo dia, quando ele foi à casa para fazer seu trabalho, e lá dentro não havia nenhum dos homens da casa, que ela o agarrou pela roupa, dizendo: "Deita-te comigo." E ele deixou seu traje na mão dela, e fugiu, e saiu.[13]

A explicação tradicional do comportamento de José é que ele é "puro" ou "santo" e portanto resiste aos avanços dela. Ele, de fato, mencionara anteriormente que deitar-se com ela seria um pecado contra Deus. Tal restrição nesse ponto da história, porém, é improvável. José tem várias provações para sobreviver antes de atingir a estatura do homem que vemos na conclusão da história. Nesse ponto, ele ainda é o adolescente indisciplinado que conhecemos no início do conto. Ele tem uma oportunidade incomparável. A mulher de Putifar providenciou para que ninguém estivesse em casa. Ele foge dela em parte por medo, mas em parte por falta de inclinação, apesar da beleza dela. A ira de Putifar, do mesmo modo, resulta parcialmente de sua possessividade por José. A mulher de Putifar acusou José de tentar estuprá-la. Putifar se zanga porque é como se José tivesse pensado em outra pessoa como parceira de cama.

A história do sucesso de José, mesmo na prisão, depende da bondade de outros homens — o carcereiro, o mordomo e o padeiro, também mencionados como *sarisim* (eunucos). Ele cresce, torna-se herói e é o salvador de sua família e do povo israelita. Os eventos que moldam a vida de José têm efeito em mais pessoas além dele mesmo. E não somente a "homossexualidade" de José não é condenada; é parte do plano de Deus para a libertação do povo judeu.

Como é que esses aspectos positivos da homossexualidade nos tempos bíblicos podem ser harmonizados à luz da aparente proibição do homossexualismo do Levítico 20? Muito se tem escrito neste livro e em outras fontes sobre o possível significado desta injunção ambígua.* Quer se refira apenas à prostituição ritual, quer tenha a ver com o fato de que a prática sexual

---
*Ver o ensaio de Rebecca T. Alpert neste volume. (*N. da E.*)

"apropriada" de homens com homens é diferente daquela com mulheres (como sugeriu Arthur Waskow),[14] ou simplesmente porque representava o medo da "semente enfraquecedora" (isto é, sem a intenção de procriar), há claramente interpretações alternativas. A existência de modelos gays na Bíblia, por si só, mostra que o Levítico não pode ser visto como proibição universal da homossexualidade.

Os dados não são totalmente positivos, mas aquelas figuras "gays" bíblicas não são gays no sentido moderno de ser exclusivamente homossexual ou levar um estilo de vida exclusivamente "gay". É claro que, não obstante interpretemos a "homossexualidade" dos modelos bíblicos, a norma era ser casado e ter filhos, independentemente de a quem se pode amar ou até preferir. O primeiro dos 613 mandamentos bíblicos é, afinal, crescer e multiplicar-se. Davi, Jônatas, Rute, Noemi e José, todos, tiveram filhos. Nos cinco casos, porém, seus relacionamentos com os amados do mesmo sexo foram relacionamentos fundamentais em suas vidas, assim como na importância para o povo judeu.

Em nenhuma outra parte a anulação da experiência gay judia é mais clara do que na representação moderna do mundo do gueto medieval. Até para os mais bem informados judeus modernos é uma surpresa que o filósofo central do século X. d.C., Sa'adya Gaon, do Iraque, fosse conhecido por suas aventuras sexuais, bem como por sua influência em questões de lei judaica. De acordo com o medievalista Norman Roth: "Na controvérsia entre Sa'adya Gaon e o exilarca David B. Zakkai, Khalaf Ibn Sarjada acusou o Gaon de atos homossexuais. (...) e afirmou que os jovens de Nehardea (no Iraque) passavam o tempo *perseguindo-o*. (...) [As] acusações contra Sa'adya se baseavam em testemunho confiável que este último nunca tentou refutar, embora cuidadosamente refutasse todas as demais acusações contra ele."[15]

Poucos judeus imaginam que muitos poetas e estudiosos famosos da Idade de Ouro do Gueto Espanhol também são conhecidos por sua poesia homoerótica. Poetas da estatura de Judah Ha-Levi, Moses Ibn Ezra, Solomon Ibn Gabirol e outros escreveram poemas que, claramente, não podiam ser interpretados a não ser como homossexuais. A maior parte de sua poesia muitas vezes não é traduzida para o inglês e é, portanto, inacessível ao leitor judeu médio. Os poucos poemas homoeróticos traduzidos geralmente não são reconhecidos como tal em inglês. O inofensivo poema de Judah Ha-Levi, a seguir (século XII), por exemplo, foi publicado muitas vezes:

> Acorde, meu amigo, de sua soneca.
> Acordado, eu estou saciado por sua imagem.
> Se você vir alguém beijar seus lábios num sonho,
> Eu farei seus sonhos tornarem-se realidade.[16]

Em hebraico, todos os substantivos, adjetivos e *verbos* são masculinos ou femininos. Todas as palavras deste poema que se referem tanto a quem fala quanto ao amado são masculinas. Muitos estudiosos tentaram negar a homossexualidade evidente destas linhas alegando que o poeta pretendia que o narrador fosse feminino (mas os verbos indicam que o narrador é masculino), ou que o poeta se dirige a seu filho (mas um beijo nos lábios parece estranho), ou até que o poema é de fato sobre o relacionamento entre Deus e Israel (realmente!).

Outros poemas, como o seguinte, de Moses Ibn Ezra (século XII), são bastante menos ambíguos:

O CERVO TRAIÇOEIRO

> Desejo de meu coração e deleite de meus olhos:
> O gamo a meu lado e uma taça em minha mão direita!
> Muitos me denunciam por amar,
> Mas eu não presto atenção.
> Vem a mim, cervo, e eu os vencerei.
> O tempo os consumirá e a morte
> Os guiará para longe.
> Ah, vem a mim, cervo, deixa que eu me regale
> No néctar de teus lábios
> Até que eu fique satisfeito.
>
> Por que, por que eles me desanimam?
> Se há pecado ou culpa em ser arrebatado
> Por tua beleza — deixa o Senhor ser meu juiz!
> Não deixes teu coração ser balançado pelas palavras de meu
>   torturador.
> Esse homem obstinado.
> Oh, vem testar-me!

Ele foi seduzido e nós fomos à casa de sua mãe.
Lá ele curvou-se ao meu pesado jugo.
Noite e dia eu estava só com ele.
Eu tirei suas roupas e ele tirou as minhas.
Eu suguei seus lábios e ele me amamentou.

Mas uma vez que seus olhos se livraram de meu coração,
Sua mão apertava o jugo de meu pecado,
E ele inventou queixas contra mim.
Ele enfureceu-se e gritou furioso:
"Basta! Deixa-me sozinho!
Não me leves ao crime,
Não me deixes perdido!"

Oh, não sejas incansável em tua raiva, cervo.
Mostra-me as maravilhas de teu amor, meu amigo;
Beija teu amigo e satisfaz seu desejo.
Se queres deixar-me viver — dá-me vida;
Mas se queres matar-me — então mata-me![17]

As referências a outros denunciando o poeta, ou ao medo do amante de ser levado a fazer coisas proibidas, atestam o estigma ligado a este relacionamento. Porém a atitude do poeta, concluída com citações quase diretas do Cântico dos Cânticos bíblico, não é de vergonha ou embaraço. Tais relacionamentos não eram universalmente estigmatizados pela sociedade judaica medieval, pelo menos entre a elite intelectual. Esta atitude positiva se repete em muitos poemas medievais dirigidos ao cervo ou e à gazela (forma popular de carinho usada na poesia hebraica medieval).

Muitos medievalistas alegam que os poetas hebreus, longe de serem gays, estavam simplesmente imitando seus colegas árabes contemporâneos, que escreviam esse tipo de poesia. Não há maneira de saber quem era gay e quem não era. Entretanto, se ser gay era tão horroroso quanto fomos levados a acreditar, certamente nenhum heterossexual desejaria copiar uma forma poética tão abertamente homossexual. O número de poemas homossexuais escritos por poetas famosos é espantoso. A proliferação dos versos homossexuais é prova positiva de que a homossexualidade, mesmo para o gueto medieval, não era considerada um problema importante.

Através de toda a história judaica, até os tempos modernos, as vozes ouvidas — os historiadores, poetas, cronistas — são, esmagadoramente, vozes masculinas. Os poucos exemplos possíveis de lesbianismo são filtrados através de olhos masculinos. Se as imagens de gays masculinos, na história judaica, são obscurecidas por tendências homofóbicas, as imagens de lésbicas são até mais obscurecidas pelo sexismo da historiografia produzida por, e orientada para, os homens.

Um dos raros exemplos de uma importante figura lésbica na precedente história judaica é a Betula (ou Criada) de Ludomir, Hannah Rochel (1805-92).[18] Antes de seu casamento planejado, Hannah entrou em transe e alegou ter recebido uma "alma nova e sublime". Ela rompeu o noivado e começou a agir como homem, vestindo *tallit* e *tefillin* e estudando e pregando. Sua sinagoga era equipada com uma sala especial para orações e estudo, da qual, através da porta aberta, podia fazer sermões a seus seguidores na sala ao lado. (A lei judaica não permitiria a uma mulher o culto no mesmo local com homens.) Por seu brilhantismo, e a crença de que sua vida nova era resultado de um milagre, ela se tornou uma líder chasidista cujos seguidores eram conhecidos como os chasidistas da Betula de Ludomir.

O *Zaddik* de Chernobyl, conhecido líder chasidista, enfim convenceu-a a casar-se, aos quarenta anos — um casamento que não foi consumado. Com o enlace, sua influência diminuiu. Ela fora vista anteriormente como um homem *tzaddik* (homem correto) morando no corpo de uma mulher. Depois do casamento, estabeleceu-se a identidade dela como mulher, diminuindo sua credibilidade como líder religiosa. A história é triste, cheia de sexualidade reprimida. Embora não haja evidência de que ela tenha sido lésbica praticante, sua sexualidade ambígua foi responsável direta por sua influência como líder chasidista, e a volta à "normalidade", por sua perda de poder.

Há apenas uns poucos exemplos de modelos gays na história judaica. A busca de modelos gays judeus será sempre difícil. Obscurecidas pelo tempo, pelas memórias pouco francas, pelas insinuações escondidas na correspondência de líderes judeus, pelo sexismo dos historiadores masculinos e pela relutância dos estudiosos judeus em admitir a presença gay no cerne da história judaica, muitas imagens positivas estão perdidas para nós. Embora, falando de forma estrita, os gays judeus modernos não precisem de modelos históricos oriundos de tempos menos abertos, podemos encontrar força considerável em imagens positivas e, com estudiosos já não tão receosos de focalizar aspectos pouco convencionais da história judaica, talvez possamos descobrir mais do que poderíamos imaginar.

A História de Gerry: Uma História Oral

Jeffrey Shandler

Sou uma bisavó de 79 anos e acontece que também sou lésbica. — GERRY FAIER, de uma carta para angariar fundos para a SAGE[1], 1987

Conheci Gerry Faier no final de 1986, ao entrevistá-la para um curso de antropologia sobre histórias de vida dado no YIVO Institute for Jewish Research. Ao fim de nosso segundo encontro, Gerry disse-me: "Minha família tem estado atrás de mim há vários anos, para que conte a história de minha vida, mas não tenho conseguido fazê-lo. Agora, eu disse a você coisas que jamais dissera a alguém. Sinto-me como sua avó substituta." Eu agradeci por sua declaração e rapidamente comecei a sentir que Gerry significava mais para mim, muito mais do que uma informante para um estudo sério, e estava feliz por saber que ela me via como algo mais que um estudante de antropologia bisbilhoteiro. Gerry, agora com oitenta anos, é de fato quase da mesma idade de minha avó materna; como ela, Gerry tem compartilhado suas lições de vida ao longo da sua história pessoal. Isto provou ser de grande valia, não só para mim, mas, acredito, para Gerry também, dando-lhe a oportunidade de formular um entendimento significativo de seus oitenta anos de experiência.

Eu procurei Gerry porque estava interessado em estudar a história pessoal de alguém que, como eu, é judeu e gay. É um interesse intelectual e pessoal. Eu quisera saber como as preocupações que encaro agora, como gay e como judeu, ficarão se eu viver até os sessenta, setenta, oitenta ou mais anos. Ao contrário de muitos de meus contemporâneos heterossexuais, acho que os modelos quase exclusivamente heterossexuais das pessoas nos últimos estágios do ciclo de vida na cultura americana como um todo — e na cultura judaica americana em particular — muitas vezes têm pouco a dizer-me como gay. Por outro lado, as respostas das subculturas lésbica e gay a assuntos tais como comunidade, família e continuidade entre gerações só recentemente começaram a mostrar-se sensíveis à identidade étnica e aos valores. Numa cultura em que os velhos são ignorados, lésbicas e gays idosos são ainda menos procurados como recursos. Assim, minha decisão de documentar a história de Gerry é parte de minha reação pessoal ao desafio de compreender tanto a minha identidade gay quanto a judia.

Minha primeira entrevista com Gerry realizou-se no final de outubro, na casa dela, um pequeno apartamento de um quarto num edifício no moderno East Village, para cidadãos idosos, dirigido por uma agência judia de serviço social. Ela é uma mulher pequena e magra; seu rosto é forte e alerta, emoldurado por cabelos curtos grisalhos, e sua voz é um tanto cansada. A aparência limpa e arrumada do apartamento confirmou minha sensação de que Gerry era uma pessoa ativa. Eu já sabia que ela era uma mulher ocupada; nós tivéramos certa dificuldade para conseguir uma hora para nosso encontro que não coincidisse com as funções da SAGE ou em outras atividades sociais.

Durante nossa primeira sessão, Gerry deu-me uma pequena descrição de sua vida, falando quase sem interpretação durante cerca de uma hora. Ela nasceu em 1908 no Brooklyn, a terceira de oito filhos de imigrantes judeus da Europa Oriental. Ela se lembra do pai, que trabalhava como pintor de paredes, como sendo "o mais ortodoxo de seu tempo, muito chauvinista". Gerry descreve a mãe como uma mulher "muito trabalhadora" e "ingênua", que nunca se adaptou completamente à vida na América. Gerry mostrou uma mente inquisidora na infância, mas, sendo menina e a filha do meio de uma grande família, ela conta que recebeu pouco apoio intelectual dos pais. Isso parece ter tido um efeito especialmente negativo em suas atitudes sobre a sua identidade judia, embora tenha contribuído, ao mesmo tempo, para sua atitude independente:

Sempre que se tratava de mulheres ou de modelos femininos [meu pai dizia:] *"Dos tor men nisht, un dos muz men nisht, un dos loz men nisht."* [Não lhe é permitido fazer isso, você não deve fazer isso, você não pode fazer isso.] E todas as vezes que meu pai ia à sinagoga, eu queria ir com ele, mas queria sentar-me na parte de baixo; eu não queria sentar-me lá em cima, atrás de uma cortina. A ambição de minha vida era usar um *talis*, e meu pai dizia: *"A meydl trogt nisht a talis."* [Uma menina não usa um xale de oração.] (...) À medida que o tempo passava, eu comecei a tornar-me alheia ao judaísmo. (...) Sem nada saber sobre feminismo, sem nada saber sobre papel feminino judeu subjugado, eu me ressentia disso. Um dia, caminhávamos pela rua e lá encontramos uma família negra judia que morava em nosso quarteirão. Meu pai e eu fomos à sinagoga nesse dia, e eu lhe disse (falava com ele em inglês e ele me respondia em iídiche): "Papai, se eles são judeus, por que não podemos nos casar com eles?" E ele disse: *"Fun azelkhe zakhn redt men nisht."* [As pessoas não falam a respeito dessas coisas]. Essa era a maneira de meu pai acabar com todas as minhas perguntas. Isso fez de mim uma mulher inteligente. Comecei a ler muito. Deixei de depender das respostas de meu pai. Eu lhe fazia perguntas, mas tinha que encontrar as respostas por mim mesma.

Gerry deixou a escola aos 15 anos e logo depois conheceu Morris Faier, um jovem cantor que trabalhava como pintor de paredes. Eles se casaram quando Gerry tinha 18 anos. Embora seu relacionamento não tivesse durado muito, Gerry e Morris tiveram um filho e uma filha. No início da Grande Depressão, Gerry era uma mãe solteira, sem pensão, aos vinte e poucos anos. Ela recorreu à Works Progress Administration (WPA), mentindo sobre seu grau de instrução, e foi-lhe dado um emprego de assistente social, e, mais tarde, de professora. Durante os anos trinta, ela se envolveu com o movimento trabalhista e a política. Ela entrou para o Partido Comunista e tornou-se sua porta-voz para o New York Unemployment Council. No início da Segunda Guerra Mundial, Gerry candidatou-se a um emprego no serviço civil, como inspetora de ferramentas. Seu pedido levou-a a uma entrevista com agentes do FBI, que a interrogaram sobre sua atividade política e lhe perguntaram se sabia se certos conhecidos eram comunistas. Gerry não se incriminou, nem aos outros, no transcurso da entrevista; no entanto, ela não foi aceita para o emprego no serviço civil. Gerry deixou o Partido Comunista não muito tempo depois, desiludida pelas notícias sobre o pacto entre Stalin e Hitler em 1939.

Depois da guerra, Gerry mudou-se para Woodstock, estado de Nova York, com os filhos e Vasco, um homem com o qual se envolvera durante os anos em que trabalhou para a WPA. Lá eles conheceram membros da comunidade artística local, que incluía muitas pessoas gays. Durante esses anos, Gerry deixou Vasco e teve seu primeiro relacionamento lésbico:

> Nesse fim de semana especial eu estava no bar. Não era um bar gay, era um centro social da cidade. A mulher estava no lado oposto do bar. Ela olhou para mim, eu olhei para ela. De repente, vi uma cerveja na minha frente e disse ao garçom: "Eu não pedi isto." Ele diz: "Não, aquela senhora..." Ela me mandou uma cerveja de dez centavos — na mosca, não é? Então eu agradeci a ela pela cerveja, e estou bebendo a cerveja... O que sei é que ela estava em pé, falando comigo. Nós nos tornamos muito, muito amigas. Na manhã seguinte — eu voltei para casa aquela noite, é claro — no dia seguinte ela me convidou a ir à sua casa para o café da manhã, o que fiz. P.S.: Eu tive meu primeiro caso amoroso com uma mulher em Woodstock. Foi uma súbita entrada na homossexualidade. Nem foi uma questão de escolha consciente — aconteceu. E então, numa compreensão tardia, entendi que a maior parte de minha vida estava naquela direção.

Aos 39 anos, os filhos crescidos e donos de si mesmos, Gerry voltou a morar na cidade de Nova York, e envolveu-se na subcultura lésbica de Greenwich Village. Gerry vive na cidade de Nova York desde o final dos anos quarenta, às vezes com amantes, às vezes sozinha, como agora. Seu ativismo político levou-a envolver-se no movimento de liberação gay durante os anos setenta, e, o mais importante, a seu trabalho com a SAGE.

Gerry está entre os mais laboriosos membros da organização, muitas vezes escrevendo ou falando em público em nome da SAGE. No momento, ela é o membro feminino mais velho e trabalha na diretoria executiva. Em 1987, foi nomeada representante da SAGE junto ao Comitê Consultivo dos Cidadãos Idosos do Distrito de Manhattan, presidido por David Dinkins:

> Sou um dos vinte representantes de vários acompanhantes de idosos (...) e, quando tive que apresentar-me, disse: "Meu nome é Gerry Faier, e represento a Atuação dos Idosos num Ambiente Gay" — eu não disse [simplesmente] "SAGE". Disse isso devagar, e olhei para todos — todos sorriram, e um deles disse: "Oh, é bom que você esteja aqui."

DUPLAMENTE ABENÇOADO 113

Nesse mesmo ano, Gerry recebeu o prêmio do Serviço Comunitário Diego Lopez, do Fundo da Campanha pelos Direitos Humanos, em reconhecimento pelo seu trabalho em prol dos idosos gays.

Gerry sabe bem que os outros acham a história de sua vida extraordinária e fascinante. "Minha filha" diz ela, "acha que eu sou uma das pessoas mais interessantes que ela já conheceu." Gerry conta sua história com a habilidade de uma narradora talentosa. Como qualquer bom autor, ela escolhe, conscientemente, elementos de sua história pessoal e junta as várias peças de modo que, para ela, faça sentido fora de sua experiência.

Um aspecto essencial de sua autoconsciência é o profundo conhecimento do fato de ser diferente. Como mulher, judia, pobre, mãe solteira, organizadora trabalhista, comunista, lésbica e, agora, cidadã idosa, ela é muitas vezes estigmatizada como membro de uma minoria, anormal, desviada ou marginal. Ao longo de sua história, a "falta de adequação" aparece como padrão importante. "Por ser a terceira dos irmãos", ela explica, "eu não conseguia achar um lugar para mim na família." Gerry mostra que seu sentido de "diversidade" foi importante para moldar sua identidade: "[na escola] eu era discriminada e também me sentia perdida. Parecia que nunca encontrava um lugar para mim, eu era sempre uma intrusa."

Enfim, Gerry vê sua diversidade não apenas como um desvio da ordem estabelecida, mas como a realização de seu próprio modelo, de ser fiel à singularidade do curso de sua vida. À medida que conta a história de sua vida, Gerry transforma em virtudes as adversidades presentes em seu *status* marginal. No final, ser diferente emerge como fonte de orgulho.

> [Eu era] uma pessoa que se sentia como uma proscrita — porque você sabe que, naquela época, nós [lésbicas e gays] carregávamos culpa, carregávamos embaraço, carregávamos vergonha, carregávamos isolamento, e toda a feiúra que a sociedade amontoava no nosso tipo de gente — gente gay — e interiorizávamos tudo a tal ponto que nos tornávamos dissimulados. (...) E vivi minha vida desse modo por muito tempo, até que compreendi (...) que sou uma pessoa, uma pessoa maravilhosa, uma mulher incomparável.

O exemplo mais supreendente de sua transformação de adversidades aparentes em forças é encontrado na história da entrevista de Gerry ao FBI.

Ao relatar esse episódio, Gerry demonstra, com brilho, como tem usado a mente como uma arma na luta contra a "não-adaptação".

> A primeira pergunta que me fizeram foi: "Em sua solicitação de vários empregos junto à WPA, você escreveu que freqüentou a [Faculdade] Hunter por um ano, e obteve seu diploma de bacharel (...) e fez outros cursos. (...) Mas, no seu formulário para o serviço civil, você disse que tinha apenas o primeiro ano do segundo grau — qual é o verdadeiro?" Eu disse: "Qual dos dois foi passado em cartório?" "O pedido para o serviço civil", eles responderam. Eu disse: "Bem, isso foi verdade." "Pode dizer-nos por que achou necessário fazer isso?" Eu disse: "A resposta é muito simples, eu passei em todos os testes que me apresentaram, para todos os cargos que eu pretendia na WPA. O fato é que eu acho que tenho qualificações demais para ficar lavando banheiros na WPA." E essa foi minha resposta. Então eles me perguntaram: "Você conhece Arnold Schwartz?" Eu disse: "Sim, eu o conheço muito bem." "Você sabe que ele é membro do Partido Comunista?" Eu disse: "Não, não pode ser, ele é um homem tão amável." Eles disseram: "Você já o viu com o *Daily Worker*?" Eu disse: "Claro, todos nós lemos o *Daily Worker*, o *Daily News*, o *New York Times*..."

Apesar do fato de o FBI ter tido sucesso em negar a Gerry o emprego no serviço civil de que tanto necessitava, ela conta a história do triunfo sobre os agentes e o mundo do *establishment* por eles representado. Foi um torneio de mentes, não de poder, e ela sobrepujou o FBI, evitando incriminar-se e aos outros.

Quanto mais tempo eu passava com Gerry, aprendia que tanto a história de sua vida quanto a compreensão de suas experiências eram mais complexas. Quando encontrei Gerry, outra vez, em janeiro de 1987, fiquei surpreso por encontrá-la de mau humor. Ela tinha terminado com uma antiga amante e amiga de muitos anos. Explicou:

> Estou contente por você ter vindo, porque [agora] tenho com quem conversar. Não há ninguém nesta casa com quem eu possa falar sobre isto. Não há ninguém na SAGE com quem esta mulher, Gerry Faier, que é querida e conhecida por centenas de pessoas, vá sentar-se e dizer: "Estou sozinha, desesperada, preciso de ajuda..." Eu não sei. Simplesmente, não quero fazê-lo. É uma questão de conceito pessoal ou algo assim. É uma posição de autoderrota. Mas não posso fazer isso."

Naquele dia, Gerry estava pensando muito na solidão. Enquanto ela falava sobre o assunto, pareceu-me que sua solidão era a conseqüência mais sombria de sua independência, de sua opção por ser verdadeira para seu eu, tão diferente e distinto. Essa escolha produziu grande força e autoconfiança, mas também gerou relações desafiadoras com colegas amigos, amantes e família. Gerry observou:

> [Minha amiga e eu] ficamos tão separadas que não há razão para conservar uma amizade, exceto a história que vivemos juntas. E, você sabe, eu não ficaria surpresa se não estou sozinha, se muitos homens e mulheres da minha idade se encontram na mesma situação, onde tomaram rumos diferentes dos das pessoas de quem gostaram e que amaram, eles perdem aquele interesse comum e, de repente, se vêem sem amigos. A história de minha vida parece não ser importante, mas é a história de minha vida, Jeff. Meus filhos têm notícias de mim, então pensam que estou ocupada o tempo todo, não me incomodam, eu não os incomodo. Eles nem mais me convidam para suas coisas. Minha filha e eu somos apenas boas conhecidas, meu filho diz amar-me, mas vive tão ocupado lá no interior... Eu o amo muito, mas *fun der vaytns* [à distância], eu não o incomodo muito.

Ser lésbica e judia era parte importante de nossas discussões sobre relações em família. Gerry vive os problemas da fragmentação e assimilação da família, que preocupam muitos judeus americanos. Além disso, ela vê sua homossexualidade como o fator que complicou seu relacionamento com a família e foi importante em seu posterior distanciamento da identidade judia. Durante nossa primeira entrevista ela explicou:

> Eu estava completamente isolada [de meu judaísmo], ele não fazia parte de minha vida. Eu o deixei para trás, meus filhos foram criados, com ou sem vontade — sem religião. Eles sabiam que a mãe era judia, mas meu filho nunca teve seu *bar mitzvah*. Minha filha estava apaixonada e vivendo com um *sheygets*, e eu me vi totalmente impossibilitada de dizer a minha filha que aquilo era errado — eu sou lésbica. Como posso dizer a minha filha que não pode viver com o homem que ama?

Gerry se sente com a responsabilidade de ser tão tolerante com os filhos quanto eles têm sido com ela. Entretanto, ela também tem consciência dos próprios sentimentos de frustração e culpa em relação ao destino da família. Ela está ansiosa para ter documentada a história de sua vida para seus bisnetos:

> Quero que eles saibam que a bisavó era lésbica e que era judia. E se um deles for um anti-semita? Eu sinto que minha conexão [com meu passado judeu] me detém, de certo modo, por causa do casamento entre raças diferentes [de meus filhos]. Meu filho me perguntou, no dia do *Rosh Hashanah*: "Hoje é dia de alguma festa judaica?" E eu lhe disse: "Sim." Ele tem cinqüenta e cinco anos, vou começar a educá-lo?

Quando perguntei a Gerry se sabia de pessoas homossexuais de gerações anteriores, ela me contou a história do primo de seu pai, Chaim, e de outro imigrante judeu, apelidado de Potchiaye, que trabalhavam para seu pai como pintores. Gerry se lembra de que, quando ela era pequena, os dois homens deixaram esposas e filhos e "montaram casa" juntos. Anos mais tarde, ela recorda, o assunto veio à baila numa discussão em família:

> Estávamos na casa de meu pai, e falávamos sobre — não os chamávamos de "homossexuais" ou "gays" — falávamos sobre "esquisitos". Eu lhes falei do que me lembrava a respeito de Chaim e Potchiaye. E meu irmão disse: "É isso mesmo. Com certeza, ele era esquisito. É isso mesmo." Começou uma discussão acalorada; meu pai veio à sala e disse: "De que estão falando?" Meu irmão disse: "Papai, é verdade que Chaim era delicado?" Meu pai disse: "Delicado, *vos meynstu* [o que você quer dizer], delicado?" E minha irmã mais nova disse: "*A timtam mit an oyringl* [um delicado com um brinco]." Meu pai costumava chamá-los assim. Bem, meu pai levantou-se e cuspiu; e disse: "*Tfu!* Em nossa família nunca houve disso." E saiu da sala. E minha mãe disse: "Talvez, talvez *er is take geven* [ele fosse de fato]." Minha mãe era uma mulher ingênua, social e sexualmente. Ela teve onze filhos, e provavelmente nunca soube de onde vinham. Nessa época, ninguém em minha família sabia que eu era lésbica. Eu já vivia com Ginnie, a primeira mulher de minha vida, e uma das minhas irmãs disse: "Você sabe, mamãe, também há mulheres desse jeito." "*Vos meynstu*, mulheres desse jeito?" "Bem, há mulheres... você sabe, elas vivem juntas como marido e mulher. Uma vai trabalhar, outra fica em casa, limpa, faz isso, faz aquilo..." E minha mãe, com toda a sua

ingenuidade, disse: *"Beser azoy Beser* [Melhor assim. Melhor] do que viverem como vagabundas." Então, essa é a história de meu primo Chaim, que era gay. Veja, há um em cada família, e um em cada geração. Mas jamais me esquecerei da interpretação de minha mãe: "Melhor viverem assim do que como vagabundas." Para minha mãe, veja, a pessoa seria uma vagabunda, seria uma vadia, se vivesse com alguém do sexo oposto sem serem casados. Eu ria a respeito disso, e, quando estava no bar gay e olhei no espelho, com todas aquelas mulheres dançando e ficando por ali, pensei comigo mesma: "Se minha mãe pudesse ver-me agora, ela diria: '*Beser azoy* — melhor do que um estar no meio de um bando de vagabundas.'"

Gerry apresenta Chaim e Potchiaye como ancestrais que prefiguram e legitimam sua homossexualidade ("há um em cada família"). E, na lembrança do veredicto da mãe sobre esses relacionamentos — *"beser azoy"* —, Gerry invoca uma bênção sobre seu estilo de vida.

Durante essa entrevista, Gerry e eu falamos sobre os anos depois de ela sair da cidade de Nova York e voltar, assunto que ela não discutira em profundidade quando nos vimos pela primeira vez:

Bem, o que me lembro desse período — a maior parte não é muito interessante. Eu ia a bares. Conheci mulheres. Nunca fui promíscua; sempre fui muito seletiva. Nunca fui muito popular. A seleção era muito fácil, de certa maneira — isto é, jamais alguém arrombou minha porta ou chegou para mim e disse: "Qual é o seu telefone? Você é uma mulher fascinante, quero vê-la de novo."— Isso nunca aconteceu. Eu sempre tinha que fazer a primeira abordagem a alguém que queria conhecer nesses bares. Vou contar-lhe a primeira vez que entrei num bar gay sozinha... Voltei a Nova York e sabia que os bares gays ficavam na rua Thompson. Bem, eu estava com sapatos, bolsa e luvas marrons, e tentei entrar nesse bar gay onde havia muitas lésbicas com jaquetas de couro — naquele tempo, se você fosse lésbica, ou era *"butch"* (mulher que parece homem) ou *"fem"* (feminina). Bem, eu não era nenhuma das duas, porque não sabia o que era *"butch"* nem *"fem"*, eu não sabia disso; e ainda não sei. Eu entrei, sem olhar para a esquerda ou para a direita; caminhei até o fundo do bar e lá fiquei de pé — tinha receio de levantar a cabeça, tinha receio de olhar em volta. Eu não sabia o que fazer, estava morta de medo...

Gerry também falou sobre sua politização na época do movimento de liberação gay. O ativismo político, que fora parte importante de sua vida durante a Depressão, também teve papel decisivo em sua aceitação da identidade lésbica e, de modo geral, de sua consciência de ser diferente. Ela descreveu o impacto que a atividade política organizada de lésbicas e gays, no final dos anos 60 e 70 e na década de 1970, teve em sua vida:

> Eu não era uma mulher comum de sessenta anos — era ímpar, era diferente. E aquela diferença me fez muito, muito orgulhosa, tão logo compreendi que jamais lutara contra minha homossexualidade — eu a abracei desde o princípio.

A sinagoga gay de Nova York, a Congregação Beth Simchat Torah, serviu como catalisadora da reconciliação pessoal de Gerry com sua identidade judaica, embora ela não seja freqüentadora habitual:

> Quando descobri a sinagoga gay, entendi que aqueles homens que realizavam o culto eram tão belamente instruídos e tão capazes de trazer (...) o *yidishkeyt* de novo para mim, uma pessoa que se sentia banida. Eu tenho todos esses enormes antecedentes, uma total linhagem atrás de mim, um conhecimento de todas essas coisas que, quando tenho que resolver um problema ou dizer alguma coisa a alguém, compreendo [que sou proveniente de] minha história judia.

A identidade judaica de Gerry não é "religiosa" no sentido convencional, mas uma devoção forte e pessoal à sua herança cultural judaica, expressa em livros judeus e na linguagem iídiche, bem como nos seus valores distintivos — aos quais ela se refere como "o *yidishkeit*".

Agora, a própria Gerry transformou-se em fonte de inspiração para outras pessoas. Muitas vezes ela invoca a história de sua vida quando fala em público na SAGE sobre as necessidades de lésbicas e homens gays idosos. Contar sua história pessoal tornou-se um ato político. Gerry tem consciência do poder que suas experiências pessoais podem ter sobre o público, e ela adapta a história de sua vida a diferentes platéias. Assim fazendo, ela também continua a pegar as experiências de vida, que inicialmente viu como compromissos, e transformá-las em recursos, fontes de poder:

> Quando falo para a SAGE (...) passo por cima da parte de minha vida até a idade de 39 anos. Então digo às pessoas que, ao compreender que era lésbica, os únicos lugares em que podia encontrar amigos e pessoas como eu mesma eram os bares gays. Só mais tarde, depois de Stonewall* (...) pude começar a sentir certa identificação com pessoas que tinham "as mesmas tendências sexuais que você tinha". E foi só depois que comecei a entender que ser gay era uma coisa política. Temos que lutar contra essa espécie de discriminação e educar as pessoas homofóbicas...
> Se falo para profissionais, como os assistentes sociais, que estão tentando aprender mais sobre homossexualismo, tomo rumo diferente. Eu lhes mostro — ouçam, sou uma mulher de 78 anos. Cinco, seis anos atrás, eu era uma velha senhora. Eu envelhecia rapidamente, sentada numa cadeira de balanço, imaginando de onde viria minha próxima amante. Mas agora, seis, sete anos depois, tenho 65 anos outra vez, vê? — com esperança no coração, minhas expectativas já não são fantasias, são expectativas — mas isso também pode virar uma porcaria, sabe? Isso sou eu em certos dias, digamos, quando me sinto bem; então minha conversa é otimista e elevada, com um bocado de promessas e valor educacional para as pessoas para as quais falo.

A história de Gerry é um legado rico — não apenas para sua família e amigos, mas para muitos a quem ela a contou. Para as lésbicas e os gays judeus, é especialmente valiosa, oferecendo uma crônica de alguém que aceitou a complexidade dessas duas identidades. A vida de Gerry dá-nos a todos nós, seus netos e bisnetos espirituais, um sentido de história, de laços que podem atravessar gerações.

Fui especialmente tocado pela coragem de Gerry de perseguir os desafios da vida ao longo desses muito anos. É um processo no qual ela continua a engajar-se, às vezes aceitando a possibilidade de desejos que podem ser inatingíveis e conflitos que podem ser irreconciliáveis. Ao final

---

*Rebelião Stonewall, junho/1969, quando os donos do Stonewall Inn, bar gay de NY, lutaram contra uma batida rotineira da polícia. O evento marca o início do movimento de liberação gay. (*N. do T.*)

de um de nossos encontros, Gerry observou que, apesar do ativismo político

> ter-me transformado numa pessoa muito altiva, desembaraçada, contudo não quero que as mulheres deste edifício saibam [que sou lésbica]. Então, não importa o que aconteça, não importa quão abertos sejamos, ainda estaremos "no armário". Exceto, talvez, Jeff, quando se atinge minha idade, talvez o mundo venha a ser diferente.

PARTE 3

Honrar Nossos Relacionamentos

INTRODUÇÃO

A liberação lésbico-gay, juntamente com o feminismo, transformou para sempre nossa opinião sobre as relações interpessoais. Por exemplo, já não admitimos que duas pessoas do mesmo sexo sejam "apenas amigas", ou que sejam necessárias duas pessoas de sexos opostos unidas pelo casamento para serem pais. Na cultura majoritária, assim como nas subculturas judaica, lésbica e gay, as normas que regem os relacionamentos interpessoais de todos os tipos são, agora, caracterizadas por extraordinária flexibilidade e diversidade.

Em nenhum lugar esta flexibilidade é mais clara do que nas culturas lésbica e gay. O fato de as leis e convenções sociais que governam os relacionamentos heterossexuais não se aplicarem aos relacionamentos lésbicos e gays incentivou as lésbicas e os gays a repensarem cada aspecto de nossos relacionamentos, da monogamia sexual à criação de filhos.

Para iniciar esta seção, Martha Ackelsberg examina as suposições sobre as relações tradicionais da família judia, inclusive as suposições de que as famílias são, e sempre foram, compostas por dois adultos heterossexuais e seus filhos por nascimento; que elas duram para sempre; e que satisfazem as necessidades de todos os seus membros. Ackelsberg analisa as maneiras pelas quais os relacionamentos de lésbicas e gays desafiam as noções tradicionais sobre a vida em família e contribuem para o futuro judaico.

O ensaio de Ackelsberg oferece uma visão teórica. Outros nesta seção proporcionam razões altamente pessoais para a mudança dos relacionamentos: Agnes Herman escreve sobre a aceitação da identidade gay do filho; Paul Horowitz e Scott Klein descrevem a cerimônia de seu compromisso; e Linda Holtzman escreve sobre a vida de uma mãe lésbica.

Por fim, Judith Plaskow desafia os leitores a repensarem aspectos judaicos da sexualidade, tradicionalmente baseados em suposições de desigualdade entre homens e mulheres e em suposições de que a sexualidade é uma força que deve ser controlada, canalizando-a para a procriação. Em vez disso, ela discute sobre uma teologia da sexualidade baseada em valores de mutualidade, igualdade e incorporação do divino.

Cada ensaio desta seção representa um desafio fundamental à primazia das definições biológicas da vida sexual e familiar. Cada um sugere definições de ambas. Ao reconceituar a família em termos mais abrangentes, encontramos muitas razões para otimismo.

Os judeus gays e lésbicas vivem numa variedade de arranjos sexuais e familiares. Ao selecionar ensaios para esta seção, não pretendemos afirmar o valor de uma forma de relacionamento sobre os outros. Ao contrário, chamamos a atenção do leitor para os valores tipificados por cada um.

Redefinir a Família: Modelos para o Futuro Judaico

Martha A. Ackelsberg

Se "judaísmo" e "famílias" são, muitas vezes, tidos como termos sinonímicos,[1] as expressões vocabulares "famílias gays" ou "famílias lésbicas" geralmente são tidas como inconcebíveis. Se há uma coisa que a maioria das pessoas heterossexuais pensa que sabe a respeito dos gays e lésbicas é que "eles não se casam nem têm filhos" — uma afirmação que pressupõe que as famílias são criadas pelo casamento legal, de preferência seguido de filhos. De fato, é a contradição presumida entre homossexualidade e "vida em família" que muitos judeus liberais apontam como o principal obstáculo à total aceitação de gays e lésbicas na comunidade judia.[2]

A realidade, é claro, é que se definirmos as famílias com mais flexibilidade, veremos que as lésbicas e os gays criam famílias em larga escala e delas participam. Pensamos em famílias como algo que cumpre um conjunto de funções específicas satisfatórias — contextos fundamentais nos quais as pessoas preenchem algumas necessidades humanas.[3] Uma coisa que esperamos das famílias é companheirismo e intimidade emocional: a noção comum (nos Estados Unidos, de modo geral, e na comunidade judia, mais especificamente) é que a "solteirice" é um estado de alienação e isolamento a ser superado através do casamento. Além de proporcionar intimidade emocional, as famílias são também as unidades que, esperamos, nos apóiem economicamente: supõe-se que a interdependência econômica mútua seja um dos benefícios centrais da vida em família. Em terceiro lugar, vemos as famílias como contextos de nascimento e criação de filhos, e, de modo especial dentro da comunidade judia, como os contextos através dos quais cumprimos com nossa obrigação de contribuir para a continuidade da comunidade e da tradição.

Como a maioria das pessoas, as lésbicas e os gays buscam relacionamentos de intimidade, apoio econômico e maneiras de contribuir para continuidade das tradições nossas e de nosso povo. Muitos buscam formar grupos de intimidade que muito se parecem com famílias heterossexuais — exceto porque ambos os adultos são do mesmo sexo. Outros estabelecem arranjos de vida mais comunitários e coletivos. Outros, ainda, podem viver sozinhos, ou pelo menos não com alguém especial numa base de compromisso, seja por escolha ou circunstância. Em suma — como é o caso dos judeus heterossexuais —, os judeus bissexuais, gays e lésbicas encontraram uma variedade de modos de viver compromissos sociais e pessoais no mundo. Entretanto, por causa das noções relativamente limitadas sobre o que constitui "uma família" e que lugar "as famílias" ocupam na tradição judaica, muitos judeus — e a maioria das principais organizações e instituições da comunidade judia — ou ignoram a existência de famílias judias gays e lésbicas, ou deduzem que tomar conhecimento de nossa existência seria minar a continuidade futura da comunidade.

É interessante que, embora consistente com esta postura, a maioria das discussões na comunidade judia sobre a "crise da família" prossegue sem mencionar lésbicas e gays. O ponto de convergência tende a ser casamento antigo, "solteiros", altos níveis de casamentos inter-raciais, baixos níveis de afiliações judias, altas taxas de divórcio ou qualquer combinação destes. Creio que as lésbicas e os gays judeus — e a variedade de grupos de intimidade que criamos — têm muito a oferecer ao pensamento atual sobre a "família judia". Neste ensaio, exploro as variedades de vida familiar judia e o lugar das famílias na tradição judaica.[4] Eu vivo especificamente a política das famílias — a natureza e conseqüências do uso ideológico da família na comunidade judia, o que poderia significar abrir essa definição, e a contribuição potencial que as famílias gays e lésbicas dão para o fortalecimento da comunidade judia.

Mudando as Famílias: Demografia e Ideologia

Nos últimos anos, tem havido muitas discussões — tanto na comunidade judia como no mundo secular — sobre mudanças nas famílias e o que essas mudanças significam para a viabilidade dos "valores tradicionais", para a estabilidade social e para o futuro da comunidade judia. Estas discussões têm sido realizadas em resposta tanto às mudanças demográficas que afetam a sociedade como um todo como às críticas feministas às relações de poder dentro das estruturas da família tradicional. Muitas vezes, os debates políticos assumem um tom medroso, quando não histérico — sugerindo as terríveis conseqüências que podem seguir-se ao declínio da "vida e valores da família tradicional". Esses medos têm sido apregoados bem alto, se não ainda mais alto, dentro da comunidade judia, que se aferra à noção de que a família é o centro de nossa comunidade e tradição. Se as famílias tradicionais estão em perigo, o futuro do judaísmo também está sob ameaça.[5]

Em termos demográficos, comparadas às décadas de 1940 e 50 (a marca mais comum dos "bons e velhos dias"), as famílias judias mudaram junto com outras famílias na cultura, embora a uma taxa um tanto mais lenta. Mais pessoas estão se casando mais tarde ou não se casam. Muitos daqueles que se casam escolhem parceiros não-judeus. Um grande número de casamentos está acabando em divórcio, e muitas crianças estão crescendo em lares outros que não os dos dois pais, ou, pelo menos, não com os dois adultos que são seus pais biológicos. A pobreza está crescendo, principalmente entre as mulheres e seus filhos dependentes. Mais da metade de todas as mulheres adultas agora são parte da força de trabalho pago. Em conjunto, o que estas mudanças significam é que uma porcentagem decrescente da população dos Estados Unidos vive numa família nuclear tradicional construída heterossexualmente, em que o pai trabalha fora e a mãe fica no lar para cuidar da casa e criar os filhos. Em geral, as tendências das famílias judias estão mudando seus rumos, tal como as famílias americanas como um todo, embora com importantes diferenças. Por toda parte, os judeus casam-se um pouco mais tarde, têm famílias um tanto menores e se divorciam um pouco menos freqüentemente do que protestantes ou católicos de classe educacional e social semelhante.[6]

Ao mesmo tempo em que estamos passando por significativa mudança demográfica, vivemos numa era de importante mudança ideológica, caracterizada por censuras ao verdadeiro funcionamento das famílias reais e, ao mesmo tempo, pela nostalgia da "família que havia". Muitos têm saudade da família de "Father Knows Best"* e "Leave It to Beaver", ou, no contexto judaico de *Life Is with People*[7] e "Fiddler on the Roof".**

De um lado da fronteira ideológica, muitas feministas apontam para os modos com que as famílias restringem, limitam e enfraquecem mulheres e crianças, enquanto mascaram as desigualdades de poder em nome do amor. Por amor, as mulheres devem negar as próprias aspirações; por amor, as mulheres devem aceitar a dependência econômica e o abuso emocional e, às vezes, físico que a acompanha. Isto não quer dizer que todas as famílias sejam abusivas, nem tampouco que não precisemos de relacionamentos de mútua interdependência. É para sugerir, porém, que o que é ideologicamente definido como um sistema de amor e mútua interdependência é algo que muitas vezes carece de verdadeira reciprocidade, em detrimento de mulheres e crianças.[8] Além disso, esse uso ideológico da palavra "família" leva-nos a acreditar que a família nuclear tradicionalmente construída é o único contexto para satisfazer uma variedade de prementes necessidades econômicas, sociais e interpessoais, e que nos impede de ver outras formas que podem alcançar os mesmos fins.[9]

Do outro lado da fronteira ideológica estão aqueles que cultivam a saudade de um passado em que os relacionamentos eram simples e diretos e em que os casamentos eram eternos. Esse passado idealizado, porém, nunca existiu de fato. As diferenças entre a atual situação e a do século XIX, por exemplo, são consideravelmente menores do que poderia parecer. Hoje, censuramos as altas taxas de divórcios e o grande número de crianças crescendo sem a presença de ambos os pais; mas as taxas de dissolução dos casamentos e a duração média da união foram quase idênticas 75 e 100 anos atrás — apenas, então, as principais causas da dissolução eram a morte de um parceiro, o abandono do lar, ou os deslocamentos de emigração e imigração. De fato, como argumentou o sociólogo Andrew Cherlin, a família de classe média, com um só trabalhando, casada para sempre, dos anos 50, muitas vezes usada como modelo para debates contemporâneos, é mais o desvio de uma tendência do que a representação de uma forma permanente.[10]

---

*Ver nota do tradutor na página 26. (*N. do T.*)
**Espetáculo musical, depois transformado em filme, descrevendo a "vida feliz" de uma comunidade judia na Europa do século XIX. No Brasil, foi exibido com o título "Um violinista no telhado". (*N. do T.*)

Por fim, a ideologia das famílias as define de maneira excessivamente limitada. Quando ouvimos a palavra "família", a maioria dos cidadãos dos Estados Unidos — independentemente do grupo interpessoal no qual estão vivendo — tende a pensar em termos de definições do censo: duas ou mais pessoas vivendo juntas, relacionadas por sangue ou casamento. Grande número de pessoas, porém, está vivendo em grupos que elas conhecem e definem como "famílias", mas que não se encaixam nesta definição. Casais de gays e lésbicas vivendo juntos — alguns dos quais criam filhos juntos — não constituem famílias sob esta definição; também não os casais heterossexuais não-casados, que vivem juntos, com ou sem filhos; assim também não os casais idosos, que podem não querer casar-se por motivos relacionados com obrigações fiscais ou benefícios da Previdência Social. Definir as famílias em termos do modelo "pais e mãe biológicos e filhos" marginaliza não apenas os solteiros, os pais e mães solteiros e os divorciados, mas também um número desconhecido de pessoas cujos relacionamentos de intimidade e comunidade não se ajustam ao estereótipo normativo. E isso nos impede de ver as maneiras pelas quais esses relacionamentos satisfazem precisamente as mesmas necessidades que as famílias tradicionais deveriam satisfazer.

Famílias, Intimidade e Tradição Judaica

As famílias — de qualquer tipo — existem e funcionam dentro de um contexto maior, social, político e econômico, que pode afetar sobremaneira sua habilidade de preencher as funções que lhes são atribuídas: intimidade, apoio econômico e passagem da tradição. A evidência tanto histórica quanto contemporânea esclarece que quando devem confiar completamente nos próprios recursos, inúmeras famílias nucleares heterossexuais são incapazes de satisfazer as necessidades de seus membros com apoio econômico, físico e emocional. A existência dos grupos de *chevrei kadisha, kachnasat kallah* e a infinidade de outras organizações comunitárias judias de caridade,[11] que florescem em pequenas vilas da Europa Oriental, ou entre imigrantes nos Estados Unidos, servem como prova do reconhecimento da comunidade judia de que as famílias nem sempre podem sustentar seus membros. E atestam a adoção de uma responsabilidade *comunitária* para satisfazer as necessidades dos indivíduos judeus.

Além de observar que mesmo as famílias tradicionais nem sempre podem sustentar seus membros sem o considerável apoio da comunidade, também é importante reconhecer que grupos de intimidade alheios às famílias tradicionais muitas vezes satisfazem várias necessidades semelhantes — principalmente dado o adequado contexto comum. Assim, muitas pessoas encontram relacionamentos emocionais satisfatórios fora do casamento — em relacionamentos gays ou lésbicos, vivendo juntos em relacionamentos heterossexuais não-casados, em sistemas de vida coletivos, ou através de relacionamentos com amigos íntimos. Amigos e/ou grupos comunitários podem bem ajudar a sustentar tais relacionamentos economicamente. E, é claro, muitas pessoas criam filhos sem um cônjuge legal, ou no contexto de uma família gay ou lésbica. E muitos encontraram maneiras — outras que não a de ter filhos — de expressar sua reprodutividade e contribuir para a vitalidade e continuidade da comunidade judia como professores, assistentes sociais ou líderes de grupos jovens, para citar alguns. Em suma, muitos dos valores relacionados com as famílias foram e continuam a ser compreendidos numa variedade de contextos, fora da família nuclear tradicional. De fato, desejo argumentar que há recursos específicos que os relacionamentos de gays e lésbicas podem oferecer à comunidade judia.

Famílias Judias, Famílias Gays e o Futuro Judeu

As famílias gays e lésbicas vêm em todos os tamanhos e formas. Algumas são construídas ao longo das linhas das famílias nucleares heterossexuais — dois adultos num relacionamento de compromisso e os filhos —, exceto pelo fato de que os dois adultos são do mesmo sexo. Algumas podem consistir de um pai (mãe) adulto e seus filhos, sem a presença de um(a) amante. Em outros casos, pelo fato de lésbicas e gays terem sido casados, terem tido filhos e agora os "dividirem" com um ex-cônjuge, em forma de custódia compartilhada, os lares gays e lésbicos algumas vezes terão filhos presentes e outras vezes, não. Em sua variedade, as famílias gays e lésbicas não diferem muito das famílias heterossexuais.

Entretanto, existem algumas diferenças, muitas das quais abrem novas possibilidades para a comunidade judia, ao mesmo tempo em que desafiam profundamente os valores arraigados e os compromissos.

Desafiando a Homofobia. Uma diferença é que as famílias gays e lésbicas não compartilham o privilégio heterossexual e os membros da família ficam sujeitos à homofobia. À primeira vista, poder-se-ia afirmar que a homofobia e a heterossexualidade não têm grande conseqüência para aqueles que já estão em relacionamentos: se temos nosso amor por outra pessoa, que diferença faz se esse amor é aprovado pelos outros? Mas, se assim fosse, se todos nós pudéssemos viver sem a aprovação e o reconhecimento social, por que tantos se submeteriam às formalidades do casamento (heterossexual)?

É claro, o casamento traz benefícios imediatos — e, inversamente, desvantagens pela exclusão da categoria de família legal. Muitas destas são bastante óbvias: a incapacidade de sustentar e celebrar publicamente esses relacionamentos mais fundamentais para a vida; a negação de "membro da família", quer num museu, quer numa sinagoga; não ter certeza de ter acesso ao parceiro em caso de hospitalização; medo de perder a custódia dos filhos, ou de não ser capaz de continuar um relacionamento com os filhos do amante, em caso de sua morte.

Mas muitas das conseqüências de se viver numa sociedade heterossexual não são tão óbvias. A mais significativa talvez seja a de que as expectativas e o apoio social, que ajudam a sustentar muitas famílias heterossexuais, por meio das mudanças do conflito interpessoal e da tensão familial, estejam ausentes nos lares de gays e lésbicas. Em muitas regiões do país — e na maioria das comunidades judias, em particular —, há poucos recursos disponíveis se um casal lésbico ou gay entra em dificuldade e deseja fazer terapia. Enquanto há um claro compromisso por parte das organizações comunitárias judias para ajudar as famílias a se sustentar, esse compromisso raramente — ou nunca — se estendeu, nem houve recursos às famílias gays e lésbicas. Quando somos vítimas de homofobia nas ruas, no trabalho, nas escolas, nas sinagogas, na maioria dos casos não há organizações comunitárias judias que venham em nosso auxílio. E quando nossos filhos têm que defrontar-se com a homofobia, seja de seus colegas ou de adultos, não há recursos na comunidade judia aos quais recorrer. A homofobia solapa a força de gays e lésbicas e dificulta ainda mais a sustentação dos compromissos de longa duração, já extremamente tênues em nossa sociedade. Não importa que os apoios sociais às famílias sejam inadequados (e há muito a fazer em nossas comunidades a este respeito), esses apoios estão ainda menos disponíveis a lésbicas e gays.

A homofobia e a heterossexualidade afetam tanto os heterossexuais como as lésbicas e os gays, confinando todos nós em papéis sexuais e comportamentos ditados pelo medo de serem rotulados de "esquisitos". Tratar desses assuntos diretamente dentro da comunidade judia livraria *todos* os membros da comunidade para viver a própria vida de maneira mais expressiva. Além disso, significaria a facilitação da terapia e de outros serviços de apoio não apenas para os membros de famílias gays e lésbicas, mas também para os que lutam com assuntos relacionados com orientação sexual, superando, deste modo, o isolamento de muitos indivíduos e famílias dentro da comunidade e abrindo a comunidade a muitos que agora a evitam por temor da rejeição. As famílias heterossexuais, bem como os gays e lésbicas, se beneficiariam da infusão de energia que poderia advir da atenção a essas questões.

Igualdade Sexual. Há um segundo ponto em que diferem as famílias gays e lésbicas das tradicionais famílias heterossexuais: é a igualdade sexual construída dentro de sua estrutura. Vivemos numa sociedade dominada por homens, o que significa que, mesmo com as melhores das intenções igualitárias, a média das famílias heterossexuais deve lutar continuamente contra o domínio masculino e as definições e expectativas do papel sexual convencional. É rara a família heterossexual, por exemplo, na qual a mulher não tenha maior responsabilidade pela criação dos filhos ou pela administração do lar. Mas, numa família gay ou lésbica, tudo está potencialmente "à disposição de quem quiser"; todos os aspectos do relacionamento estão na mesa para serem negociados. Isto não significa que não haja papéis nas famílias gays e lésbicas. Mas, sim, que a organização do relacionamento e da vida da família precisa ser arrumada com mais autoconsciência: em vez de começar com uma desigualdade embutida, construída por expectativas sociais, os relacionamentos gays e lésbicos começam (pelo menos potencialmente) a partir de uma posição de relativa igualdade entre os parceiros. As implicações dessa diferença têm, concebivelmente, longo alcance.

De fato, sem idealizarmos as realidades dos relacionamentos e das famílias gays e lésbicas, os aspectos igualitários desses relacionamentos fornecem modelos importantes para as famílias heterossexuais. Um dos principais componentes da crítica feminista às famílias tradicionais tem sido a maneira pela qual elas participam no domínio dos homens sobre as mulheres, e ainda o reforçam. A maior parte do debate contemporâneo sobre as famílias é construída precisamente em torno da questão de igualdade/desigualdade e o que acontece quando as mulheres insistem na igualdade total com os homens em todos os aspectos da vida da família. A posição conservadora, naturalmente, é que as famílias não conseguirão sustentar o peso: que alguém deve ser a cabeça, e que, dada a organização de nossa sociedade, faz sentido que alguém seja o macho. A onda de livros recentes sobre "mulheres que amam demais" faz lembrar, mais especificamente, que a intimidade entre homens e mulheres só é possível num contexto de desigualdade (em que o homem executa o trabalho econômico e a mulher faz o trabalho emocional). A existência de famílias gays e lésbicas pode servir de corretivo útil.

Para incorporar de modo pleno as famílias lésbicas e gays à comunidade é necessário pensar com clareza e criatividade, *como uma comunidade*, sobre o que seria necessário para sustentar as famílias e a comunidade em real pé de igualdade. Como propus, muitos dos medos dos relacionamentos gays e lésbicos — e, na realidade, da crítica feminista da família e da tradição — expressos dentro da comunidade judia têm origem na presunção de que o judaísmo é baseado não apenas em famílias, mas em famílias construídas com base na desigualdade sexual. As feministas vêm desafiando essa presunção há anos, exigindo que a comunidade forneça o que for necessário para apoiar e sustentar mais grupos de famílias igualitárias (ex.: creches comunitárias, creches nas sinagogas, horários flexíveis etc.) Se as comunidades judias começarem a satisfazer estas necessidades em larga escala, começarão a advir benefícios para um grande número de pessoas, inclusive pais solteiros, famílias gays e lésbicas, feministas ou qualquer grupo familiar, removendo alguns dos principais obstáculos que têm impedido as mulheres de participar plenamente na força de trabalho ou na comunidade. Nesta área de preocupação, em especial, parece-me que o que é bom para os gays e as lésbicas é bom para a comunidade judia.

Continuidade Intergerações. Terceiro, embora muitas famílias gays e lésbicas sejam constituídas por crianças e adultos, muitas outras não o são. Para lésbicas e gays que não têm filhos de relacionamentos heterossexuais, a decisão sobre se ou como vir a ser pais é muito mais complexa do que para a média dos casais heterossexuais. Algumas lésbicas e gays estão tentando construir famílias com filhos mais ou menos conforme o modelo da família nuclear; isto é, adotando crianças, tornando-se pais adotivos ou tentando ter filhos por "métodos alternativos" — as lésbicas, geralmente por meio de inseminação artificial; os homens gays, por acordo com uma mulher que dará à luz uma criança para eles.[12]

Uma vez mais, penso que a experiência e os costumes das famílias judias lésbicas e gays podem servir de modelo útil para outras e podem expandir o número de alternativas e percepções comuns na sociedade judia heterossexual. O judaísmo há muito reconheceu que a geratividade apresenta muitas formas e aspectos. Como observou Susan Handelman, "a tradição judia sustenta que quem educa um filho de outrem é como se tivesse dado à luz essa criança.[13]" Professores, líderes comunitários, aqueles que cuidam de jovens, velhos e doentes — todos contribuem para a vitalidade e continuidade da comunidade. Gays e lésbicas há muito são ativos (embora, muitas vezes, fechados!), tanto na comunidade judia quanto no imenso mundo secular, como professores, assistentes sociais e defensores da comunidade. Eles fazem importantes contribuições à cultura e à vida religiosa como rabinos, cantores, artistas, compositores, poetas, escritores e críticos. Todos eles são modelos a contribuir para a continuidade da comunidade — modelos que poderiam ser seguidos por pessoas heterossexuais, bem como não-heterossexuais, com ou sem filhos. A expansão da noção do que constitui a geratividade só pode beneficiar-nos a todos.

Ética Sexual. Por fim, outra diferença entre as famílias heterossexuais e os gays e lésbicas é a centralidade da monogamia. A "fidelidade sexual" (que tende a ser interpretada como: sexo só com parceiro marital) é uma das bases do casamento heterossexual, embora isso possa ser um valor honrado muitas vezes mais na infração do que na observância. Porém, como observado por muitos críticos nos primeiros tempos do movimento feminista, a exigência de fidelidade sexual tem origem no controle masculino da sexualidade feminina — controle que as feministas, assim como os gays e as lésbicas, recusam. Conseqüentemente, a fidelidade sexual nem sempre foi um valor nas comunidades gay e lésbica. Alguns homens gays, por exemplo, alegam que a sexualidade gay é positivamente oposta à monogamia, embora as atitudes e práticas sexuais tenham sido profundamente afetadas pela crise da Aids. Inúmeros dados sobre os relacionamentos gays masculinos mostram que os compromissos de longa duração não são necessariamente incompatíveis com os casos de curta duração. As lésbicas que desafiam a monogamia assim o fazem de um modo bastante diferente, muitas vezes obscurecendo as linhas entre "amiga" e "amante" e tentando sustentar mais de uma relação íntima (sexual) ao mesmo tempo. E algumas pessoas, é claro, tentam manter relacionamentos gays ou lésbicos e heterossexuais ao mesmo tempo, quer como parte de uma única constelação familial, quer no contexto de dois relacionamentos semi-independentes. As possibilidades são múltiplas. Embora eu não defenda a não-monogamia, é importante ressaltar que muitos relacionamentos familiares gays se apresentam como um desafio à noção convencional de que um compromisso de longa duração com a intimidade é incompatível com a "infidelidade sexual".

Muitas pessoas (tanto dentro como fora da comunidade judia) sofrem rejeição explícita da monogamia sexual por parte de alguns gays e lésbicas, muito ameaçadora. Embora eu considere a fidelidade e a monogamia valores constrangedores, acho que os desafios apresentados pelas maneiras alternativas de estruturar os relacionamentos podem ser instrutivos e criativos. Eles nos forçam a pensar sobre o significado do sexo e da sexualidade em nossas vidas e em nossos relacionamentos e também a explorar os limites e interseções entre amizade e amor. Enquanto há, sem dúvida, pessoas dentro da comunidade gay ou lésbica que negam qualquer componente moral importante nessas escolhas (como há tais pessoas dentro da comunidade heterossexual), minha preocupação é com os que reconhecem e valorizam a intimidade e o compromisso e, ao mesmo tempo, insistem em que as formas de expressá-los não são as únicas possíveis — ou até desejáveis. O diálogo sério, respeitoso, entre as pessoas que defendem — ou experimentam — opiniões diferentes sobre estas questões possibilitaria a todos nós um entendimento mais profundo e autoconsciente da força e dos limites de nossos próprios valores e experiências.

É muito cedo ainda para dizer exatamente o que significaria para a comunidade judia a inclusão plena das famílias gays e lésbicas. É óbvio que, antes de a visão tornar-se realidade, temos muito trabalho a fazer na reconceituação das famílias e seu lugar dentro da comunidade judia. Embora esse processo possa causar medo ao coração de muitos, os benefícios potenciais

— não apenas a gays e lésbicas e seus filhos, mas à comunidade como um todo — são enormes. Temos o potencial não apenas de incorporar à comunidade milhares de pessoas que se sentem alienadas ou excluídas, mas de aproximar a variedade de nossas experiências para enriquecer as vidas de cada um de nós e da comunidade judia.

A Jornada de uma Mãe para "Fora do Armário"

Agnes G. Herman

Quando concordamos em adotar Jeff, de sete meses de idade, sabíamos que sua vida como membro de uma família judia começaria no momento em que o trouxéssemos para casa. Festejamos aquela alegre chegada com o ritual religioso adequado, com bênçãos recitadas pelo pai adotivo de Jeff, que era rabino, enquanto nosso bebê balbuciava e mordia seu *Riddush* (cálice) infantil e saboreava seu *challah* (pão doce). No calor de nosso grande círculo familiar de avós, uma tia, um tio e a diretoria do templo, nosso filhinho passou confortavelmente por seu *bris*, o primeiro evento importante judeu. Haveria muitos outros mais.

Aos dois anos, Jeff tomou um sorvete de casquinha sem deixar cair uma gota; seu rosto saiu limpo desse encontro pegajoso. Aos cinco, ele olhava outros garotos jogando bola no beco, ficando de lado porque lhe disseram que não jogasse lá. Além disso, ele parecia mais à vontade brincando com a menina do vizinho. Houve momentos embaraçosos quando ele começou a crescer, como quando o bastão de beisebol, no qual o pai insistia, não era confortável em suas mãos, mas o pião, que o pai depreciava, era. A avó, que ele adorava, dizia: "Jeff é bom demais."

Eu sabia que ela tinha razão e, secretamente, sentia um medo inoportuno que mal podia expressar para mim mesma. Seria Jeff um "efeminado"? Esse termo arcaico era o único que eu me atrevia a murmurar para mim mesma. "Gay"* só significava "vivo e divertido"; "homossexual" era um rótulo que não devia ser usado numa sociedade polida e, certamente, nunca ser mencionado numa frase com o nome de uma criança. Esse termo, com certeza, estigmatizaria um jovem e humilharia uma família.

---

*"Alegre", em português. (*N. do T.*)

Jeff continuou a ser um voluntário ansioso na cozinha e um participante renitente nos jogos de bola. Nós lutamos contra o primeiro e pressionamos para corrigir o último, frustrando nosso filho à medida que ficávamos mais tensos. Quanto a nossos medos secretos, nós os reprimíamos.

Jeff apresentou problemas de leitura na escola. Nós nos preocupamos, mas aceitamos a declaração inoportuna feita por sua professora: "Ele é um ótimo menino — não o confundam com terapia." Acreditamos nisso, por um tempo. Os problemas com a leitura continuaram, então Jeff começou a fazer terapia e foi ajudado para ser menos ansioso e aprender a ler outra vez. Na última reunião de pais com o psiquiatra, perguntei, hesitante: "Doutor, muitas vezes receio que Jeff seja efeminado. O que acha?" Segurei a respiração enquanto ele respondia: "Nada há de errado com seu filho. Ele é um garoto sensível — não é agressivo nem competitivo. Portanto, ele gosta de garotas! Dentro de poucos anos, vocês estarão preocupando-se por outros motivos."

Jeff estava ansioso para começar na escola religiosa. Ele acompanhava o pai, ajudava no templo e recebia muitos elogios. Era rápido, eficiente e desejoso de aprender. Anos mais tarde, mesmo depois de o pai já não estar no púlpito, Jeff continuou como voluntário do templo. Ele arrumava cadeiras e carregava livros; mais tarde, passou a trocar fusíveis, acertar a posição dos refletores e lidar com o equipamento de som. Jeff sentia-se à vontade; aquele era "seu" templo. Outros garotos compartilhavam seus interesses e ficaram seus amigos, formando, mais tarde, o grupo de jovens do templo.

Mas as aulas de *bar mitzvah* eram um obstáculo difícil. Quando o hebraico virou uma batalha diária na família, nós o tiramos da escola hebraica para ser ensinado pelo pai. Ele passava muito tempo com o pai, o que de outra maneira seria impossível. Como resultado, um fracasso potencial transformou-se em outro grande acontecimento familiar. Jeff bocejou durante todo o tempo do treinamento formal para o *bar mitzvah*, mas, quando o grande dia chegou, ele estava preparado e contente consigo mesmo.

Durante os anos de confirmação e do grupo de jovens, Jeff parecia estar lutando para ser como os colegas. O templo tornou-se o centro de sua vida. Ele trabalhava e se divertia lá, se encontrava com garotas para sair, simplesmente ficava por lá, e comparecia às reuniões e bailes. Não dividia com ninguém — pais, amigos, o rabino — a própria sensação de ser "diferente".

Quando Jeff tinha 16 anos, nós nos mudamos de New Rochelle para Los Angeles. Foi uma mudança difícil para ele, cortando relacionamentos e fontes de reconhecimento e aceitação. Quando nos estabelecemos em nossa casa nova, Jeff começou a explorar o vale de São Fernando, matriculou-se no segundo grau e tentou fazer novos amigos. Por insistência nossa, ele compareceu a uma reunião do grupo de jovens do templo local, mas sentiu-se rejeitado pelos rapazes e moças de lá. Isso marcou o início infeliz do desencanto de Jeff com sinagogas e o afastamento das práticas e comemorações religiosas da família.

Jeff, aos poucos, foi se acostumando a seu novo ambiente. Ele levou Amy, uma garota judia de sua idade, ao baile de formatura; passeava pela Avenue Van Nuy, às quartas-feiras, com Amy. Sempre estava ocupado — vindo a casa para comer, tomar banho, mudar de roupa e sair outra vez. Nós culpávamos o ritmo acelerado da Califórnia e a novidade de ter as próprias "rodas": primeiro, uma motocicleta e, depois, um carro. Houve vários acidentes — nenhum sério, graças a Deus! A furiosa luta com sua identidade deve ter representado muito em seu comportamento acelerado. Nessa época, nós enterrávamos as cabeças na areia, acreditando que Jeff estava comportando-se simplesmente como qualquer outro adolescente.

Depois do segundo grau, o ritmo pareceu diminuir um pouco. Então, quando Jeff tinha 19 anos e nós resolvemos deixá-lo tomando conta da casa para fazermos nossa turnê mundial de seis meses, não hesitamos. Consciencioso e prudente, ele poderia encarregar-se dos carros e do talão de cheques. Ele continuaria na faculdade e daria assistência à irmã Judi, também na faculdade. Voamos para a Europa e Israel, confiantes e seguros.

Três meses depois, em Jerusalém, uma ligação internacional fez meu coração bater rápido, e senti um ligeiro mal-estar. "Tudo está bem, não há problema. Deixei a faculdade. Não fique agitada... Quero ir para a faculdade de administração e estudar decoração de interiores. Há muitos empregos; conheço um sujeito que me contratará tão logo me forme."

Jeff sempre teve talento criativo para cores e desenho. Ele vivia rearrumando os móveis, mudando um cômodo após o outro. Tudo isso me passou pela cabeça enquanto segurava o telefone, separada dele por quatorze mil quilômetros. Erv e eu nos olhamos, desejamos sorte a Jeff e dissemos-lhe que fizesse um cheque para a matrícula.

Quando voltamos da viagem, Jeff estava muito deprimido. Ele respondia às nossas perguntas com irritação, rápido e evasivo. Não se comportava de maneira amável, como de costume, passando a entrar em casa e sair em silêncio, furtivamente, sempre com pressa. Não demonstrou interesse em nossa viagem, e tentava, claramente, nos evitar.

Um dia, durante a Páscoa, Erv estava procurando seu disco favorito de cânticos, que Jeff tomava emprestado às vezes. Ele fez uma busca na coleção de discos de Jeff e no meio de *jeans* rasgados. Sem fala e pálido, Erv voltou à copa e largou um livro em meu colo: *A homossexualidade na vida moderna*. "Isto estava escondido no quarto de Jeff." Meu coração disparou e saltou. Finalmente, ali estava o confronto, não apenas com Jeff, mas também com meus medos.

Então, nosso filho entrou pela porta da frente correndo: "Estou atrasado... não posso parar... falo com vocês mais tarde."

O tom de nossa reação e a expressão de nossa face fizeram-no parar no meio da escada. "Filho, fique quieto! Alguma coisa está acontecendo com você, você não é o mesmo! Tem algum problema? Drogas, talvez? Alguma de suas namoradas está grávida? Ou você é, é possível que você seja... homossexual?"

Esperei, tremendo. Os rostos de meus entes queridos estavam crispados de raiva e preocupação. Eu mal podia respirar.

"Sim, eu sou gay." Uma simples frase, mas eu não entendia. Nada era "gay"!*

Perguntamos, em uníssono: "O que isso significa?"

"Eu sou homossexual", ele explicou. Após longos minutos de conversa desconfortável, mandamos Jeff sair, com um "falaremos mais tarde". Eu corri para o que seria minha zona de conforto, os frios ladrilhos do chão do banheiro, e chorei muito. Agora, tudo o que posso lembrar é que nenhum de nós pôde encarar a realidade, naquele momento.

Naquela noite e na seguinte, nós nos analisamos muito. O que sabia eu, uma assistente social, sobre homossexualidade? O que sabia meu marido, um rabino? Nossas credenciais acadêmicas eram impressionantes — profissionalmente, ambos fôramos bem treinados para ajudar pessoas que sofriam. Mas, em nossa dor pessoal, sentíamo-nos desamparados.

Tudo o que eu anteriormente já ouvira sobre homossexualidade destruía todos os meus sonhos sobre o futuro de nosso filho. Ele jamais se casaria e teria filhos. Seu calor, sua atenção, a boa aparência e muitos outros traços maravilhosos não seriam passados a um filho ou uma filha, a um neto. Nós

---

*Ver nota de rodapé anterior. (*N. do T.*)

queríamos saber se poderíamos mantê-lo no círculo de nossa família, ou se o perderíamos para "aquele outro mundo" da homossexualidade, um mundo estranho para nós.

Nós nos arruinamos com auto-acusações — o que fizemos de errado? Eu aceitava todos os mitos sobre homossexualidade. Primeiro, o mito da mãe forte — eu era uma mãe forte, mas que mãe não exerce excessiva influência sobre os filhos? Segundo, o mito do pai ausente — Erv passava muito tempo viajando pelo país, censurando-se por não ficar bastante em casa. Terceiro, o mito da sedução — será que alguém atraíra Jeff para esse horrível estilo de vida? Então, por fim, eu acreditei no mito da "cura" — que o terapeuta certo poderia mudar a tendência sexual de Jeff.

Nós procuramos a ajuda de um terapeuta. Ele era paciente, amável e aceitava Jeff e seu modo de viver. Ele nos ajudou a começar a separar o mito da realidade, e nos conduziu através de um emaranhado de tristeza, dor e desapontamento. Gentilmente, ele acabou com nossa esperança irreal de "mudar" Jeff. O amor incondicional por nosso filho foi, é claro, a chave para essa jornada difícil, porém cheia de esperança.

Por essa época, eu não gostava do estilo de vida de Jeff, mas isso de jeito nenhum interferia em meu amor por ele. Aos poucos, a compreensão e a aceitação cresceram, mas o caminho para o conforto real continuava a ser áspero.

Jeff também procurou ajuda. Aos 19 anos, ele admitia haver muito que conhecer sobre si mesmo. Durante esse tempo, ele fez um comentário que aceitamos com gratidão: "Por favor, parem de culpar-se. Vocês não são culpados por eu ter crescido gay." Com essas palavras, Jeff apagou nossa mais devastadora, porém indizível, ansiedade.

O tempo passou para todos nós. Nós choramos a perda de expectativas profundamente guardadas para a vida de nosso filho. Passamos por um tumulto interior. Jeff lutava para ficar em paz consigo mesmo. Aprendemos a nos apoiar reciprocamente.

Com o passar do tempo, passamos a compreender que um filho homossexual não precisa mais de compreensão, apoio e aceitação do que um heterossexual. Sem dúvida, nosso filho gay tem as mesmas necessidades humanas que a irmã: empatia e paciência, segurança e sucesso, cuidado e amor. Para nossos filhos, talvez mais para o gay, a rejeição é difícil. A sociedade ensinou a ele que experimentará menos aprovação e mais dor desnecessária. Ele e nós que o amamos somos vulneráveis a essa dor.

Ficou claro que a tendência sexual de Jeff era apenas parte de sua vida. Permaneciam as preocupações comuns e as controvérsias intrínsecas à criação de qualquer filho. Jeff desceu a montanha-russa dos problemas financeiros e vocacionais. Nós lhe dávamos conselhos, que às vezes aceitava, e empréstimos, que ele muitas vezes pagava. A irmã casada de Jeff agia quase do mesmo modo.

Jeff ficou doente e precisou da costumeira sopa de galinha e de cuidados ternos em seu apartamento. Ele preferia receber essa atenção de amigos, mas também esperava que a mãe e o pai passassem por lá com freqüência, levando confiança e amor. A irmã comportou-se do mesmo modo quando quebrou a perna e estava vivendo sozinha.

Quando um caso de amor terminou, Jeff ficou deprimido e triste. Nós nos preocupamos e tentamos ser especialmente sensíveis à sua dor. Foi necessário o mesmo apoio quando a irmã enfrentou o divórcio com tristeza e depressão. Nós ficamos mais felizes quando Jeff vivia com um amigo que se preocupava com ele e com aqueles que ele amava, e nos sentimos do mesmo modo a respeito da irmã, agora casada de novo e feliz.

Durante todo esse tempo, nunca nos ocorreu recorrer à comunidade judia pedindo apoio, embora conhecêssemos bem seus recursos. Guardamos para nós as preocupações com o estilo de vida de Jeff: estávamos "no armário". A homossexualidade de um filho não era coisa para se discutir em 1969 e ao longo dos anos 70. E não tínhamos jeito para dividir coisas íntimas com os outros — essas eram questões que tinham que ser trabalhadas por nós mesmos. Nós decidíramos sozinhos, juntos, casar-nos, decidimos sozinhos, juntos, ter filhos. E decidimos sozinhos, juntos, encarar a homossexualidade de nosso filho, confrontá-la, abraçá-lo e, então, enfrentar o mundo juntos.

Eu me lembro de estar com amigos íntimos, uma noite. Naturalmente, a conversa concentrou-se em nossos filhos. Em determinado momento, alguém disse: "Acho que temos algo em comum." Todos concordamos, mas, mesmo assim, ninguém articulou a palavra. De fato, de volta a casa, Erv perguntou: "Você tem certeza de que o filho mais velho deles é gay?"

Por fim, "gradativamente saíamos do armário", dividindo o problema apenas com a família. Encontramos aceitação quase unânime; não faltou carinho por Jeff. Mas isso foi 17 longos anos antes de irmos a público na comunidade judia. Mesmo durante os anos em que meu marido esteve profundamente empenhado em apoiar o estabelecimento de uma sinagoga gay ampliada em Los Angeles, quando se ocupou em ensinar aos outros que o judaísmo não deve virar as costas para nenhum de seus filhos, nós não dividimos a homossexualidade de nosso filho com o público judeu.

Eu "saí do armário" por nós, com a permissão de Jeff, em 1986, com um artigo no *The Reconstructionist*, uma revista judia nacional. A reação foi esmagadora. Choveu apoio de rabinos, líderes laicos e amigos de todos os pontos do país. Mesmo tardiamente, sentindo-nos à vontade com o estilo de vida de Jeff, achamos aquelas mensagens confortantes e restauradoras.

Alguns amigos ficaram zangados por não termos compartilhado nossa dor com eles. Talvez não confiássemos que as pessoas tivessem compaixão e aceitação. Talvez não esperássemos que compreendessem que não falhamos como pais. Nós não queríamos que nosso filho sofresse rejeição por parte daqueles que amávamos. Não queríamos ser rejeitados por aqueles que amávamos!

Houve pressão maior sobre Jeff. Por ser filho de rabino, ele sentiu, corretamente, que eram altas as expectativas sobre ele. Jeff não estava sozinho ao temer as expectativas dos outros; ele aprendera essa sensibilidade conosco. Todas as famílias sentem a necessidade de ser perfeitas: atitude impossível, sem sentido, mas real. Entre as famílias dos rabinos, muitas vezes, ela é exagerada.

Deveríamos ter confiado nos amigos e colegas desde o princípio? Poderíamos ter ousado testar o apoio dos líderes da sinagoga, com os quais Erv trabalhava diariamente? Deveríamos ter arriscado a própria imagem e "saído do armário" mais cedo? Qual das opções teria deixado nosso filho à vontade, à mesa do jantar que comemorava o Êxodo, ou nas cerimônias? Não tenho as respostas. Creio que "saímos do armário" quando estávamos prontos; e ficar prontos levou muito tempo.

Há pais judeus que excluem os filhos gays e lésbicas, erguendo um muro de alienação. Há um ligeiro alívio nesse procedimento, ou na crença de que o filho pode ser "mudado" para a heterossexualidade. Aqueles que rejeitam a pessoa em lugar de aceitar, ou que buscam fantasias em vez se saber dos fatos, merecem pena e compreensão. É difícil enfrentar o desapontamento, a dor e a culpa que geralmente precedem a verdadeira aceitação. Os pais precisam de ajuda para chorar os sonhos desfeitos, manter a comunicação aberta e impedir que o amor e a devoção sejam esmagados pela dor e confusão.

De fato, alguns pais cantam o *Kaddish* (oração litúrgica) para os filhos "transviados". Para nós, a dedicação judia à família não deixa espaço para esse comportamento. O desapontamento dói, mas tem cura. Por outro lado, a alienação pode matar os relacionamentos, o amor e a família. Graças a Deus, nosso amor e a fé religiosa não falharam.

Nós, os pais judeus, amamos nossa prole, às vezes desesperadamente. Podemos sobreviver ao choque de saber que um filho é gay, ou que uma filha é lésbica. Por fim, achamos que o amor derrubará o muro da alienação, e essa ocasião é nossa aliada. Nossos filhos podem aprender a ser pacientes conosco à medida que crescemos.

Teríamos nós feito algo diferente? Sim. Teríamos prestado atenção às "luzes piscando", os avisos da paternidade. Teríamos ajudado nosso filho, tão cedo quanto possível, a gostar de si mesmo e apaziguar-se. E quando ele nos contou, em 1969, eu gostaria de ter sido suficientemente compreensiva para abraçar nosso filho amado e dizer: "Nós te amamos muito. Vamos conversar sobre isso."

Quando estranhos me perguntam, hoje, se nosso filho é casado, não hesito em explicar: "Ele não é casado; é gay." Estamos "fora do armário". Foi uma longa estrada, mas valeu a pena.

Uma Cerimônia de Compromisso

Paul Horowitz e Scott Klein

Em 7 de junho de 1986, no Brooklyn, em Nova York, parentes e amigos se juntaram a nós dois para homenagear nosso mútuo compromisso. Nós o recebemos com as seguintes palavras:

> Bem-vindos à nossa celebração! Estamos felizes por vocês estarem conosco hoje.
>
> Esta é uma experiência nova para todos nós. Ao preparar a cerimônia que iniciará a celebração, estávamos bem conscientes, não só quanto à novidade, mas também a como deveríamos definir o que estamos fazendo em relação às tradições que recebemos.
>
> A novidade, é claro, começa porque as lésbicas e os gays raramente proclamam seu amor ou expressam seu compromisso diante de amigos, para não falarmos das famílias em que nasceram. Ao contrário, as pessoas gays vivem "no armário", desprezadas pela religião e pelo Estado. Sofremos discriminação no mundo do trabalho e, muitas vezes, na família e na comunidade.
>
> Mas, neste século, principalmente a partir do distúrbio de Stonewall, em 1969, gays e lésbicas começaram a dizer não a essa opressão e a afirmar seu valor e exigir o respeito e o reconhecimento a nós devidos como seres humanos.
>
> Acreditamos que nossa cerimônia brota deste movimento de autoafirmação e liberação sexual e para ele contribui. As formas tradicionais podem adquirir novo significado num novo contexto histórico e social. Como homens gays, nossa declaração de amor perante a família e os amigos subverte a instituição do casamento ao apropriar-se dele para uma nova finalidade.

Nossa educação moral começou dentro das tradições, práticas e experiência histórica do povo judeu, herança da qual ambos temos orgulho. Ao planejar a cerimônia, fomos inspirados principalmente pelos esforços do judaísmo secular socialista e do movimento de reforma para manter em tensão dinâmica a experiência histórica do povo judeu, por um lado, e os imperativos da libertação humana, por outro. Então, optamos por ficar sob o *chuppah** e quebrar o vidro. Além disso, pedimos a sete amigos que fizessem declarações especiais, inspiradas pelas sete bênçãos da cerimônia tradicional.

Nosso relacionamento não é um fenômeno isolado, mas parte de um tecido social maior, que cada um de nós tem a obrigação de sustentar e nutrir em todos os dias de nossas vidas. Então, desejamos que vocês participem desta cerimônia, assim como têm participado e, esperamos, continuarão a participar de nossas vidas.

O Início

Nós nos conhecemos na primavera de 1982. Fôramos convidados para um jantar informal num grande apartamento do Upper Side Manhattan. Refletimos sobre nossa origem comum em Queens, a ligação de nossos pais com a esquerda judia secular, nossa educação numa faculdade do Norte, e nossos atuais interesses em política lésbica e gay. Encontramo-nos uma ou duas vezes nesses jantares semanais e depois na exibição beneficente de um filme.

Na véspera da marcha anual de orgulho gay e lésbico de Nova York, nós nos vimos na corrida de gays do Central Park. Quando voltamos a nos encontrar na manhã do dia da parada, era óbvio nosso interesse mútuo. Depois que cada um de nós desfilou, separadamente, com os pais, nos encontramos na reunião pós-parada. Logo depois começou nosso relacionamento emocional e sexual.

No início, nós nos revezávamos entre Manhattan e o Brooklyn. Pouco tempo depois, achamos um apartamento para os dois e encaramos as alegrias e desafios da vida em comum.

Em qualquer relacionamento, gay ou não, viver com outra pessoa é um processo contínuo de dar e receber, de luta e compromisso. Logo descobri-

---

*Dossel sob o qual o casal fica durante a cerimônia do casamento judeu. (*N. do T.*)

mos que Paul era mais exigente, e Scott, mais descansado no que se referia a cuidar do apartamento. Scott era mais comprometido com a vida religiosa judaica, ao passo que Paul era mais entusiasmado com as reuniões familiares dos feriados. Continuamos a aprender sobre cada um de nós, fundir nossas posses e construir nossas vidas juntos.

Sob certos aspectos, o desafio de criar um relacionamento amoroso e próspero é diferente para as lésbicas e os gays. Nossa geração não cresceu com modelos visíveis de relacionamentos gays duradouros. Mas, para nossa vantagem, entramos em nossos próprios relacionamentos sem a bagagem dos papéis sexuais predeterminados, embora cada um de nós (no nosso caso) seja homem. Tivemos o maravilhoso desafio de criar a organização de nosso lar a partir do nada, e achamos mais fácil do que a maioria dos casais heterossexuais confiar mais nas preferências e habilidades pessoais quando determinamos a divisão das tarefas em casa. Paul cozinha, Scott limpa o banheiro, e continuamos a rediscutir isso à medida que prosseguimos.

À medida que construíamos nossa vida juntos, recebíamos em casa e tornamo-nos atuantes no clube democrático local de lésbicas e gays, bem como em outros projetos. Expandimos nossos horizontes culturais: Paul mostrou a dança a Scott e Scott mostrou o teatro a Paul. Viajamos, cada um levando o outro a seus locais preferidos, à medida que descobríamos novos lugares juntos.

Nossos amigos, gays e heterossexuais, gostavam de considerar-nos companheiros. À medida que participávamos de casamentos de parentes, *bar mitzvahs*, ceias de Páscoa e jantares de *Rosh Hashanah*, a natureza de nosso relacionamento ficou clara para todos. Tias, tios e primos eram quase todos carinhosos e compreensivos. Mas queríamos saber qual a natureza e profundidade dessa "aceitação" aparente. Como todas essas pessoas concebiam nosso relacionamento?

A Cerimônia

Decidimos que uma cerimônia que definisse e proclamasse nosso relacionamento perante a família e os amigos responderia a certas questões e, ao mesmo tempo, nos daria uma oportunidade ímpar de refletir sobre nosso amor e compromisso mútuo.

Começamos a imaginar a forma de nosso ritual público. Há milhares de maneiras de ser judeu e, no mínimo, mil maneiras mais de ser gay. Tínhamos de escolher nossos modelos, inventar o que não podia ser reinventado do passado e combinar tudo de alguma forma que fosse coerente para todos os presentes. Considerando que todo ritual público é, no mínimo, meio teatral, tínhamos o desafio de escrever uma peça que agradasse à multidão de freqüentadores de matinês que imaginávamos haver na geração de nossos pais e que também inspirasse nossos amigos da vanguarda cultural e política. Então, misturamos e combinamos, costurando juntos nosso próprio ritual.

Nós dois sabíamos, desde o início, que não queríamos chamar nosso ritual de "casamento". Não queríamos nenhuma associação com uma instituição enraizada em conceitos de propriedade, uma instituição que oprimira as mulheres durante séculos e que, ainda hoje, pode envolver papéis sexuais de possessividade estupidificante e de confinamento. Por ironia, nossa posição involuntária fora da lei era uma oportunidade para ficar longe do "casamento"; aproveitamos a oportunidade com satisfação.

Imediatamente, confrontamos a questão de como nossa cerimônia seria reconhecida como um ritual judaico. Sabíamos que desejávamos afirmar nossa identidade tanto de judeus como de homens gays num relacionamento amoroso. Mas, por que proclamar nosso judaísmo e, ao mesmo tempo, nosso mútuo amor gay? Por que desejávamos qualquer ligação com a tradição, que é, em parte, homofóbica, sexista e anti-sexual?

Enquanto a tradição é todas essas coisas, é, obviamente, muito mais. Para cada um de nós, ser judeu tem sido importante para o desenvolvimento de nossas crenças éticas e nossa sensibilidade para com os outros seres humanos. Para Scott, além disso, o ritual judeu tinha-o ajudado a desenvolver o sentido de espiritualidade. Por ironia, ser judeu também facilitou-nos a aceitar as dificuldades de ser gay: ser desprezados e rejeitados, estar fora da maioria; saber que é necessário uma ação cultural e política coletiva para mudar essa situação. Portanto, nossa cerimônia seria judaica por ser coerente com o entendimento de nossas próprias histórias e nossos compromissos.

Além disso, reconhecemos que a língua comum de nossas famílias nos eventos do ciclo de vida é o judaísmo. A opção de fazer nossa cerimônia dentro do ritual judaico facilitaria a muitos dos presentes o reconhecimento do propósito de nosso esforço, especialmente àqueles para os quais a igualdade formal das pessoas gays é ainda uma questão aberta.

Essas questões não se aplicam a nossas famílias imediatas, que não hesitaram em aceitar-nos com amor e dignidade. Mas, exatamente assim como nós dois passamos pelo processo contínuo de "sair do armário" para o mundo, sobre quem somos e o que significamos um para o outro, assim também nossos pais passam pelo processo de "sair do armário" como pais de homens gays. Para alguns de seus contemporâneos, o judaísmo de nossa cerimônia seria uma ajuda para compreender o significado pleno de nosso relacionamento. Nossos pais queriam isso para nós: o mesmo reconhecimento e apoio públicos que cada um de nós teria, se fosse heterossexual e se casasse com uma mulher.

Outro importante componente de nossa cerimônia era a reunião simbólica das duas famílias. Tradicionalmente, os casamentos são ocasiões para se fazer esse reconhecimento oficial, com ambas as famílias afirmando o significado do relacionamento, bem como o desejo de apoiar o casal através dos inúmeros problemas da vida. Ambas as famílias imediatas estavam entusiasmadas por assumir essas responsabilidades.

Ao mesmo tempo que criávamos nossa cerimônia, também lidávamos com os vários pormenores práticos enfrentados por qualquer outro casal. Reservamos um espaço reformado perto de nossa casa, no Prospect Park, onde muitos tinham realizado casamentos e outros eventos especiais. Nós nos encarregamos de tarefas como achar um serviço de bufê, selecionar as roupas, escolher os convites e organizar a lista de convidados. Providenciamos para que nosso amigo, o rabino Yoel Kahn, oficiasse a cerimônia, depois de discutir o relacionamento conosco e confirmar que era de amor e compromisso.

Quando o tempo se aproximava, os amigos e a família vieram de perto e de longe para estar conosco: dois amigos, do México; o irmão e a cunhada de Paul, de Londres; um velho amigo, da Alemanha. Outros vieram, de San Francisco, Seattle e Nova Orleans. Na véspera da cerimônia, os amigos íntimos, a família imediata e pessoas que viajaram de longe vieram à suburbana Nova Jersey para um jantar em nossa homenagem, oferecido pela irmã e o cunhado de Paul.

Finalmente, chegou o dia da cerimônia. Cerca de 150 parentes e amigos se reuniram, preenchendo o espaço com sua presença. Alguns da geração mais velha e as famílias pareciam curiosos e pouco à vontade, aparentemente confusos sobre o significado desse ritual. Por outro lado, nossos amigos, principalmente lésbicas e gays, já estavam vibrando de orgulho e expectativa, muitos deles refletindo sobre se jamais fariam algo semelhante e como reagiriam suas famílias.

Começamos com a gravação do Coro dos Homens Gays de Nova York de uma canção de Stephen Sondheim, "Our Time", que fala do importante papel daqueles que trabalham para mudar o mundo. Nossos pais e irmãos entraram conosco, dois conjuntos de quatro para segurar os quatro cantos do *chuppah* simples feito de um pedaço de tecido colorido pregado a quatro estacas de madeira.

Depois das breves palavras de boas-vindas do rabino Kahn, pedimos a todos que se juntassem a nós na leitura em conjunto de textos de Walt Whitman, de Harvey Milk e do Cântico dos Cânticos. A multidão em conjunto começou a ler em voz alta:

> Percebi que estar com aqueles de quem gosto é suficiente,
> Fazer uma visita em companhia de outros, à noite, é suficiente,
> Ser rodeado por criaturas bonitas, curiosas, respirando, rindo, é suficiente...
>
> O corpo do homem é sagrado e o corpo da mulher é sagrado,
> Não importa quem seja, é sagrado. (...)
> [Whitman, *Leaves of Grass*]

As vozes aumentaram, e os que desde o início estavam à vontade pareciam dar força aos que começaram mais timidamente. Quando chegamos a estas palavras finais de Harvey Milk, parecia haver se dissipado todo o desconforto e a distância:

> Se você não é pessoalmente livre para ser você mesmo nessa mais importante das atividades humanas — a expressão do amor — a vida em si mesma perde seu significado.

Então, cada um de nós falou, lembrando nosso encontro, os quatro anos em que vivêramos juntos e as qualidades especiais que encontramos um no outro. Quando todas as gerações riram ao ouvirem estas palavras de Scott, estávamos aquecidos pela sensação de que todos estavam lá por nós, e que assim estariam nos anos seguintes: "Quando passamos a morar juntos, foi um compromisso. Eu vivia com Karl Marx e você vivia com Ralph Lauren.

Acho que alcançamos uma síntese, pois eu me considero um social-democrata e você adora Giorgio Armani."

Sete amigos dividiram conosco reflexões pessoais e poemas favoritos. Nós compartilhamos vinho, expressamos apreço por nossa família e amigos e cantamos uma velha canção de direitos civis com todos. Recordamos o pai de Paul e a tia Rose de Scott, duas pessoas que amávamos e não viveram para festejar esta ocasião especial conosco.

Quando tudo terminou, fomos cercados pela família e os amigos. Houve lágrimas de alegria e muitos abraços. O ânimo era, positivamente, elétrico.

Nós combináramos que um *disc jockey* tocaria uma *hora*,* imaginando que Paul e sua irmã, Susan, dançariam um pouco, e pronto. Mas, para nossa surpresa, primeiro dois, depois quatro e daí outros vieram, até que praticamente todas as 150 pessoas estavam dançando. (Poucas semanas depois, o número especial do orgulho gay da revista *Village Voice* publicou uma foto de nós dois, suspensos em cadeiras por amigos e dançando com o tradicional guardanapo juntando nossas mãos no ar.) Foi um sentimento maravilhoso: todos dançando a *hora* juntos, jovens e velhos, judeus e gentios, gays e heterossexuais, pretos e brancos e latinos. Durante semanas, estivemos nas nuvens.

Últimas Reflexões

Nosso relacionamento continuou a crescer durante os últimos três anos. Aprendemos que uma cerimônia é um momento especial no tempo que, possivelmente, não pode resolver todos os problemas de qualquer relacionamento. Lutamos para não ficar confinados em papéis estreitos, como casal, e continuar a crescer como indivíduos e desejosos de permitir que nosso relacionamento mude, também. Depois daquela cerimônia pública, fomos pressionados para ser "o casal perfeito" aos olhos de todo mundo. Tentamos continuar honestos sobre nossas dificuldades, face a essas expectativas.

Ao passo que nosso relacionamento agora é reconhecido pela família e amigos, ainda nos é negado esse reconhecimento pela maioria das instituições legais, religiosas e de serviço social. Barrados dos privilégios geralmente concedidos aos casais heterossexuais, não podemos incluir-nos no seguro-

---
*Dança tradicional israelita. (*N. do T.*)

saúde fornecido pelo empregador. Se um de nós ficar doente, não podemos supor que o hospital nos concederá os direitos da visitação familiar. (É difícil compreender a dor sentida por alguém que sacrificou e suportou horas de agonia cuidando de um parceiro com Aids, e não lhe é conferida a dignidade que o relacionamento merece, porque o laço que os une não é reconhecido pela lei.) Em questões de criação e adoção de crianças, nosso lar seria considerado por muitos inaceitável, sem se examinar quem somos e como vivemos. E quando um de nós morre, ao outro parceiro não pode ser assegurado, mesmo num testamento, que herdará a propriedade feita para permanecer com esse parceiro.

Hoje, ao preencher formulários rotineiros que pedem informações pessoais, só podemos descrever-nos como "solteiro" ou "casado". Cada um de nós, e tantos outros, fica zangado por marcar "solteiro", pois está claro que não é o caso. Sentimos conforto por saber que, aos olhos de nossas famílias, amigos e comunidade, somos vistos como parceiros comprometidos, nosso relacionamento santificado por uma cerimônia. Esperamos que um dia, porém, nosso relacionamento, juntamente com os relacionamentos de outros, com todas as variedades, seja reconhecido e celebrado por todos.

Relações Parentais Lésbico-Judaicas

Linda J. Holtzman

Sentei-me para começar a escrever sobre minhas experiências como mãe judia lésbica, achando que teria uns poucos minutos de quietude para organizar meus pensamentos. Então Jordan, nosso filho de dois anos, entrou correndo e gritou, que alguém pusera seu brinquedo predileto muito alto para que pudesse alcançá-lo. Dois minutos depois, Zachary, nosso filho de três semanas, começou a chorar, exigindo ser alimentado, impedindo-me de escrever pela centésima vez. Compreendi mais uma vez que, de muitas maneiras, a vida de uma mãe judia lésbica é como a vida de qualquer mãe: caótica, maravilhosa e terrivelmente exaustiva. Mas há diferenças, há maneiras em que ter um filho como judia lésbica não é exatamente como ter um filho como qualquer outra judia ou qualquer outra lésbica.

Quando, pela primeira vez, eu disse a minha mãe que queria dar à luz um bebê, ela ficou chocada. Como poderia eu fazer isso a um bebê inocente? Eu, uma rabina, uma judia comprometida! Como podia eu ser tão insensível? Tivemos essa conversa meses depois de minha parceira Betsy ter dado à luz Jordan, um bebê que era (é claro) doce e amável. Meus pais amavam Jordan, mas *eu* fazer a mesma coisa? Deus me perdoe!

Betsy e eu passáramos anos debatendo se poderíamos ou não criar uma criança juntas num mundo que estava longe de aceitar mães lésbicas. Nessa ocasião, eu trabalhava numa pequena sinagoga perto de Filadélfia. Eu era rabina deles há seis anos e decidira que gostaria de estar lá mais alguns anos, mesmo que isso significasse viver uma vida bastante isolada. Quando disse à congregação que precisaria de uma licença de duas semanas para ajudar "minha parceira quando desse à luz", e que isso fosse colocado por escrito em minha renovação de contrato, a diretoria ficou chocada. Um por um, eles vieram ao meu escritório e me disseram que jamais considerariam tal possibilidade.

Finalmente, deixei a sinagoga, prometendo a mim mesma que o próximo emprego seria diferente. De qualquer maneira, eu acharia um meio de trabalhar para a comunidade judia e estar aberta sobre meu relacionamento e sobre quaisquer filhos que pudéssemos ter juntas. Sempre detestei segredos e sabia que as crianças pequenas geralmente são incapazes de guardá-los. Eu não podia imaginar colocar o peso do segredo de uma grande família sobre nossos filhos. Em meu próximo emprego, eu seria aberta.

É fácil dizer — mas, para mim, como rabina, essa decisão significava lidar de frente com a comunidade judia. Primeiro era meu trabalho, mas acima disso estava o resto de nossa vida. Poderia haver lugar para nossa família na comunidade judia? Encontrei um emprego onde podia estar aberta, no colégio de rabinos em que fui ordenada, portanto os problemas de minha curta carreira estavam resolvidos, mas permaneceram outras questões. Eu precisava encontrar um meio de lidar com as complicações da maternidade potencial.

Betsy e eu iniciamos o processo de tomada de decisão aderindo a um "grupo de bebê". Várias mulheres, a maioria lésbicas, nenhuma casada heterossexualmente, se reuniam uma vez por mês para discutir pensamentos e sentimentos a respeito de ter filhos. Depois de falar bastante sobre todos os meios possíveis de ter filhos, Betsy e eu decidimos utilizar a inseminação alternativa de um doador anônimo. Nossos filhos jamais saberão quem são os pais, e sabemos que isso é uma grande perda. Mas, para nós, parecia impossível acrescentar um terceiro adulto à nossa casa, e ter um doador que não compartilhasse a paternidade parecia confuso e potencialmente doloroso para nossos filhos. Um homem que entrasse e saísse por acaso não daria sólida paternidade. Esperamos que os homens com quem temos intimidade sejam pessoas importantes na vida de nossos filhos. Preocupamo-nos por não termos acesso ao modelo masculino em nossa casa, mas esperamos que nossos filhos tenham homens importantes em muitos outros aspectos de suas vidas.

Tanto Betsy como eu queríamos dar à luz uma criança, portanto nos revezamos, tendo ela nosso primeiro filho e eu, o segundo. Quando Jordan nasceu, consultamos um advogado para determinar meus direitos legais em relação a ele. Descobrimos que, virtualmente, não tenho direitos, exceto a procuração médica assinada por ambas. Sou nomeada tutora de Jordan no testamento de Betsy, mas não está claro se uma lésbica poderá ganhar a custódia do filho de sua parceira se o testamento for contestado pelos avós biológicos da criança. Isso é frustrante e assustador, e é claro que, como comunidade, todas as pessoas gays e lésbicas, pais ou não, precisam levantar-se e lutar contra essas leis injustas, que minam a força das mães lésbicas, mesmo que estejam em vigor. É bastante difícil construir um lar, sob quaisquer circunstâncias. Quando há invalidação pela lei, é ainda mais difícil.

Apesar das leis negativas, apesar dos medos subjacentes à nossa decisão, parecia ainda ser possível ter filhos. Nós queríamos filhas: parecia mais fácil criar meninas; sabemos como é a vida das meninas; podíamos providenciar modelos razoáveis para meninas; de certo modo, parecia mais seguro. Como poderíamos ajudar um menino a encontrar seu lugar no mundo? Estaríamos prontas para o desafio? Quando descobrimos que Jordan ia ser menino (por meio de amniocentese), nos preocupamos. Seríamos capazes de superar os vários modelos masculinos negativos que encontraríamos? Poderíamos amá-lo o suficiente para dar-lhe tudo o que precisasse na vida? Seria nossa comunidade de mulheres um lugar inadequado para um garoto?

No momento em que Jordan nasceu, tivemos a resposta. É claro que podíamos amá-lo o bastante; nós o adoramos instantaneamente. Ele parecia muito mais do que apenas "uma criança do sexo masculino"; era um ser maravilhosamente complexo. E havia tantos meios com os quais podíamos reagir à pessoa plena de Jordan que iam além de nossa feminilidade! A mistura dos papéis masculino e feminino sempre foi importante para nós duas; na vida judia e em tudo na vida. O nascimento de nossos filhos nos convenceu de que podíamos transmitir à próxima geração a filosofia na qual acreditávamos. Jordan e Zach nos vêem a nós, duas mulheres, fazendo tudo, coisas "masculinas" e "femininas": mulheres acendem as velas do Sabá e recitam o *kiddush*; lavam roupa na máquina e cortam a grama. Mulheres preparam o jantar e pagam as contas. Nas cabeças de Jordan e Zach, nenhum papel específico pertence aos homens ou às mulheres. Quanto mais a sociedade tenta invalidar esta mensagem, pelo menos em nossa vida doméstica ela é clara. Esperamos que nossos filhos a incluam em suas vidas.

Antes do nascimento de nossos filhos, conversamos muito sobre como eles deveriam chamar-nos. Ambas queríamos títulos, embora nada parecesse certo. Finalmente, estabelecemos *"mommy"* (mamãe em inglês) e *"ima"*, mamãe em hebraico. Eu gosto do som e da sensação da palavra hebraica, enquanto Betsy se sente mais à vontade com o inglês.

A primeira pergunta para ser feita a nossa família surgiu imediatamente após o nascimento de Jordan. Como deveríamos apresentá-lo à comunidade? O ritual da circuncisão parecia-nos um rito de iniciação exclusivamente masculino; nós estaríamos, simbolicamente, trazendo nosso filho a um mundo que nos excluía e limitava os horizontes dele. Se criássemos novos rituais de boas-vindas para os bebês do sexo masculino, o corte do pênis certamente não estaria incluído. Contudo, éramos sensíveis ao fato de que, sendo filho de lésbicas, nosso filho seria diferente da maioria dos meninos judeus; precisaria ele de mais uma diferença?

Nós relutamos em decidir pelo *brit milah*, o ritual da circuncisão, para nosso filho, e encontramos um *mohel* muito afável. Ele concordou com o nome que demos a nossa criança "filho de Esther Miriam (Betsy) e Liba (eu)", e aceitou que nós duas recitássemos a bênção depois da circuncisão, tradicionalmente reservada ao pai (ou, às vezes, ao pai e à mãe). Só a família foi convidada para o *brit*; todos os amigos foram convidados para uma segunda cerimônia quando Jordan tinha um mês. Essa cerimônia introduziu-o em nossa comunidade, com delicadeza e amor, com um ritual de lava-pés, música, poesia e outras palavras de boas-vindas suaves e cheias de calor.

Estávamos satisfeitas com o que havíamos feito com Jordan, mas optamos por fazê-lo diferente para Zachary, que nasceu em julho de 1988. Resolvemos ter apenas uma cerimônia, pois achávamos que muitas pessoas estariam ausentes, de férias. O mesmo *mohel*, o mesmo ritual de circuncisão, a mesma ansiedade e apreensão estavam presentes. Mas também estavam presentes pelo menos 75 amigos e membros da família, todos cantando, sorrindo e ajudando-nos a relaxar. Era grande a pressão pelo fato de se realizar uma circuncisão na presença de tante gente, mas também era grande a efusão de amor e apoio. Sentimos o peso da tradição judaica quando o *mohel* oficiou o rito, e sentimos, com muita força, nossa própria ambivalência a respeito do *brit milah*.

O longo processo de tomada de decisão a respeito do *brit* para ambos os filhos foi um símbolo das lutas que sabíamos ter de enfrentar ao longo de nossa carreira de mães. A comunidade judia é um lugar difícil para crianças com uma família diferente da maioria. Embora os pais divorciados e as famílias misturadas sejam atualmente a norma, duas mulheres comprometidas entre si e criando filhos juntas ainda são uma raridade. O judaísmo tradicional é tão negativo em seus ensinamentos a respeito da homossexualidade que a homofobia encontrou ambiente hospitaleiro na comunidade judia. Não é fácil uma família gay ou lésbica obter legitimidade aos olhos do mundo oficial judeu.

A seguir, veio a procura de um programa pré-escolar. Rigorosamente, nós causamos embaraço a diretores e professores inquietos para saber como aceitariam nosso filho e nossa família: seríamos nós ambas consideradas mães? Como responderiam às perguntas feitas por outros pais e crianças? Como se ensina "família" em seu currículo? Os livros que lêem têm, todos elas, mamãe, papai e filho?

Queríamos ter certeza de que os professores de Jordan no pré-escolar não apenas respeitariam a escolha de nossos títulos, mas também ajudariam Jordan a sentir-se à vontade, talvez como o único da classe com uma mamãe e uma *ima*. Seus professores usariam estes termos juntamente com mamãe e papai, ao descrever famílias? Tanto quanto possível, queríamos que nosso filho estivesse totalmente em paz consigo mesmo, com os colegas, com o primeiro mergulho na instituição educacional e, por conseqüência, a instituição judaica. Jordan está matriculado num curso pré-escolar judeu que, para nossa agradável surpresa, satisfaz todos os nossos critérios.

Quando iniciamos esse processo com o curso pré-escolar, percebemos que a educação dos professores de nossos filhos e outros modelos a respeito das necessidades de nossa família serão um processo contínuo. Haverá, um semi-internato judeu ou uma boa escola hebraica que não ensine, mesmo de maneira sutil, que nossa família não foi constituída de acordo com um modelo aceitável? Ambas queremos ser reconhecidas como mães quando nossos filhos forem adolescentes; ambas queremos *kvel* abertamente quando eles tiverem papéis na peça do Purim, ou conduzir uma prece nas cerimônias. Queremos que sua educação religiosa seja apoiada por uma sólida base de sinagoga, que nos aceite como mulheres, feministas e lésbicas. Eu tinha sentimentos tão cordiais a respeito da vida judia quando era criança porque me sentia como se pertencesse totalmente à nossa sinagoga. Espero que Jordan e Zachary possam ter os mesmos sentimentos amigáveis e confortáveis.

Pode não haver uma sinagoga estabelecida que satisfaça plenamente nossas necessidades, mas, por certo, há inúmeras lésbicas, homens gays e outros buscando junto conosco uma base judia mais abrangente. Não comprometerei a integridade de meus valores para fazer parte de uma instituição judaica, mas não abrirei mão de meu judaísmo por causa de uma comunidade inflexível e não-acolhedora.

A comunidade judia às vezes parece uma família, e confrontá-la é muitas vezes tão doloroso quanto confrontar minha própria família biológica. As questões levantadas por ambas as "famílias" são ligadas. Inicialmente, meus pais foram contra a minha decisão de ter filhos, em parte por causa de seu sentido sobre o que uma "boa judia" fazia e não fazia. Por certo, violar uma lei expressa tão claramente ao longo da tradição não pode ser certo; simplesmente é inaceitável ser lésbica. Ter filhos, sendo lésbica, está fora de questão. Não ousamos infligir nossa própria vergonha à próxima geração.

Aos olhos de meus pais, uma família judia deve ser de determinada maneira e comportar-se de determinada maneira; não há lugar para a diversidade. Contudo, houve uma interessante mudança em meus pais. Quando lhes disse, pela primeira vez, que estava pensando em ter um filho, eles planejaram mudar-se para a Flórida para fugir da vergonha que eu lançaria sobre eles. Porém meus pais de fato estiveram presentes no nascimento de meu filho; minha mãe cortou o cordão umbilical de Zachary. E no seu *brit*, ambos permaneceram junto a Betsy, Jordan e a mim. Eles recitaram a bênção dos avós com orgulho, e ouvi minha mãe brincar a propósito de quão rapidamente começaria a "falar como avó", enquanto declarava ser o novo bebê "absolutamente lindo". A mudança é comovente, e se baseia principalmente na compreensão de meus pais de que esta é a única maneira de eles serem avós (sou filha única). Mas a mudança ainda não está completa.

Meus pais aceitarão Zachary como filho de sua filha. Tenho 36 anos e, a seus olhos, não sou casada e provavelmente não me casarei tão cedo. Não é comum, mas com certeza compreensível, que eu quisesse descobrir um meio de ser mãe de uma criança. A inseminação por um doador anônimo parece estranha a eles, mas é mais segura do que "dormir por aí". Este é um bom retrato para meus pais apresentarem aos amigos e parentes.

Há apenas um problema: para mim, eles já têm um neto, e eu, em resumo, sou casada. Eu não sou mãe solteira, como eles me apresentam às pessoas. Quando Jordan chama meus pais de vovó e vovô, é porque ele os vê como seus segundos avós. Mas, embora meus pais pareçam amar Jordan, ele não é bem um neto; embora gostem de Betsy e a respeitem, ela ainda é minha companheira de casa, e não parceira para toda a vida.

À medida que nossos filhos crescem, sempre haverá certa confusão e dor, pois nossas famílias biológicas lutam com questões sobre como aceitar esses parentes não-biológicos e não-legais. O que dirão os irmãos de Betsy a seus filhos quando perguntados como duas mamães podem ter bebês? Como nossos pais explicarão a estas duas crianças que se chamam de irmãos, que nos chamam de pais e que os vêem como avós?

É difícil resistir a um bebê adorável, mas, à medida que os meninos crescem, as perguntas se multiplicam. Sempre seremos honestas com nossos filhos sobre suas famílias, biológica e não-biológica. Sempre que perguntarem, lhes diremos a maneira como foram concebidos. E lhes ensinaremos que família não significa apenas pessoas biologicamente ligadas. Eles saberão que as pessoas que se amam e têm o compromisso de apoiar-se e cuidar-se são família. (Espero que nossas famílias biológicas também consigam aprender esta lição.)

Enquanto a definição tradicional de família é exclusiva e deve ser ampliada, ainda acredito que a família é o centro do judaísmo. Para crescer como judeus, nossos filhos precisam experimentar os dois, família e judaísmo, relacionados. Precisamos comemorar os dias de festa, reunir-nos nos eventos costumeiros, compartilhar esses eventos com nossas famílias. Biológicas ou não, nossas famílias criam nossas memórias e experiências de vida judia. Quando vi nossos familiares se chegarem a nós durante o nascimento de nossos filhos, eu sabia que, se continuássemos trabalhando para construir sólidos relacionamentos de família não-biológica, nossos filhos sentiriam o calor que merecem.

Enfrentar a comunidade judia não é fácil, e lidar com nossas famílias biológicas é ainda mais difícil, mas o aspecto mais difícil de ter filhos, para mim, tem sido encarar-nos a nós mesmas e mutuamente. Betsy e eu começamos a questionar a possibilidade de ter filhos muitos anos atrás. Nós nos comprometemos formalmente a passar a vida juntas, concordando em iniciar o processo de tomada de decisão. Se decidíssemos ter filhos, poderíamos livrar-nos de diferenças pessoais para que nossas crianças tivessem uma criação sólida num lar estável? Nossas abordagens diferentes do judaísmo e da prática da religião poderiam melhorar a vida de uma criança e não confundi-la? Betsy e eu somos pessoas muito diferentes em quase todos os aspectos. Eu falo sem parar e ela é um tanto quieta; eu gosto de fazer as coisas vagarosamente e Betsy é rápida e eficiente; eu adoro falar em público e compartilhar minha vida com grupos de pessoas, ao passo que Betsy é uma pessoa muito reservada; eu amo o judaísmo e a comunidade judia, com paixão, e viver uma vida judia não é um dos objetivos de Betsy. Algumas de nossas diferenças parecem saudáveis quando apresentadas às crianças; afinal, dois modelos diferentes só expandem o senso de possibilidades na vida. Está certo ser falante ou quieto, público ou privado. Mas não é possível ter um lar ao mesmo tempo *kosher* e não-*kosher*. Ou uma criança é matriculada numa escola hebraica ou não é.

Antes dos nascimentos de Jordan e Zach, Betsy e eu pudemos experimentar tantas opções quantas quisemos. Eu podia fazer uma coisa e ela, outra. Nossa casa podia ser "vagamente *kosher*", e nós podíamos variar a observância do momento. As crianças mudaram nossas atitudes e limitaram nossa flexibilidade. Eu desejo que Jordan e Zach vejam as velas acesas, que provem vinho e pão todos os Sabás. Quero que saibam observar os dias santos, cantem hinos hebraicos e aprendam histórias judias, para acrescentar valores judaicos a suas vidas. Betsy sabe que isso é importante para mim e está desejosa de comprometer-se de várias maneiras: temos um jantar de Sabá juntas quase todas as semanas; eu levo as crianças à sinagoga quando possível; nós construímos um *sukkah*, acendemos um *menorah*, assamos um *homentashn*, temos uma ceia. Nossos filhos viverão uma vida judia. Mas eu também me comprometo.

À medida que Jordan e Zach crescem e se desenvolvem, nós duas também: juntas e individualmente. Cedemos em vários aspectos que achávamos impossíveis, e vemos novos em cada uma de nós, que aumentam nosso amor e respeito mútuos. Também nos empurramos uma à outra em novas direções. Betsy nunca pensou em ajudar a construir um *sukkah* ou acender as velas do Sabá; eu, nunca pensei que me preocuparia com meu mapa astral. Nós acrescentamos respeito aos valores de cada uma, e enriquecemos nossas vidas no processo. Quando vejo Betsy sentada com nosso filho de dois anos, para conversar sobre os sentimentos dele, fico impressionada e comovida. Quando a ouço cantar, desafinada e feliz, ao pôr Jordan na cama, sinto uma nova onda de amor por ela. E quando discutimos sobre as roupas que nossos filhos usam, ou a comida que comem, ou as outras maneiras de expressar-nos através deles, fico exasperada, zangada e profundamente grata — grata por nossos filhos terem mães que os amam o suficiente para cuidar, com tanta paixão, dos pormenores de suas vidas.

Ter filhos, sendo judia lésbica, significou nova proximidade com meus pais, relacionamento mais profundo com minha parceira e sentido de conexão com o passado e o futuro. Significou encontrar forças que eu mal suspeitava ter, e usá-las: para lutar com a comunidade judia, para afirmar-me com meus pais, para trabalhar com Betsy no intuito de encontrar meios de criar nossos filhos num mundo difícil e complexo. Significou aprender que, como lésbica e judia, tenho muito para dar a meus filhos. Meus valores e idéias podem ser uma fonte de força e sustento para uma nova geração. Mais que tudo, ter filhos significou aprender a amar profunda e completamente e ligar minha vida à vida desses membros da próxima geração. Todos nós precisamos achar um meio de aprender o quanto temos a oferecer, quão valiosa pode ser nossa contribuição para o mundo. Todos nós devemos sentir-nos livres para decidir se queremos ou não usar nossas habilidades para criar filhos, e a sociedade deve desenvolver-se para permitir-nos tomar decisões claras e honestas. Então, quer decidamos ou não, nossas resoluções merecerão uma comemoração.

Rumo a uma Nova Teologia da Sexualidade

Judith Plaskow

As atitudes judaicas com relação à sexualidade são complexas e, muitas vezes, confusas e conflitantes. As mudanças e desenvolvimentos históricos, bem como as contradições dentro de determinados movimentos e períodos, permitem um grande número de opiniões a respeito da sexualidade, desde as mais livres até as mais inibidas.[1] Do ponto de vista feminista, há três aspectos das atitudes judaicas em relação à sexualidade especialmente necessitados de exploração e mudança: a centralidade de um paradigma de sexualidade "energia/controle"; a suposição de que toda sexualidade é igual, isto é, marital e exclusivamente heterossexual; e o lugar especial das mulheres na economia do controle sexual. Embora cada um destes tópicos deva ser objeto de um ensaio à parte, vou considerá-los apenas brevemente como pano de fundo para partir para uma perspectiva e alternativa feminista sobre sexualidade.

É importante enfatizar o controle para o entendimento judaico da sexualidade. Do ponto de vista do modelo "energia/controle" da tradição, a sexualidade é uma energia independente e, às vezes, estranha, que deve ser controlada por meio de disciplina pessoal e repressão religiosa[2]. Embora o impulso sexual seja dado por Deus e, portanto, seja uma parte normal e saudável da vida humana, santificada em sua estrutura adequada, a sexualidade também exige controle cuidadoso e, às vezes, rigoroso, a fim de não violar os limites para ela determinados. Os conflitos entre a afirmação da sexualidade e a imposição da restrição surgem na tradição de várias maneiras, em parte através da própria designação do impulso sexual. Os rabinos chamavam esse impulso de *yetzer hara*, o impulso mau, e, ao mesmo tempo, reconheciam sua necessidade para a criação e sustentação do mundo. "Se não fosse pelo impulso mau", disse o rabino Nahman B.

Samuel, "o homem não construiria uma casa, ou tomaria uma esposa, ou geraria um filho, ou faria negócios".[3]

Admitindo que a sexualidade precisa ser controlada, a tradição considera o casamento heterossexual como o cenário apropriado para domar e desfrutar o impulso sexual. Mesmo dentro do casamento, o sexo é proibido durante a menstruação e nos sete dias seguintes. Fora das fronteiras do casamento, jaz um reino completo de licenciosidade e transgressão, que deve ser cuidadosamente protegido com repressões bem definidas. As proibições legais, os padrões morais e as expectativas sociais servem para delinear certos períodos do casamento como o único reino permitido à sexualidade. É tão difundida a suposição de que o sexo é apropriadamente marital e heterossexual que a homossexualidade é abordada de forma breve, até por meio da interdição. A homossexualidade masculina é uma grande ofensa (*to'evah*, uma abominação), mas os rabinos admitem ser tão rara em Israel que há pouca necessidade de salvaguardas contra ela.

Embora as regras morais relativas à sexualidade geralmente se apliquem tanto aos homens como às mulheres, estas desempenham um papel especial na maneira judaica de entender a sexualidade. Elas são as tentações ubíquas, as fontes e símbolos do desejo ilícito, aquelas cuja sexualidade ameaça até os maridos/donos com a possibilidade da ação ilegal. Para falar de controle é necessário falar de mulheres — da necessidade de cobri-las, evitá-las e situá-las em famílias adequadas (patriarcais), onde sua ameaça é minimizada, se não puder ser superada. As leis relativas ao casamento e divórcio diminuem o perigo da sexualidade das mulheres providenciando a aquisição e renúncia dos direitos masculinos a essa sexualidade. O casamento traz as "potencialidades selvagens e indomáveis da sexualidade feminina" sob controle[4], designando a sexualidade da mulher como possessão particular do homem.

O controle da sexualidade da mulher e seu papel na instituição da família, a normatividade da heterossexualidade e o paradigma energia/controle da sexualidade constituem peças interligadas da concepção patriarcal da homossexualidade. Onde a sexualidade da mulher é vista como um objeto a ser possuído e a sexualidade é confinada ao casamento heterossexual e entendida como um impulso que pode tomar posse do eu, os temas centrais em torno da sexualidade serão necessariamente temas referentes a controle. A questão, então, passa a ser de que modo um discurso judaico positivo sobre sexualidade pode mover-se além desse quadro patriarcal, não apenas rejeitando suas implicações éticas, mas definindo a sexualidade em termos fundamentalmente diferentes.

Nos últimos vinte anos, as feministas voltaram a conceituar a natureza e as funções da sexualidade humana, gerando alternativas para o modelo energia/controle que, potencialmente, estabelecem nosso pensamento a respeito da sexualidade sobre novas bases. Em vez de verem a sexualidade como uma energia à parte e estranha, que pode engolir o eu, as feministas a descreveram como parte de uma quantidade de auto-expressão personificada, ou como parte de um espectro de energia erótica que, de maneira ideal, inunda todas as atividades de nossas vidas.[5] Audre Lorde, em seu brilhante ensaio "Uses of the Erotic: The Erotic as Power", descreve o erótico como a força da vida, a capacidade de sentir, a capacidade de alegrar-se, um poder que somos ensinados a temer e ignorar por uma sociedade que "define o bem em termos de proveito em vez de em termos de necessidade humana". O erótico é uma fonte de fortalecimento, uma "lente através da qual nós podemos examinar todos os aspectos de nossa existência", avaliando-os "honestamente em termos de seu significado relativo dentro de nossas vidas".[6] A especialista em ética Beverly Harrison igualmente interpreta a sexualidade como uma realidade arraigada em "nossos corpos, nosso eu". Partindo para os pontos básicos de uma teologia moral feminista, Harrison afirma que "todo o nosso conhecimento, inclusive o conhecimento moral, é conhecimento mediado pelo corpo". Nossa sensualidade ou capacidade de sentir é a pedra fundamental de nossa conexão com o mundo, o pré-requisito sem o qual perderíamos toda a habilidade de agir e avaliar. Nossa sexualidade, como aspecto de nossa personificação e inerente a ela, é uma dimensão especialmente intensa de nosso poder mediado pelo corpo, do espaço do corpo, que é "literalmente o solo de nossa pessoa".[7]

Este aspecto da sexualidade, como parte de um espectro de energia corpo/vida em vez de uma força especial ou inclinação má, tem, no mínimo, duas importantes implicações para a compreensão do lugar da sexualidade na vida humana. Primeiro, desafia o valor do controle mostrando que não podemos suprimir nossas sensações sexuais sem suprimir nossa capacidade de sentir em geral. Se a sexualidade é uma dimensão de nossa habilidade de viver no mundo apaixonadamente, a supressão da sexualidade faz diminuir o poder total de sentir, conhecer e avaliar profundamente. Embora a conexão entre sexualidade e sentimento não nos obrigue a expressar todos os sentimentos sexuais, isso não significa que devamos honrar os sentimentos e abrir espaço para eles — inclusive os sexuais — como "o ingrediente básico de nossa relação com o mundo".[8] Segundo, na medida em que a sexualidade é um elemento da personificação que medeia nossa relação com a realidade, um aspecto da energia da vida que nos permite conectar-nos com os outros na criatividade e alegria, a sexualidade está profundamente ligada à espiritualidade e, na realidade, é dela inseparável. A sexualidade é aquela parte de nós através da qual alcançamos outras pessoas e Deus, expressando a necessidade de relacionamento, de compartilhar o eu e o significado.[9] Ao tocar o lugar de nossas vidas em que a sexualidade e a espiritualidade se encontram, tocamos nossa totalidade e a plenitude de nosso poder e, ao mesmo tempo, nossa conexão com um poder maior do que nós.[10]

As reconceitualizações feministas do modelo energia/controle da sexualidade e a confirmação da profunda ligação entre sexualidade e espiritualidade proporcionam orientação para repensarmos as atitudes ambivalentes em relação à sexualidade no âmbito do judaísmo. A aceitação e o reconhecimento de um laço entre sexo e espírito não são, de modo algum, estranhos à experiência judaica. Nos mistérios do leito nupcial no Sabá à noite, na santidade do Cântico dos Cânticos, para o misticismo, na própria natureza e dinâmica da Divindade a expressão sexual é uma imagem e um caminho para o sagrado.[11] Uma vez mais, porém, na teologia e na prática, o judaísmo desvia e solapa esta conexão reconhecida, definindo a sexualidade em termos de posse e controle patriarcal. Considerando que tais categorias são inimigas da mutualidade, abertura e vulnerabilidade nas relações sexuais que unam a sexualidade ao sagrado, uma abordagem feminista à sexualidade deve reconstruir as bases institucional e conceitual para ligar a sexualidade com o espiritual.

É espantoso que uma das mais profundas imagens de liberdade e mutualidade nas relações sexuais que a tradição judaica tem a oferecer seja, ao mesmo tempo, a imagem central da conexão entre a sexualidade e a espiritualidade. Ao contrário do Jardim do Éden, onde Eva e Adão estão envergonhados de sua nudez e a subordinação das mulheres é a punição pelo pecado, o Jardim do Cântico dos Cânticos é um local de deleite sensual e igualdade sexual. Não envergonhados por seu desejo, o homem e a mulher desses poemas se deliciam com a própria corporificação e com a beleza ao seu redor, cada um procurando o outro para celebrar seu encontro, cada um regozijando-se no amor sem domínio, que é também o amor de Deus.[12] Considerando-se que esse livro oferece uma visão de deleite mais fácil de adquirir num jardim sagrado do que no meio das exigências diárias, talvez não seja uma crítica da instituição do casamento o fato de que o casal do Cântico dos Cânticos não seja casado. Mas o retrato da reciprocidade e a santidade da reciprocidade oferecidas por esse livro substituem a tensão fundamental com as estruturas do casamento tais como o judaísmo as define. Quando os rituais centrais do casamento e divórcio celebram ou ordenam a posse masculina e libertam a sexualidade feminina e excluem a possibilidade de relacionamentos amorosos do mesmo sexo, quais são os apoios e recursos para a verdadeira reciprocidade de intercâmbio íntimo que marca a santidade do Cântico dos Cânticos? A aquisição da mutualidade no leito conjugal é extremamente difícil na ausência de justiça nessas instituições que o legitimam e rodeiam.

Então, uma primeira tarefa da reconstrução feminista das atitudes em relação à sexualidade é a transformação radical da estrutura legal e institucional dentro da qual as relações sexuais supostamente têm lugar. Na medida em que o judaísmo mantém interesse no estabelecimento de relacionamentos duradouros fora de uma estrutura patriarcal, estes relacionamentos entrarão na iniciativa e consentimento mútuos e por eles serão dissolvidos. O "casamento" não será a respeito da transferência das mulheres ou da santificação da desordem potencial por meio do firme estabelecimento das mulheres na família patriarcal, mas da decisão de dois adultos — quaisquer dois adultos — de levarem a vida juntos, vidas que incluem compartilhar a sexualidade. No moderno Ocidente, geralmente se supõe que tal decisão constitui o significado central do casamento, mas esta suposição é contestada por um sistema legal religioso (e secular) que proscreve o casamento homossexual e institucionaliza a desigualdade em suas definições básicas de casamento e divórcio.

Esta redefinição da estrutura legal do casamento baseia-se na rejeição da institucionalização da heterossexualidade e no importante princípio de que a sexualidade não é algo que podemos adquirir ou possuir em outro. Cada um de nós é dono da própria sexualidade — segundo a frase de Adrienne Rich, o "gênio que preside" nossos próprios corpos.[13] A partilha da sexualidade com outra pessoa é algo que só deveria acontecer por consentimento mútuo, um consentimento que não é uma permissão genérica, mas que é continuamente renovado nos próprios ritmos dos relacionamentos específicos. Este princípio, simples, como possa parecer, desafia tanto as suposições fundamentais da lei do casamento judaico como a compreensão judaica do que é a sexualidade das mulheres. Ele define como imorais as normas legais relacionadas com a posse, o controle e a troca de sexualidade da mulher e debate a perspectiva de que a sexualidade da mulher é sua contribuição para a família, e não a expressão da sua própria corporificação.

Se ninguém pode possuir a sexualidade de outra pessoa, segundo um sólido princípio do pensamento feminista sobre a sexualidade, outro princípio é o de que a sexualidade não é algo que pertença exclusiva ou primeiramente ao eu. Na realidade, nossa sexualidade trata fundamentalmente de sair além de nós mesmos. A natureza conectiva e comunicativa da sexualidade não é algo que possamos experimentar e procurar apenas em encontros sexuais definidos limitadamente, mas em todos os relacionamentos reais em nossas vidas. Vivemos num mundo de seres sexuais. De acordo com Audre Lorde, nossa sexualidade é uma corrente que flui através de todas as atividades importantes para nós, nas quais investimos a nós mesmos. O verdadeiro intercâmbio intelectual, o trabalho comum, as experiências compartilhadas, são entrelaçados com a energia sexual que os anima e lhes dá vida. Os laços comunitários são eróticos. O poder gerado pela comunidade real, que nos dá acesso a um poder maior que nos fundamenta e abraça, é em parte o poder de nossa energia sexual e vital, que flui através da comunidade e a aumenta e autentica. Somos todos, mulheres e homens, pessoas sexuais e corpóreas, que reagem sexualmente a mulheres e homens no meio dos quais vivem.

Esta natureza erótica da comunidade não está, de modo algum, perdida no judaísmo; na realidade, é motivo de grande ambivalência tanto na interpretação quanto na lei. A farta legislação rabínica impondo a separação dos sexos tenta proteger contra os sentimentos que ela reconhece, e até admite o poder sexual da comunidade. Se a energia da comunidade é erótica, não há garantia de que o erotismo permanecerá dentro das fronteiras legais prescritas, em vez que quebrar e interromper a santidade comunitária. A rigorosa "cerca em torno da lei", necessária quando se trata de comportamento sexual, é testemunha do poder da sexualidade.

Uma descrição feminista da sexualidade não negará o poder dela para derrubar normas e ameaçar limites. Ao contrário, ela abraça esse poder como um possível aliado. É inquestionável que o fortalecimento originário da posse do erótico em nossas vidas pode perturbar a comunidade e solapar a estrutura familiar. Em nível de comportamento sexual, se nos permitimos perceber e admitir os sentimentos sexuais, haverá sempre o perigo de agirmos sobre eles, e talvez eles não correspondam ao consenso do grupo sobre quem e quando possamos desejar. E, quando compreendemos o erótico não simplesmente como sentimento sexual ou sentido estreito, mas como energia fundamental de vida, a posse desse poder em nossas vidas é ainda mais ameaçadora para as estruturas estabelecidas.

Nos termos de Audre Lorde, se permitirmos que o erótico se transforme numa lente através da qual avaliamos todos os aspectos de nossa existência, já não mais poderemos "aceitar o conveniente, o injusto, o tacitamente esperado, nem o simplesmente seguro."[14] Tendo vislumbrado a possibilidade da verdadeira satisfação no trabalho bem feito, é menos provável que aceitemos qualquer trabalho alienante e sem sentido. Tendo experimentado o poder e a legitimidade de nosso desejo sexual, é menos provável que endossemos um sistema que prescreve, íntima e absolutamente, os canais desse desejo. Tendo experimentado nossa capacidade de ação criativa e feliz, é menos provável que aceitemos relacionamentos de poder hierárquico, que negam ou restringem nossa habilidade de trazer essa criatividade e felicidade a outros aspectos de nossas vidas. Pode ser que a habilidade das mulheres para viver dentro de famílias patriarcais e de estruturas patriarcais maiores, que governam a vida judia, dependa da supressão do erótico, de nosso próprio entorpecimento às fontes de visão e poder que abastecem a resistência significativa. É claro que, do ponto de vista patriarcal, então, o fortalecimento erótico é perigoso. É por isso que, nas palavras de Lorde, "somos ensinados a separar a exigência erótica de áreas mais vitais de nossas vidas, que não sejam o sexo",[15] e é por isso que também somos ensinados a refrear nossa sexualidade, para que também ela se ajuste aos parâmetros do controle hierárquico que governa o resto de nossas vidas.

Mas, segundo uma perspectiva feminista, o poder e o perigo do erótico não são motivos para temê-lo e suprimi-lo, mas para alimentá-lo como um profundo recurso pessoal e comunitário na luta pela mudança. Quando "começamos a exigir de nós mesmos e de nossas atividades que elas estejam de acordo com aquela felicidade de que sabemos ser capazes", adquirimos um conhecimento íntimo da espécie de mundo que procuramos criar.[16] Se reprimirmos esse conhecimento porque ele também nos faz sexualmente vivos, estaremos reprimindo a clareza e a energia criativa que são a base de nossa capacidade de prever uma ordem social justa e por ela trabalhar.

O conhecimento do poder do erótico é um corretivo crucial, principalmente para a atitude dos rabinos em relação ao controle sexual. Os rabinos reconheceram a conexão entre o impulso sexual e a criatividade humana. "Quanto maior o homem, tanto maior o *yetzer*", disseram, e aconselharam: "Evitem-no [o *yetzer hara*] com a mão esquerda e puxem-no para perto com a direita."[17] Mas, ao mesmo tempo que eles reconheceram o papel da sexualidade como ingrediente de todas as atividades, aparentemente acreditaram ser possível a sexualidade sem danificar a capacidade maior de agir e sentir. Amar a Deus de todo o coração significava amar a Deus com os impulsos bons e maus, e ainda imaginava-se ser possível frear o mau impulso sem diminuir o amor de Deus.[18] Se levarmos a sério a sexualidade, porém, como expressão de nossa corporificação, que não pode ser separada de nossa habilidade maior de interagir com o mundo, com sentimento, então aprender o temor e a vergonha de nossos corpos e dos outros — mesmo quando estes sentimentos se misturam com outras atitudes conflitantes — é aprender a duvidar do sentimento como um modo básico de avaliar e conhecer. Assim, não deveríamos ser capazes de bloquear nossos sentimentos sexuais sem bloquear o desejo de relações sociais baseadas em reciprocidade em vez de hierarquia, sem bloquear a raiva que nos avisa que algo está errado em nossos ajustes sociais atuais, sem bloquear e distorcer a plenitude de nosso amor a Deus.[19]

    Não estou discutindo sexo livre ou mais expressão sexual, quantitativamente falando. Discuto viver perigosamente, escolher ser responsável por trabalhar ciente das possíveis conseqüências do sentimento sexual, em vez de reprimir o sentimento sexual e, por conseguinte, o sentimento em geral. Discuto que nossa capacidade de transformar o judaísmo e o mundo está enraizada em nossa capacidade de estarmos vivos para a dor e a raiva causadas pelos relacionamentos de dominação e para a alegria que espera por nós do outro lado. Discuto que estar vivo significa estar sexualmente vivo, e que, suprimindo um tipo de vitalidade, suprimimos o outro. Assim, a questão é: podemos afirmar nossa sexualidade como o dom que é, tornando-a sagrada não pelo isolamento de pedaços dela, mas pelo aumento de nossa consciência das várias maneiras pelas quais ela nos liga a todas as coisas? Podemos parar de expulsar nossa sexualidade da sinagoga, escondendo-a atrás de uma *mechitzah* ou rezando com nossas cabeças, e, em vez disso, trazê-la para dentro, oferecendo-a a Deus na experiência da plena conexão espiritual e física? Ousamos confiar em nossa capacidade de ser felizes — sabendo que está relacionada com nossa sexualidade — apontando na direção de novas e diferentes maneiras de estruturar a vida comunitária?

Evidentemente, estou sugerindo que as implicações de uma concepção diferente da sexualidade vão além da esfera sexual, e também acontece, é claro, que elas dão forma a essa esfera, da mesma maneira. A capacidade de sentir profundamente no total de nossas vidas afeta o que queremos e desejamos aceitar no quarto de dormir, assim como o que experimentamos no quarto nos prepara para a reciprocidade, ou dominação, no resto de nossas vidas. Um novo entendimento da sexualidade e um contexto institucional transformado para os relacionamentos sexuais terão importante impacto nas normas sexuais pessoais. Se as categorias e modelos tradicionais para entender a sexualidade já não são moralmente aceitáveis do ponto de vista feminista, mas a sexualidade é fundamentalmente sobre os relacionamentos com os outros, que valores devem governar o comportamento sexual dos judeus modernos?

Ver a sexualidade como um aspecto de nossa energia vital, como parte de uma série de outras maneiras de relacionar-se com o mundo e com as outras pessoas, é insistir em que as normas de reciprocidade, respeito pela diferença e fortalecimento conjunto que caracterizam a visão feminista mais ampla de comunidade também se aplicam — de fato, especialmente — à área da sexualidade. Se, em nossa vida comunitária, buscamos estar presentes uns com os outros, de tal modo que possamos tocar o poder maior de estar onde moram todas as comunidades, não seria isso muito mais verdadeiro nos relacionamentos potencialmente mais abertos, íntimos e vulneráveis de nossas vidas?

A unificação da sexualidade e da espiritualidade oferece um ideal do que pode ser um relacionamento sexual, um ideal que é muito mais a medida do possível do que a realidade contínua de cada dia. O que mantém esse ideal vivo como possibilidade recorrente é o exercício do respeito, da responsabilidade e da honestidade — proporcional à natureza e profundidade do relacionamento específico — como valores básicos de qualquer conexão sexual. Em termos de escolhas na vida real, acredito que a reciprocidade radical é totalmente possível no contexto de um relacionamento contínuo, comprometido, no qual a expressão sexual é uma das dimensões da vida compartilhada. As parcerias duradouras devem ser o ambiente mais rico para se negociar e vivenciar o significado de reciprocidade, responsabilidade e honestidade, em meio às distrações, problemas e prazeres de cada dia. Essas parcerias, porém, não são uma opção para todos os adultos que as desejam, e nem todos os adultos as escolheriam, se pudessem escolher. Para reagir, dentro de uma estrutura feminista, à realidade das inúmeras decisões da vida e, ao mesmo tempo, afirmar a importância do bem-estar sexual como aspecto de nosso bem-estar geral, precisamos aplicar certos valores fundamentais a uma série de estilos e opções sexuais. Ao passo que honestidade, responsabilidade e respeito são bens pertinentes a qualquer relacionamento, o significado concreto destes valores variará consideravelmente, dependendo da duração e importância da conexão. Em um relacionamento, a honestidade pode significar a partilha total e aberta de sentimentos e experiências; em outro, pode significar clareza a respeito da intenção daquele encontro. No contexto de uma parceria comprometida, a responsabilidade pode significar presença, confiança e intercâmbio por toda a vida; num breve encontro, pode significar a discussão sobre natalidade, preservativos e Aids. No máximo, o respeito pode significar olhar para o outro como uma pessoa plena; no mínimo, pode significar ausência de pressão ou coerção e um compromisso, nas palavras de Lorde, para não "desviar o olhar quando gozamos juntos.[20]" Se precisarmos desviar o olhar, deveríamos ir embora: as mesmas escolhas a respeito de se e como agir sobre nossos sentimentos, que pertencem a qualquer área de tomada de decisão, estão abertas para nós em relação à nossa sexualidade.

As mesmas normas que se aplicam aos relacionamentos heterossexuais também se aplicam aos relacionamentos gays e lésbicos. Enquanto outros ensaios deste livro reavaliam várias facetas da tradicional rejeição judaica da homossexualidade, a questão central que exige repensar no contexto de uma nova conceituação feminista da sexualidade é o relacionamento entre a escolha homossexual e a continuidade entre energia sexual e energia vital corporificada. Se vemos a sexualidade como parte do que nos permite ir além de nós mesmos, e portanto como ingrediente fundamental de nossa espiritualidade, a questão da homossexualidade deve ser colocada num contexto diferente daqueles nos quais é com mais freqüência discutido. A questão da moralidade da homossexualidade se transforma, então, não numa questão de lei judaica, ou do direito à privacidade, ou da liberdade de escolha, mas numa questão de afirmação do valor do indivíduo e da sociedade, cada um de nós sendo capaz de encontrar aquele lugar dentro de nós mesmos onde a sexualidade e a espiritualidade se encontram.[21] É possível que alguns ou muitos de nós, para quem as conexões entre a sexualidade e as fontes mais profundas de poder pessoal e espiritual emergem mais fartamente ou somente com aqueles do mesmo sexo, optassem por levar uma vida heterossexual em prol da submissão à lei judaica ou por mais amplas pressões e valores sociais. Mas, então, esta escolha seria uma violação da visão mais profunda oferecida pela tradição judaica de que a sexualidade pode ser um meio de experimentar e reunificar-se com Deus. Embora, historicamente, esta idéia tenha sido inteiramente expressa em termos heterossexuais, a realidade é que, para alguns judeus, tem sido realizada em relacionamentos de homens e mulheres, enquanto para outros é realizada apenas em relacionamentos entre membros do mesmo sexo. Assim sendo, o que se chama de caminho para a santidade nas relações sexuais é, para alguns, a supressão da santidade — um sacrifício muito caro tanto para o indivíduo quanto para a comunidade.

A aceitação potencial de gays e lésbicas pela comunidade judia levanta a questão dos filhos — para o judaísmo, a principal garantia para as relações sexuais e a fachada atrás da qual, geralmente, está a discriminação, rejeitando a homossexualidade como uma escolha judaica. De novo, para colocarmos esta questão no contexto de um paradigma feminista para se entender a sexualidade, a procriação é uma dimensão de nossa sexualidade, assim como a sexualidade é uma dimensão de nossa personalidade corporificada. Se a sexualidade nos permite chegar-nos aos outros, ter filhos é um modo de alcançar nossa própria geração, afirmando a continuidade biológica da vida e a continuidade da comunidade judia e dos valores comuns. Na medida em que as comunidades judias têm grande importância na criação de filhos judeus, é de seu interesse estruturar as instituições comuns para apoiar concretamente todos os judeus que optam por criar os filhos, inclusive o crescente número de lésbicas e homens gays.[22] Mas, assim como o judaísmo sempre reconheceu que a procriação não esgota o significado da sexualidade, assim também ter filhos não esgota as maneiras pelas quais os judeus podem contribuir para as gerações futuras.[23] O reconhecimento da continuidade entre a sexualidade e o fortalecimento pessoal reforça a convicção do valor inerente à sexualidade como expressão de nossa personalidade e de nossa conexão com os outros e nosso amor pelos outros. O sentido de integridade e autovalor que um relacionamento sexual amoroso pode proporcionar aumenta a capacidade de comprometer-se com o futuro, seja sob a forma de ter e criar filhos, seja fomentando a continuidade comunitária de outras formas.

Finalmente, mas enfatizando tudo o que foi dito, a sexualidade como aspecto de nossa energia vital e poder nos liga a Deus como fonte contínua de energia e poder do universo. Ao alcançar outra pessoa sexualmente com o eu total, as fronteiras entre o eu e o outro podem dissolver-se, e podemos sentir-nos unidos com fluxos maiores de energia e sustentação. Acontece, porém, que, mesmo ao nos encontrarmos com as a pessoas, no dia-a-dia, alcançamos o Deus presente em cada conexão, na teia de relações com um mundo maior. Por um lado, a plenitude, a "qualidade de tudo abarcar da expressão sexual", que inclui corpo, mente e sentimento, é para muita gente a maneira mais próxima de abraçar a plenitude de Deus nesta vida.[24] Por outro lado, os laços diários da comunidade também são laços eróticos através dos quais alcançamos o Deus da comunidade. Ao reconhecer a continuidade entre nossa própria energia sexual e as correntes maiores que a alimentam e renovam, afirmamos nossa sexualidade como fonte de energia e poder que, apoiada nos valores de respeito e reciprocidade, podem levar-nos ao Deus relacionado e, portanto, sexual.

PARTE 4

Criar a Comunidade Judaica Lésbica e Gay

INTRODUÇÃO

Enquanto um número crescente de lésbicas e gays judeus "sai do armário", nós desenvolvemos várias formas de comunidade. Muitos grupos pequenos trocaram os modelos feministas de tomada de consciência e de *chavurot* por contextos de apoio pessoal, exploração espiritual, expressão cultural e ação política. Alguns grupos maiores evoluíram para congregações. Embora a maioria dos judeus gays e lésbicas não se tenha filiado a nenhum desses grupos, eles têm importante papel na criação de uma cultura que nos capacite a prever "viver como tudo o que somos", parafraseando o ensaio de Eric Rofes.

Aliza Maggid escreve sobre o desenvolvimento do Congresso Mundial das Organizações Gays e Lésbicas Judaicas, conhecido como o "movimento da sinagoga gay". Ela descreve suas origens, seu crescimento, suas realizações e os desafios que enfrenta. As sinagogas gays e lésbicas são, geralmente, nossas instituições mais visíveis, e é importante estudá-las à medida que continuam a crescer. Maggid fala da questão de "por que uma sinagoga gay" e olha para a maneira pela qual estas congregações acolhem pessoas que não são necessariamente lésbicas ou gays.

Evelyn Torton Beck discute os desdobramentos entre os grupos judeus lésbico-feministas, principalmente a partir da publicação de sua antologia *Nice Jewish Girls*, em 1982. Beck enfatiza a importância de dar nomes a todas as identidades da pessoa, compreendendo e valorizando a ligação entre elas. Ela fala da complexidade de se construir uma comunidade nesta base. Beck descreve as lésbicas-feministas judias como "a nova minoria profética" dentro da comunidade judaica.

Yoel Kahn escreve sobre a evolução da liturgia nas congregações lésbicas e gays. Começando pela decisão de eliminar o sexismo do livro de orações, bem como pela necessidade de expressar nossa experiência singular, os congregados criaram orações e rituais novos e também infundiram novo sentido aos antigos. Kahn discute cerimônias *kiddushin* para casais do mesmo sexo, práticas de Sabá durante a semana de orgulho gay e lésbico e várias questões levantadas pela crise da Aids.

De forma diferente de outros ensaios deste volume, Eric Rofes discute suas experiências, como judeu, na comunidade gay, em vez de uma pessoa gay na comunidade judaica. Ele reconhece as maneiras pelas quais sua experiência como judeu fortaleceu-o e preparou-o para a vida de homem gay. Também fala de exemplos de anti-semitismo explícito que encontrou, bem como as mais ardilosas dificuldades de adaptar-se à cultura majoritária, ou mesmo à subcultura da comunidade gay.

Obviamente, as lésbicas e os gays judeus já estão construindo comunidades de várias maneiras, e isso aumentará com o passar do tempo. À medida que se abrem opções de integração e inclusão em mais contextos judaicos, as feições dessas instituições tendem a mudar. Nesse meio tempo, continuaremos a construir e fortalecer as nossas.

Unir-se para Construir um Movimento Mundial[1]

Aliza Maggid

Em Boston, um grupo de homens e mulheres de Am Tikva ocupa-se em embrulhar *homentashn*, frutas e doces em pequenos pacotes para presente de Purim para entregar a judeus idosos em casas de repouso.

Em Los Angeles, um alegre casal está sob o *chuppah*, rodeado por família e amigos, enquanto o rabino da Beth Chayim Chadashim os orienta na troca de votos.

Depois de terminar uma campanha para angariar fundos, a orgulhosa congregação Sha'ar Zahav, de San Francisco, se reúne para consagrar o edifício da nova sinagoga. O prefeito da cidade mandou um manifesto desejando tudo de bom.

Várias organizações da comunidade judia de Amsterdam unem-se em passeata noturna à luz de velas e caminham juntas em apoio aos judeus soviéticos. Os membros do Sjalhomo juntam-se à multidão.

Uma animada festa com baile atrai uma multidão à Bet Haverim, em Paris.

A Tikva Chadashah, em Seattle, planeja comprar um armário de madeira para guardar os rolos de pergaminho da Torá que receberá, como empréstimo permanente, de uma sinagoga da redondeza.

Em Nova York, os líderes do Beit Simcha Torah anunciam o programa educacional de outono à congregação de várias centenas de pessoas. As aulas serão de hebraico, iídiche, o Talmude e outros estudos judaicos.

Estas cenas retratam atividades que representam a fibra da vida comunitária judia. Elas podem ser encontradas em sinagogas e grupos judeus por todo o mundo. Nada disto parece fora do comum, exceto pelo fato de que todos os grupos citados acima são constituídos de homens gays e lésbicas.

Durante os anos 70 e 80, lésbicas, homens gays e bissexuais judeus, em mais de vinte cidades americanas, Canadá, Inglaterra, Bélgica, Holanda, França, Israel, Austrália e outros países, organizaram uma variedade de associações e congregações dinâmicas. Nossos grupos variam muito, refletindo as condições locais e as necessidades dos membros. Alguns estabeleceram sinagogas com um edifício, um rabino, cultos semanais e programas de educação religiosa. Outros preenchem uma função primordialmente cultural e social, reunindo homens e mulheres numa atmosfera judia de amizade, apoio e educação. Muitos grupos têm uma estrutura de *chavurah*, com um componente religioso, mas sem todas as funções de uma sinagoga. Além disso, nossos grupos promovem atividades sociais e políticas, atuando como uma voz gay na comunidade judia e uma voz judia na comunidade gay. E, em Israel, o grupo desempenha o papel de uma organização nacional gay e de direitos civis, dada a necessidade, lá, de um ambiente positivo para lésbicas e homens gays, e não de um local para ratificar a identidade judaica.

Estes vários grupos reuniram-se para formar o Congresso Mundial das Organizações Gays e Lésbicas Judaicas. O Congresso patrocina conferências internacionais e regionais, promove educação pública e apóia o desenvolvimento de organizações, novas e já existentes, de lésbicas e gays judeus.

Por ocasião dos distúrbios de Stonewall, em 1969, muitos judeus gays e lésbicas viviam com sua identidade homossexual escondida, mesmo desempenhando papéis como os de rabino, trabalhador comunitário ou congregado atuante. Importantes partes de suas vidas permaneciam invisíveis; por exemplo, não se sentindo capazes de levar um parceiro do mesmo sexo à sinagoga e, se o faziam, reprimindo conscientemente a troca de calor e afeição, ao passo que os casais não-gays, ou amigos, sentiam-se à vontade para dar os cumprimentos do Sabá ou dos *Yom Tov* em forma de abraços ou beijos. O reconhecimento conferido somente a casais heterossexuais por ocasião de um noivado, aniversário ou consagração de um novo lar ampliava mais a alienação experimentada por lésbicas e homens gays judeus. Geralmente identificados como "solteiros", esses gays e lésbicas judeus toleravam, de má vontade, ofertas de apresentações sociais ou convites para eventos de "solteiros".

Outros judeus gays e lésbicas abstiveram-se de participar ativamente de comunidades judias, por causa do desconforto de esconder a identidade, ou pela dor de sentirem-se rejeitados pela comunidade de alguma outra pessoa. Muitos negaram ou ignoraram sua identidade, enquanto muitos podem ter-se reunido informalmente em casas, bares e clubes de dança.

Muitos de nós, que estavam entrando na vida adulta em 1969, foram profundamente afetados pelo clima de experimentos e mudanças sociais de nossa era. As influências do feminismo foram deitando raízes por todo o país. Inflamado pelos primeiros movimentos de mulheres, o princípio de que "o pessoal é político" moldou muito meu próprio pensamento e o de muitos homens e mulheres que, mais tarde, adeririam a uma congregação gay e lésbica. Lembro-me de 1974, quando amigas lésbicas me convidaram para uma festa de *Hanukkah*, que, para muitas de nós, era a primeira em muitos anos. Na época, parecia um ato de coragem levantar questões de identidade judaica nas comunidades de mulheres e lésbicas, embora muitas de nós fôssemos judias. E, uma vez iniciada a exploração dessas questões, ficávamos ansiosas por ter mais oportunidades de fazê-lo.

No início dos anos 70, um pequeno mas significativo número de lésbicas e gays judeus começou a aparecer em várias congregações da Metropolitan Community Church (MCC), uma denominação protestante internacional de gays e lésbicas. Essas mulheres e esses homens buscavam uma estrutura confortável para sua vida religiosa e, embora se sentissem ligados ao judaísmo, não se sentiam bem-recebidos como gays na sinagoga. Em várias cidades de todo o país, a MCC tornou-se um lar espiritual para os judeus em busca de camaradagem e apoio.

Em 1972, em Los Angeles, três anos após os distúrbios de Stonewall, um grupo de lésbicas e gays judeus freqüentadores da MCC começou a reconhecer que já era tempo de criar uma alternativa especificamente judia. Primeiro, eles se denominavam o Metropolitan Community Temple, e seguiram adiante para fundar a Beth Chayim Chadashim (BCC), "a Casa da Nova Vida", um local onde lésbicas e homens gays judeus podiam moldar a própria vida ritual e o ambiente social.

Os fundadores da BCC começaram a anunciar a existência dessa corajosa nova opção para lésbicas e gays judeus. Eles publicaram anúncios em jornais gays locais, e o grupo começou a crescer, atraindo outros que ficaram felizes por encontrar-se. Cautelosamente, eles se aproximaram do escritório local da Union of American Hebrew Congregations (UAHC), o movimento da Reforma, e foram recebidos calorosamente com assistência e apoio. Foram tomadas providências rápidas para arranjar livros de orações e espaço para reuniões. Foi estabelecido um horário regular de serviços religiosos, e a BCC seguiu seu caminho. Nesse mesmo ano, formou-se, em Londres, um grupo judeu gay, e, entre 1972 e 1975, pelo menos mais dez grupos de lésbicas e gays judeus se estabeleceram nos Estados Unidos e no exterior.

Durante esse período, foi de especial importância a decisão dos fundadores da BCC de estabelecer laços com a UAHC e iniciar conversações visando à obtenção de membros para aquela instituição. A solicitação para membro de uma congregação de "expansão gay" causou discussão em todo o movimento da Reforma. Houve controvérsia e debate em vários níveis, mas, no final de 1973, a BCC recebeu votação para ser membro numa ação histórica que abriu as portas do judaísmo tradicional a judeus gays e lésbicas.

Em 1974 e 1975, um bom número de judeus gays participou da convenção anual da MCC, trocando experiências e oferecendo uns aos outros apoio moral em seus esforços para sustentar seus grupos incipientes. Eles também estavam plantando as sementes de uma rede judia de gays e lésbicas. Dentro de pouco tempo, essas sementes começaram a crescer. Quando os membros da Congregação Beit Simchat Torah, a sinagoga de gays e lésbicas de Nova York encontraram-se numa acalorada discussão sobre a resolução das Nações Unidas condenando o sionismo como racismo, eles convocaram uma reunião para desenvolver estratégias a fim de combater o anti-semitismo. Então, no fim de semana de 5 a 7 de dezembro de 1975, representantes de Los Angeles, Filadélfia, Boston e Washington, D.C., viajaram a Nova York para participar do primeiro encontro de grupos de lésbicas e judeus gays. Finalmente, estávamos juntos num encontro oficial, dando a nós mesmos uma prova das possibilidades de uma rede mais poderosa no futuro.

Durante a histórica reunião de 1975, lançamos as bases para nossa primeira conferência internacional em Washington, D.C., em 1976, quando judeus gays e lésbicas de Toronto, Montreal e Londres viajaram para juntar-se aos participantes dos Estados Unidos. (Um delegado de Israel não pôde participar, mas mandou um representante.) Então, partimos para conferências em Nova York, em 1977, e em Los Angeles, em 1978.

Essas conferências foram preenchidas com a exuberância da reunião num ambiente que a maioria dos delegados jamais tinha vivenciado. Sentimos orgulho juntos e fomos capazes de compartilhar nossas preocupações numa atmosfera completamente receptiva. Amizades calorosas e duradouras nasceram rápida e facilmente. Participamos de muitos laboratórios sobre questões de gays e judeus, indo desde a cultura iídiche até os casais judeus/não-judeus e a paz no Oriente Médio. As reuniões de negócios foram cheias de debates e animadas pela camaradagem entre delegados vindos do mundo todo. Cantamos, dançamos, realizamos serviços religiosos de várias formas alternativas e, claro, nos divertimos com muita comida e festa.

Demos um grande passo visando à construção de um movimento verdadeiramente internacional em 1979, quando decidem realizar a conferência em Israel e recrutar mais delegados de fora dos Estados Unidos. Nosso movimento amadureceu com o controle dos problemas de crise, surgidos quando as autoridades rabínicas ortodoxas ameaçaram revogar a licença de *kashruth*, uma necessidade para fazer negócios em Israel, a partir do *kibbutz* onde se realizaria a conferência. Os organizadores israelenses mostraram grande determinação e criatividade à medida que lutavam por arranjos alternativos. Os delegados mostraram determinação semelhante à medida que chegavam de todas as partes do mundo, sem terem certeza, no momento de partir, de que a conferência se realizaria. Houve a conferência, e os anfitriões israelenses. (a Sociedade para a Proteção dos Direitos Pessoais) deram as boas-vindas a participantes da França, Inglaterra, Austrália, Bermudas, Canadá, Alemanha Ocidental, Holanda, México, Portugal, África do Sul e Estados Unidos.

Depois de vários dias, os delegados se reuniram na cidade de Lahav e ficaram estarrecidos ao saber que o Fundo Nacional Judaico (FNJ) cancelara nossa inauguração de um bosque de três mil árvores, destinado a servir como um memorial de lésbicas e gays judeus através dos séculos. Cerca de nove mil dólares haviam sido angariados para pagar o terreno arborizado, através de um projeto conjunto de organizações lésbicas e gays judaicas. O FNJ resolveu não inscrever as palavras "gay e lésbica" na placa de inauguração e ofereceu-se para devolver o dinheiro. A liderança da conferência sabia ser impossível devolver as contribuições à maioria dos doadores anônimos. Os delegados sabiam, bem mais ainda, que aquelas árvores tinham sido doadas em homenagem a nascimentos, mortes, comemorações e tristezas de seus familiares e entes queridos. Henry, um dos mais velhos delegados, homem de sessenta e poucos anos, de Nova York, falou firmemente com nosso grupo sobre qual deveria ser a reação. Henry fora aconselhado por seus médicos a não fazer a viagem a Israel por estar muito doente, mas teve que ir de qualquer maneira por seu grande desejo de ver a terra natal judia pela primeira vez. Recobramos nossa determinação quando ele insistiu em que "viéramos de muito longe, e não nos poderiam negar uma cerimônia de inauguração".

Quando o ônibus chegou ao bosque em Lahav, os delegados convenceram um simpático trabalhador a permitir o plantio de uma árvore simbólica e criaram uma alegre cerimônia de inauguração no local, com preces, danças e cânticos. A única coisa que faltou foi o reconhecimento do FNJ.

Durante a semana da conferência, os delegados se encheram de raiva ao encontrar o preconceito, mas também se encheram de sentimentos de calor e solidariedade pelos irmãos e irmãs israelenses. Fomos em massa até o Parque da Independência em Tel Aviv, para a primeira demonstração de direitos gays feita em Israel. Muitos espectadores curiosos aderiram a animadas discussões com os participantes, ansiosos por questionar e conhecer pessoas gays. Câmeras de televisão e repórteres gravaram o evento para a posteridade. Aquela noite, mais tarde, quando nos descontraíamos num café ao ar livre, reunimo-nos em torno da televisão, no balcão, enquanto o primeiro programa apresentado em Israel sobre direitos de gays e lésbicas ia ao ar.

Dos laços profundos estabelecidos entre as pessoas e da força adquirida ao lidarmos com essas experiências nasceu o desejo de criar uma estrutura internacional mais formal e duradoura, que pudesse servir de ligação entre as conferências e que propiciasse a unificação de uma voz pública. No ano seguinte, os 16 grupos que participaram da Conferência em San Francisco fundaram oficialmente o Congresso Mundial das Organizações Gays e Lésbicas Judaicas.

A estrutura dada pelo congresso estimulou um período de crescimento substancial. Congregações estabelecidas ficaram mais estáveis e começaram a dar apoio e orientação a novos grupos. Nos Estados Unidos e na Europa, surgiram redes regionais. O congresso passou a publicar e fazer circular um boletim e a juntar-se a outras organizações. Produzimos um panfleto educacional dissipando os mais graves juízos falsos a respeito de judeus gays e lésbicas e o enviamos a milhares de sinagogas e instituições comunitárias judaicas.

O congresso também proporcionou orientação a organizações locais, que sediaram conferências anuais em Filadélfia, em 1981, Los Angeles, em 1982, e Miami, em 1983, e nossa primeira conferência bienal em Washington,

D.C., em 1985. Essas conferências continuaram a capacitar-nos, alegremente, a explorar e expressar nossas identidades judaicas gay e lésbica, proporcionando-nos um fórum para tratar de tópicos tais como: criação de liturgia, recrutamento de novos membros e incremento de nossa capacidade de preencher nossas responsabilidades judaica de ação social e *bikkur cholim* (o tradicional *mitzvah* de visitar os doentes). As conferências também nos deram enormes oportunidades de alcançar e educar nossas próprias comunidades judias, onde as mais importantes congregações da Reforma às vezes recebiam os delegados para a adoração do Sabá. Nossas conferências costumavam receber um manifesto ou notas de boas-vindas, do prefeito da cidade-sede, e, em Washington, D.C., um congressista discursou para o grupo.

Em 1987, demos outro grande passo para a solidificação de nosso caráter internacional, com o Sjalhomo, nossa organização filiada da Holanda, sediando a conferência em Amsterdam. As sessões plenárias foram traduzidas para o holandês, o inglês, o hebraico e o francês, para atender às necessidades dos grupos nacionais das pessoas mais diferentes já presentes em nossas conferências. Nossos anfitriões holandeses planejaram a conferência para apresentar pessoas do mundo todo à experiência de ser judeu europeu. Para muitos, as histórias das experiências vivenciadas pelos judeus na época da guerra ganharam vida de um novo jeito, após ouvi-las de companheiros gays com os quais se identificavam estreitamente. Realizou-se uma cerimônia religiosa pelas vítimas do Holocausto num local onde eram reunidos os judeus holandeses que seriam deportados para campos de concentração. Além dos oradores holandeses, ouvimos um dos delegados de San Francisco, ex-refugiado, que falou sobre o tempo em que fora detido para posterior deportação, naquele mesmo edifício. Ele demonstrou grande alegria por poder voltar lá como judeu gay, livre e orgulhoso.

A cerimônia religiosa e outras experiências nos deixaram com lágrimas nos olhos, mas também tivemos muitas ocasiões para celebrar. O *lobby* do Grande Hotel Krasnapolsky, situado numa das praças principais de Amsterdam, ficava cheio de delegados desde cedo pela manhã até tarde da noite, ansiosos por aproveitar todos os minutos para conhecer-se e compartilhar experiências. A sessão de encerramento, no grande salão de baile, estendeu-se por uma hora além do programado, pois centenas de pessoas dançaram ao redor do *hall* entoando uma canção holandesa, que se tornou popular, lá, como um hino de orgulho gay. Ninguém tinha a menor vontade de voltar para casa.

Nossos grupos cresceram para preencher as mesmas necessidades que as congregações fornecem a qualquer judeu: cerimônias religiosas, assistência pastoral, educação para nós mesmos e nossos filhos, um contexto para comemorar práticas e *simkhes* e uma avenida para contribuir para *tzedakah* e boas obras para nossa comunidade. Além destas funções, nossos grupos também se esforçam para atender às necessidades especiais de nossos membros.

Muitas vezes, os membros comentam que seu grupo é como uma família para eles. Muitas pessoas gays se afastaram de suas famílias de origem por causa da questão da homossexualidade. Para os judeus gays e lésbicas, ser sócio de uma de nossas organizações é, geralmente, um valioso antídoto para esse afastamento, oferecendo o calor, o apoio e a aceitação de que todos nós necessitamos para ter sucesso.

É raro o Sabá em que pais, irmãos(ãs) ou ex-esposos(as) não compareçam a nossas congregações, e ficamos felizes por dar-lhes oportunidade de reconciliação. Mas, às vezes, as famílias simplesmente não aceitam o fato de um ente querido ser gay, e a alienação torna-se permanente. Nessas situações, a congregação geralmente vira uma *mishpacha* substituta.

Muitos gays e lésbicas são pais ou mães, principalmente como resultado de casamento heterossexual. Hoje em dia, um número crescente de lésbicas e homens gays escolhe o caminho da paternidade, e muitos, por serem judeus, desejam uma educação judaica para seus filhos. Algumas congregações de gays e lésbicas começaram a organizar *chavurot* em escolas religiosas de família, trazendo nova vitalidade e comprometimento à vida da sinagoga.

Na medida em que a preocupação comunitária e pastoral pelos enfermos e agonizantes é função tradicional de uma congregação, a epidemia da Aids tem exigido muito de nós. Aprendemos a cuidar dos doentes e confortar os desolados, principalmente porque as congregações e agências judias só recentemente começaram a reconhecer a necessidade de prestar serviços às pessoas com Aids e seus familiares.

As alegrias e benefícios de reunir-se com irmãos e irmãs de gays e judeus sempre suplantaram os desentendimentos e as diferenças em filosofia, estilo e antecedentes dos participantes. Mas esses desentendimentos e diferenças são reais. Considerando que os gays e lésbicas em busca de filiação a uma dessas organizações raramente têm mais de uma opção em sua área geográfica, um grupo muito diferente de pessoas acaba por juntar-se mais do que na congregação tradicional, cujos membros geralmente se associam, baseados em orientação religiosa ou em outras afinidades.

Nossos grupos são fundados por pessoas que se identificam como judeus ortodoxos, conservadores, reformadores, reconstrutores e seculares ou culturais. Quase todos os atuais grupos incluem homens e mulheres, embora alguns sejam predominantemente masculinos ou femininos, principalmente nos primeiros anos. A faixa de idade dos membros vai dos vinte aos setenta anos, ou mais, embora muitos tenham vindo da "geração Stonewall", agora com trinta a quarenta e poucos anos. As ocupações variam de operários até profissionais com altos salários. As perspectivas políticas dos membros constituem outra corrente de diversidade, variando em questões importantes, tais como feminismo, o conflito do Oriente Médio e as relações entre os judeus e outros grupos de pessoas. As opiniões dos que foram radicalizados pelos movimentos sociais dos anos 60 não foram necessariamente compartilhadas por outros membros.

Uma das mais cruciais e duradouras áreas de conflito tem sido o feminismo e o papel da mulher. Muitos gays e lésbicas estabeleceram ligações íntimas com pessoas do mesmo sexo. Muitos dos que participaram dos movimentos gays e de mulheres nos anos 70 se acostumaram a grupos do mesmo sexo, políticos ou sociais, de aumento de consciência. Alguns sentiram alívio quando se juntaram a um grupo judeu de gays e lésbicas e puderam repartir calor e amizade com pessoas do sexo oposto. Mas é inevitável que os conflitos relacionados com o sexismo e a filosofia feminista dêem colorido às interações e decisões organizacionais do dia-a-dia.

Quase todos os grupos tiveram suas lutas por causa da linguagem e dos papéis sexualmente diferenciados que constituem tradição no judaísmo. Muitos grupos resolveram escrever livros de orações originais por uma série de razões, mas principalmente para retirar as referências de sexo a Deus. Os grupos geralmente eram rápidos ao fazer com que a participação no ritual e a liderança estivessem abertas a homens e mulheres por igual.

Ao passo que a maioria dos membros aprovava essas mudanças, às vezes com certo desconforto no início, outros viam as mudanças como a destruição do judaísmo, ou torná-lo não identificável a seus sentidos. Quando uma liturgia sem alusão a sexo era apresentada, havia discussões durante a cerimônia, ou depois dela. A organização internacional debateu as resoluções de obrigar a linguagem não-sexista nos textos religiosos. Foram realizadas oficinas sobre a reestruturação da liturgia, em que os participantes debateram sobre a extensão desse processo. Os homens se irritavam por as mulheres fortes liderarem o *bima*, e as mulheres se zangavam quando os homens (que, geralmente, tinham muito mais treinamento intensivo sobre práticas religiosas e hebraico) tomavam a liderança nessa importante área.

Também houve desentendimento fora do âmbito religioso, de modo muito semelhante ao que acontecia nos grupos de homens e mulheres por toda parte. As mulheres esperavam que os homens mostrassem mais sensibilidade à dinâmica sutil do sexismo e tinham pouca paciência quando os homens dominavam as conversas ou ignoravam os pontos de vista delas. Este problema foi acrescico pela tendência da cultura dos homens gays de brincar com os estereótipos sexuais, tais como o uso de gestos femininos ou outros modos de identidade como mulher. A festa do Purim anual ou um *show* de talentos podia ter início como uma oportunidade de diversão, mas terminaria em discussão se as mulheres sentissem que alguns homens se excediam na maneira de se fantasiarem de sexo oposto.

Os homens também tendem a ser mais abertos do que a maioria das mulheres nas brincadeiras sobre questões sexuais. Enquanto essa abertura na cultura dos homens gays é geralmente uma virtude, nas mulheres muitas vezes leva à ofensa ou à alienação. A reação de alguns homens é de caracterizar as mulheres como excessivamente sensíveis. Para piorar a questão, nem todos os homens e mulheres concordaram com a maioria de seus respectivos grupos. Algumas mulheres, principalmente as que não se identificavam bem com o movimento feminista, se zangaram por causa de outras questões levantadas por mulheres. Alguns homens, recém-sensibilizados quanto a seu papel de perpetuar o sexismo, criticaram muito seus irmãos.

Os grupos lidavam com esses assuntos de diferentes maneiras, e, às vezes, perderam membros. Um ou dois grupos se separaram por causa dessas questões, e mais de uma conferência internacional testemunhou a saída de algumas mulheres ofendidas por diversões ou programas que considerávamos insuportavelmente sexistas. As congregações patrocinaram oficinas para ajudar homens e mulheres a trabalharem juntos. Fomos motivados por nossa afeição compartilhada a tentar e tornar a tentar entender-nos uns aos outros, apesar de muitas mágoas.

Em uma conferência, a apresentação de uma comédia num sábado à noite causou a saída de vinte mulheres e alguns homens do salão de baile, desgostosos por causa de piadas sexistas típicas de clubes noturnos. As mulheres ficaram acordadas quase a noite toda, deliberando. Quando nosso grupo se levantou para falar na sessão plenária do dia seguinte, a atmosfera da sala ficou tensa. Os homens, esperando ser doutrinados sobre sexismo, sentiram grande alívio quando nós os surpreendemos ao cantar uma paródia do comediante e lavramos um tento, fazendo todos rirem em vez de ficarem zangados e na defensiva.

Nossos grupos fizeram uma variedade de opções sobre juntar-se a outras organizações judias ou trabalhar com elas e sobre a adoção de elementos da vida congregacional tradicional, tais como um edifício, um rabino e um bom orçamento. Em geral, nossos grupos trabalharam para ter mais reconhecimento por parte da maioria da comunidade judia, em parte por causa da influência, dos recursos e do apoio que ela pode nos proporcionar. Por exemplo, a BCC investiu muita energia no movimento da Reforma e preparou o caminho para outras congregações gays. Em 1977, eles tiveram sucesso ao reverter a rejeição de uma resolução sobre direitos gays, e, em meados dos anos 80, puderam co-patrocinar uma oficina com mais três de nossos grupos (San Francisco, Chicago e Miami), atraindo uma multidão que veio aprender formas de apoiar os judeus gays e lésbicas. Porém, embora essas inúmeras filiações nos tenham proporcionado oportunidades valiosas, muitas vezes nos levaram por caminhos mais conservadores, tanto em estilo quanto em política.

Alguns de nossos grupos também começaram a angariar somas vultosas de dinheiro, assinando contratos de *leasing* de longa duração ou construindo edifícios próprios. As mensalidades dos membros e as contribuições tornaram-se comparáveis às das congregações vizinhas. Grande parte das energias de nosso grupo foi despendida com o levantamento de fundos, um reflexo do orgulho por nossas instituições e um passo para levar-nos a sério.

Naturalmente, o dinheiro é questão difícil. Algumas pessoas não querem pagar mensalidades com regularidade. Elas podem vir para a cerimônia do Grande Dia Santo, mas não conseguem imaginar-se filiadas a algo que, apesar dos sócios gays, lembra tão de perto a congregação de sua infância. Algumas pessoas têm dificuldade para pagar mensalidades e não se sentem à vontade para pedir abatimento, muito menos para conviver com pessoas cada vez mais profissionais.

Além das questões econômicas, muitas mulheres tentaram aderir a nossos grupos, mas se sentiram mais à vontade num grupo só de mulheres lésbicas judias. E mais, um número crescente de pessoas que se identificam como bissexuais está questionando se a denominação da organização como gay e lésbica também as inclui.

A questão de contratar um rabino ou outros profissionais é de interesse especial. Algumas congregações contrataram um ou uma série de rabinos, ao passo que outras, tão grandes e capazes de pagar a um profissional, decidem deixar a liderança da liturgia nas mãos de seus membros. As origens populares, relativamente recentes, de todos os nossos grupos causam tensão dinâmica nesta área. Cada grupo luta para manter a acessibilidade, a informalidade e um alto nível de participação entusiástica, enquanto fica aberto ao que a liderança de um rabino sensível pode oferecer-nos.

Enquanto a tendência para uma organização voltada para a religião e com uma sinagoga predomina nos Estados Unidos e na Inglaterra, nossos grupos no Canadá, Europa e Israel não se filiaram a um movimento religioso importante, não contrataram pessoal profissional nem fizeram das cerimônias religiosas seu ponto principal. Alguns desses grupos são menores, ou menos estáveis, ou seus membros simplesmente não têm o dinheiro que outros têm. Alguns se relacionam ativamente à comunidade judaica e ao governo de seu país, mas a religião não é importante para eles. O grupo holandês, por exemplo, exibe orgulhosamente uma crescente orientação política, e, a exemplo dos judeus europeus de pós-guerra, têm uma série de sentimentos sobre a filiação a sinagogas. O grupo israelense reflete um grande interesse secular pelo judaísmo, exatamente como a maioria dos judeus de Israel, e encontra aliados entre as forças não-religiosas dos direitos civis. Mesmo nos Estados Unidos, conseguimos incluir grupos não-congregados, tais como uma organização recém-filiada, as Lésbicas Judias Filhas de Sobreviventes do Holocausto.

Considerando que a religião e o senso de comunidade têm sido os pontos principais da maioria de nossas organizações, a atividade política, com seu potencial para a divisão, muitas vezes toma um lugar mais baixo na lista de prioridades. O desejo de oferecer uma atmosfera para tantos gays e lésbicas judeus quanto possível levou a tentativas de aceitar as diferenças políticas entre si e concentrar-se em atividades que não realcem essas diferenças. À exceção de nosso envolvimento ativo nas lutas por direitos civis dos gays, geralmente nos falta consenso em questões políticas e sociais.

Nossa história relativa a Israel e à paz no Oriente Médio ilustra este ponto. Ao longo dos anos, a maioria de nossos líderes e provavelmente nossos membros tiveram opiniões sobre Israel muito semelhantes às das instituições da comunidade judia, com exceção de nossa forte discordância com as atitudes discriminatórias da sociedade israelense em relação a lésbicas e homens gays. A par disso, sempre houve outras vozes, embora fossem uma minoria, defendendo a autodeterminação palestina e as negociações com as nações árabes e seus representantes. Essas opiniões foram assunto de muitas oficinas, debates acalorados e resoluções levadas às sessões plenárias de várias conferências, desde o início. Mas o objetivo essencial de nossas organizações para a construção de comunidades judias gays não incluía uma estrutura para levar essas questões além do nível de discussão. A exemplo de outros judeus, nossos membros geralmente falam sobre a situação de Israel, e alguns trabalham através de outras organizações. Mas, no âmbito do Congresso Mundial, o tópico do Oriente Médio quase desapareceu de vista.

É claro, o movimento internacional de congregações e grupos de gays e lésbicas continuará, e o Congresso Mundial alcançou um *status* seguro como organização. Esperamos continuar a crescer sobre uma base de associados maior e mais comprometida, em níveis local e regional, e mais grupos iniciando em locais onde não existem ainda. Esperamos crescer mais na Europa e chegar a outras partes do mundo, apesar do fato de a maior parte de nossa atividade, membros e liderança estar localizada nos Estados Unidos, com nossas políticas e atividades refletindo as perspectivas dos Estados Unidos. Estamos considerando o número de associados em organizações internacionais existentes tanto para judeus como para gays, inclusive as organizações não-governamentais das Nações Unidas pelos direitos humanos.

Muitas vezes nos perguntam se haverá um tempo em que nossos grupos deixarão de ser necessários. Se os judeus heterossexuais nos entendessem e aceitassem como gays, desejaríamos juntar-nos às congregações existentes e dissolver as organizações que desenvolvemos? Embora, a princípio, nós nos desenvolvêssemos grandemente como reação à nossa exclusão da comunidade judaica, crescemos e florescemos como alternativas positivas ao lado de outras organizações e movimentos judeus. Mais provável do que nossa dissolução é a possível integração de heterossexuais às nossas organizações. Alguns de nossos grupos se autodenominaram "grupos de alcance gay", com esta frase denotando que todos são bem-vindos, com especial sensibilidade para com o fortalecimento das questões gays. Muitos de nossos grupos incluem membros heterossexuais, que são amigos e aliados ou parceiros de associados bissexuais.

Temos muito de que nos orgulhar em nossos 15 anos de desenvolvimento. Construímos dezenas de organizações vibrantes e fortes, que servem de casa espiritual e comunitária para seus membros. Uma organização internacional reúne nossos grupos e facilita a partilha dos recursos. Nós contribuímos para a comunidade judaica, a comunidade gay e o mundo que está além dessas comunidades.

Nós proporcionamos uma avenida para que milhares de judeus encontrem um modo orgulhoso e satisfatório de retornar ao judaísmo. Nossa existência e presença na comunidade judaica possibilitou a gays e lésbicas pertencerem a outros segmentos da comunidade judaica e para eles contribuírem. Estamos contribuindo de maneira importante para o diálogo judeu a respeito da família e dos papéis de homens e mulheres. Nossas lutas para criar métodos igualitários de liderança espiritual e organizacional nos ensinaram muito. A intimidade respeitosa entre homens gays e lésbicas, em nossos grupos, é um raro modelo de amizade entre homens e mulheres.

Somos uma voz organizada influenciando o resto da comunidade judaica para mudar sua atitude em relação às pessoas gays. Nossas organizações desempenharam papel importante em conseguir que as organizações liberais judias e os prestadores de serviço à comunidade passassem a envolver-se na crise da Aids. Nas ocasiões em que o nível de opressão antigay se intensificar, na sociedade, continuaremos a mobilizar um importante segmento da comunidade judaica em favor dos direitos gays, como já o fizemos. À medida que trabalhamos para educar outros judeus, fortalecemos a comunidade judaica em sua capacidade para lidar com pessoas que, muitas vezes, são estigmatizadas e excluídas.

Criamos um movimento popular energético de judeus aprendendo e escrevendo e revisando a liturgia. A maioria de nossos grupos preparou seus livros de orações para o Sabá, e alguns desenvolveram muitas outras peças de liturgia para os Grandes Dias Santos, o dia do orgulho gay e *simkhes* individuais, tais como dar nome aos bebês. Nós também colaboramos para o tesouro de material criado por mulheres, que estão trazendo imagens e conceitos femininos para a adoração judaica. Estas ricas contribuições são compartilhadas por nossos grupos e, em alguns casos, muito mais amplamente.

No princípio dos anos oitenta, o Congresso Mundial colocou anúncios em várias publicações americanas de gays e lésbicas, exatamente antes do *Rosh Hashanah*, para ajudar os grupos locais a recrutar novos membros. Planejamos responder a todas as indagações com uma carta-padrão e uma lista impressa de nossas organizações locais. Como membro do pessoal administrativo, na época, respondi a muitas dessas cartas e, muitas vezes, me descobri escrevendo respostas pessoais. Cartas após cartas chegaram de indivíduos de cidades pequenas, áreas rurais e estados com baixa população judia. Ocasionalmente, chegavam umas cartas do Brooklyn ou de Los Angeles, onde havia alguém a poucos quilômetros de distância de nós, mas sem noção de nossa existência. Suas histórias de isolamento, medo e solidão me tocaram e renovaram minha visão de que nossa organização, nosso boletim, nossos compromissos de falar, nosso projeto de educação pública e até uma notícia de jornal sobre nós podiam mudar a vida de uma pessoa.

No ano seguinte, um rabino ortodoxo me telefonou várias vezes pedindo materiais explicativos. Só depois da terceira ligação, devagarinho, ele começou a deixar transparecer que era gay. Imaginem minha profunda satisfação quando um homem me chamou à parte, para o lado, na conferência internacional desse mesmo ano, e me mostrou quem era o rabino: nossos telefonemas deram-lhe coragem para participar.

Nós ajudáramos a quebrar o isolamento desse homem e de tantos outros, na sua condição de gays e lésbicas judeus. Tais conexões são de profunda importância para os seres humanos que conseguimos alcançar, e eles certamente são nossa maior realização.

Dar Nome Não É Um Ato Simples: A Comunidade Lésbico-Feminista Judaica nos Anos 80

Evelyn Torton Beck

Talvez não seja um acidente o fato de eu não conseguir achar o edital de excomunhão que recebi em 1982 do Supremo Tribunal Rabínico da América, localizado em Silver Spring, Maryland, em meio aos festejos anunciando a publicação de *Nice Jewish Girls: A Lesbian Anthology*,[1] que editei. No mesmo ano, falando na Universidade de Wisconsin no simpósio Madison Hillel sobre judeus gays e lésbicas, um jovem guardião da fé me ordenou: "Saia do *meu* judaísmo!" Apesar de, agora, eu não poder pôr minhas mãos fisicamente sobre aquela carta de expulsão, não tenho dificuldade em localizar a dor infligida por essas agressões.

Minhas razões para repetir estas histórias não são simplesmente contar o que já sabemos. Até hoje, não me ocorrera que elas eram, na realidade, formas judaicas de estupro espiritual. Eu conto estas histórias porque desejo, de público, envergonhar os grupos e indivíduos que me feriram como judia; quero que outros judeus saibam que isso acontece, de fato, dentro do judaísmo, mesmo nos anos 80. Quero falar da dor publicamente, porque ela pode sarar melhor comunitariamente. Quero lembrar que, enquanto estamos trabalhando pela total aceitação dos judeus gays e lésbicas na comunidade judaica, ainda há judeus que rejeitam gays e lésbicas judeus *como judeus* e, provavelmente, também como seres humanos.

Estas histórias também são úteis porque ilustram a tensão subjacente que vem à tona sempre que as necessidades do judeu individual entram em conflito com os que acreditam ter o poder de falar em nome da *comunidade*. Não fiquei surpreendida ao descobrir que a revista *Washington Jewish Week* publicou recentemente uma discussão sobre "A Centralidade da Comunidade no Judaísmo", que destacou a advertência do rabino Hillel, "Não vos separeis da comunidade", como um dos mais importantes "pilares da ética judaica prática".[2] De fato, a formulação deste preceito coloca o peso da separação inteiramente sobre o indivíduo e não coloca nenhuma responsabilidade sobre a comunidade para manter sua coesão. Não há advertência paralela à comunidade: "Não vos separeis daqueles que vos desafiam por sua diferença." Historicamente, esta valorização da comunidade em detrimento do indivíduo está embutida tanto na vida secular judia quanto na religiosa, como se evidencia num estudo pioneiro sobre a cultura tradicional das pequenas vilas da Europa Oriental, que tira seu título da sabedoria popular, *Life is with People*.[3]

Por mais atraente que seja o ideal de coesão para um povo sob constante risco na cultura dominante, uma comemoração não investigada da "comunidade" judaica inevitavelmente conduz aos tipos de experiências dolorosas com as quais comecei este ensaio. Enquanto os judeus do mundo todo compartilham muito, nós nunca fomos uma comunidade unida. Por esta razão, é importante compreender as lésbicas-feministas judias contemporâneas como simplesmente **um** agrupamento dentre a multiplicidade de comunidades judaicas que, quando tomadas em conjunto, constituem "o Povo Judeu". Como qualquer povo, nós somos um e muitos ao mesmo tempo.

Em estudo acadêmico altamente imaginativo, intitulado *Another Mother Tongue: Gay Words, Gay Worlds*, a poeta, ativista, feminista e lésbica Judy Grahn discute a história da cultura gay/lésbica de maneira a fazer um paralelo constrangedor com a cultura judaica. A exemplo da cultura judaica, a cultura gay é antiga e contínua, com suas tradições que sobrevivem, mesmo à medida que são transformadas. A exemplo da cultura judaica, a cultura gay/lésbica é marcada por ritmos de resistência e sobrevivência contra as grandes dificuldades. Por desafiarmos a hegemonia do cristianismo e da heterossexualidade, tanto os membros do grupo judeu como os dos grupos de gays e lésbicas têm sido submetidos a insultos físicos e verbais simplesmente por *serem* quem são.[4] Epítetos como "bicha", "baitola" e "fanchona" equivalem aos insultos *kike, yid* e, mais recentemente, "JAP".*[5] Membros

---

*JAP: Jewish American Princess, isto é, Princesa Judia Americana, refere-se à jovem mulher judia, principalmente à que deseja obter vantagens. (*N. do T.*)

de ambos os grupos desenvolveram maneiras especiais de ver e experimentar o mundo e deram importantes contribuições para as culturas dominante e minoritária em que vivem.[6]

Grahn atribui essa continuidade ao fato de que "os membros educam uns aos outros para que as características sejam repetidas época após época".[7] Nesta descrição, fico impressionada pela semelhança com que a comunidade judaica impõe a transmissão dos ensinamentos e da história de nosso povo através das gerações. "E tu os ensinarás a teus filhos"[8] e, por conseguinte, "aos filhos de teus filhos". Se os judeus pudessem aprender a valorizar a transmissão da cultura através das gerações, *sem ao mesmo tempo* insistir na continuidade biológica como única forma de transmissão cultural, o paralelo entre as duas culturas seria ainda mais forte, e mais triste, pois cada grupo contém "algo escondido" do outro.

Em ambas as culturas, às vezes os significados por trás de certas práticas religiosas ou sociais (que servem como lembretes da história) estão perdidos. Por exemplo, muitos descendentes dos marranos[9] já não conhecem o significado ou a origem do ritual de acender as velas na sexta-feira à noite do qual participam; da mesma forma, muitos gays e lésbicas não têm idéia de por que é hábito para eles usar anéis cor-de-rosa ou por que a púrpura é sua cor. Grahn continua: "Descobri que a cultura gay tem seus tradicionalistas, seu grupo central, que é universal, e que tem raízes tribais e espirituais. A cultura gay às vezes é subterrânea, às vezes aberta, e muitas vezes ambas."[10] Isto parece muito mais uma descrição da cultura judaica, se pensarmos em termos globais e históricos.

Cada cultura se identifica por meio das cores especiais que têm antigas raízes. Como acima observado, a púrpura é a cor da cultura gay masculina e da Nação Lésbica.[11] O azul e o branco são as cores do antigo *talis*; elas foram adotadas pelos judeus modernos como símbolo do povo judeu e por isso passaram a ser as cores da bandeira de Israel.[12] A língua também é importante traço de união. Grahn mostra como a vida gay/lésbica conta com um vocabulário especial que ajuda a cultura a permanecer coesa. As línguas "judias" (hebraico antigo e moderno, iídiche e ladino) têm peso simbólico semelhante e forneceram um meio essencial de comunicação ao longo do tempo e além das fronteiras nacionais. Se o judaísmo normativo não fosse tão ameaçado pela idéia da vida gay/lésbica, e a cultura normativa gay não refletisse as suposições da cultura cristã dominante, os paralelismos entre as duas culturas poderiam oferecer pontos de comunicação e um reconhecimento mútuo, talvez até uma aliança. Tal entendimento é especialmente importante para as lésbicas-feministas judias, que vivem num cruzamento em que as duas culturas se encontram, um lugar ao qual a psicóloga feminista Lee Knefelkamp se refere como "viver no meio".[13] Exatamente porque as lésbicas-feministas judias vivem nesse local, insistindo em que é crucial dar nomes a nós mesmas.

Dar nome não é simples. Dar nome é uma declaração pública de identidade, uma declaração que se transforma em responsabilidade tanto individual quanto para o grupo. Dar nome separa um grupo do outro, mas, ao mesmo tempo, cria um espaço ao qual outras como você podem aderir. Num contexto lésbico-feminista, dar nome a alguém é um modo de falar a verdade e um modo de reivindicar o poder que desafia os tradicionais donos do nome. Como esclarecem minhas histórias iniciais — e como minhas experiências de invisibilidade judia no movimento lésbico-feminista tornam evidente —, há aqueles, em ambas as comunidades, que *retirariam meu nome*.

Uma questão crucial, que precisa ser mais desenvolvida, é exatamente quem é dono do nome de qualquer grupo, porque o poder de dar nome é nada menos do que o poder de *incluir* e *excluir*.[14] A pressão em torno da questão da "autenticidade" e determinação de quem, exatamente, tem o direito de conferir ou negar o nome *judeu* ou *lésbica* leva a uma indagação sobre *quem* põe *o quê* em perigo ao manter as pessoas afastadas.[15] Neste contexto, dar nome torna-se um modo de "incomodar o mundo".[16]

Dar nome também pode transformar-se num catalisador para trazer à superfície uma espécie de conhecimento tácito que reside dentro de um indivíduo ou é compartilhado por um grupo — o que o filósofo Michael Polanyi descreve como saber visceralmente, "com o corpo e através dele".[17] Dar nome não acontece, necessariamente, de uma vez e pode vir em etapas; pode marcar o início ou o fim do processo de aprendizado.[18] Além disso, pode ser uma declaração de expectativa, uma declaração de esperança, uma promessa. Mas também pode ser perigoso, pois o significado de dar nome não permanece sob nosso controle. Quando me arrisco a nomear-me a mim mesma, espero que isso fará algo por mim, talvez solidificar o sentido de quem eu sou ou reconciliar íntimas contradições em luta.

Chamar-me de "judia" surpreendeu-me mais do que chamar-me de "lésbica". Para mim, "judia" era a respeito de história, cultura e identidade compartilhada; na prática, isso levou-me a ficar imersa na política do mundo patriarcal mais do que eu desejava e envolveu-me numa luta contínua com o ritual judaico. Nos últimos anos, tive que encarar o fato de que, quando os rituais judaicos numa sinagoga gay/lésbica não são relativamente transformados pelo feminismo, eles não me proporcionam qualquer satisfação espiritual maior do que os da medianamente iluminada congregação tradicional (isto é, heterossexual). Descobri que preciso buscar alimento espiritual fora da sinagoga, e fiquei surpreendida ao descobrir que isso talvez não se dê na companhia exclusiva de judeus gays/lésbicas.[19]

Talvez o mais arriscado de tudo seja eu não poder predizer o que esses nomes evocarão em mim. O anti-semitismo interiorizado e a homofobia podem pegar-me de surpresa e aparecer junto com o entusiasmo, o alívio e a alegria. Estas interiorizações podem levar-me a impor limitações a como eu mesma me vejo agora; podem determinar comportamento e constranger possibilidades internas e externas, tanto quanto dar nome pode fornecer novas aberturas. Dados estes perigos, é essencial compreender que dar nome não é um ato singular, mas um processo diário e contínuo de afirmação.

Ironicamente, pelo fato de a identidade judaica tomar tantas e tão diferentes formas, mesmo um grupo pequeno e aparentemente unido como o das que se denominam "Feministas Lésbicas Judias" exibe todos os elementos de diversidade que caracterizam a vida judaica nos Estados Unidos. Contudo, dizer que as feministas-lésbicas judias não constituem uma comunidade de qualquer espécie seria tão falso como se fizéssemos tal declaração sobre os judeus.

Num livro que faz pensar e discute o significado da comunidade judaica (sem, contudo, discutir judeus gays/lésbicas), Leonard Fein coloca a questão: "O que significa sermos judeus? É possível que a resposta não seja sobre crença, ou sobre ritual, ou sobre linguagem, cultura ou até história compartilhadas. É possível que a resposta seja, de um modo ou de outro, sobre *nosso destino compartilhado*..."[20] Acredito que esta seja provavelmente a mais exata resposta à pergunta paralela: "O que significa sermos lésbicas-feministas judias?" É o cruzamento de nosso destino repartido como judias e lésbicas que nos dá o chão mais comum, ao passo que o feminismo nos fornece ferramentas de análise e uma política. Mas, provavelmente, tenhamos maior consenso sobre quem são nossos inimigos do que sobre como continuar, em que frentes lutar primeiro. Como os judeus de todas as partes, as feministas-lésbicas judias são uma e muitas.

Um pouco de perspectiva histórica pode vir a ser útil. Isto não é o que eu teria escrito (ou escrevi) no início dos anos 80, quando as primeiras comunidades lésbico-feministas surgiram em dezenas de pequenas e grandes cidades por todos os Estados Unidos e a Europa, para servir de apoio a grupos de estudo e ação.[21] Naqueles anos, apenas declarar nossa existência e afirmar nossa identidade tanto como judias quanto como lésbicas eram motivos de festa. A junção das duas culturas criou um sentido de solidariedade e proporcionou um forte senso de comunidade, que não questionamos. Uso aqui o termo comunidade como o definiu Lee Knefelkamp em seu discurso "Comunidade de estudiosos": "A comunidade é um lugar em que as diferenças individuais são ouvidas e respeitadas, e em que os valores comuns são afirmados e podem servir de base para o reconhecimento".[22]

Quando as primeiras feministas-lésbicas judias se organizaram no fim dos anos 70, nós nos vimos como comunidades construídas sobre interesses comuns, identidades comuns e histórias comuns. Durante um tempo, estes foram os espaços mais seguros criados para nós mesmas e serviram para alimentar-nos e proteger-nos. Eles também nos proporcionaram a segurança dentro da qual pudemos explorar nossas diferenças, que provaram ser inúmeras e traiçoeiras. À medida que a exploração das coisas em comum se aprofundaram, tornou-se claro que as diferenças de classes, a educação judaica e a prática religiosa, o conhecimento e as opiniões políticas sobre Israel, bem como as diferenças cruciais de nossas idades, lembranças, experiências do Holocausto, juntamente com todas as outras diferenças que dividem os judeus, também marcaram nossos grupos, não importa quão pequenos fossem.

Mesmo percebendo essas diferenças, nós queríamos estar juntas. Porém, muito além do entusiasmo inicial por estarmos juntas e como reação à familiaridade evocada por esses grupos, nós nem sempre sabíamos o que esperávamos umas das outras, pois as identidades compartilhadas não resultam, necessariamente, em afinidades ou amizades. Mais grave ainda, estas semelhanças com nossas famílias de origem também traziam consigo alguns dos padrões doentios e tensões que parecem residir em unidades familiares. (Em relação a isto, ocorre-me ser possível que as fortes ressonâncias familiais que as lésbicas judias estabeleceram entre si podem explicar, ao menos em parte, a alta incidência de parceiras não-judias entre as lésbicas judias. A quantidade menor de parceiras judias disponíveis, principalmente em certas regiões do país, é, de fato, outro fator.) Não obstante, durante muitos anos, os grupos de lésbicas judias foram um "lar" para as feministas-lésbicas judaicas, mesmo quando a maioria de nós continuava a fazer trabalho político também em outras áreas.

Poucos grupos desses ainda existem como comunidades; a maioria perdeu suas identidades como grupos discretos, geralmente após um longo e hesitante processo de perda.[23]

Esses grupos tiveram conexão com os de ampliação da consciência, que criticavam o desenvolvimento da segunda onda do movimento de mulheres no início dos anos 70 — com uma diferença fundamental. Esses grupos eram compostos por feministas-lésbicas judias, muitas das quais foram ativas, durante anos, na organização lésbico-feminista. Enquanto algumas lésbicas judias jamais deram importância ao que significava ser judia, outras, como lésbicas ou como feministas, não tinham conseguido encontrar um contexto acolhedor no qual nutrir sua identidade judaica. Portanto, esta guinada em direção à tomada de consciência foi para algumas uma volta ao lar e, para outras, uma nova descoberta. Mas, para todas, foi parte de um processo evolutivo, no qual o pessoal realmente tornou-se político, e uma forma de trabalho feminista levantou ainda outras camadas de ativismo pessoal/político.

A consciência judaica também foi estimulada pelo inesperado anti-semitismo encontrado pelas lésbicas judias no movimento feminino, inclusive entre as feministas-lésbicas.[24] O anti-semitismo dentro do movimento de mulheres foi bem menos virulento do que a crescente onda de anti-semitismo nos Estados Unidos e em todo o mundo, onde os fundamentalistas da direita cristã e os neonazistas fomentavam abertamente atos de racismo, anti-semitismo e homofobia. Não obstante, o movimento lésbico-feminista espelhava algumas das atitudes da cultura dominante, especialmente estereótipos de judeus e sentimentos anti-Israel que facilmente explodiram em anti-semitismo. Não ter sido o movimento de mulheres imune aos preconceitos da cultura dominante foi um grande desapontamento para muitas, não apenas para as lésbicas judias.

Foi com este fermento político que se desenvolveu *Nice Jewish Girls*; sua publicação em 1982 foi, portanto, uma culminação e um novo começo. Eu ainda me encho de entusiasmo com os prazerosos sentimentos de alegria, surpresa, excitação e libertação experimentados na primeira reunião pública "oficial" de judias lésbicas da qual participei.[25] Na excitação de dar nomes às identidades até então escondidas, a princípio ficamos mais que desejosas de passar por cima das diferenças entre nós, pois um fato permanecia claro: nós queríamos ser *judias* como feministas-lésbicas. E precisávamos umas das outras para afirmar-nos.

Nós começamos por compartilhar nossas histórias, criando laços ainda mais intensos entre nós. Também emprestamos energia à análise de questões contemporâneas do ponto de vista lésbico-feminista judeu; aprendemos a identificar o anti-semitismo e desenvolvemos estratégias para lidar com ele e interrompê-lo. Criamos, também, eventos culturais lésbicos-feministas judeus, a fim de apresentar temas judeus à grande comunidade lésbica;[26] realizamos conferências e outros programas educacionais e, é claro, celebramos as festas judaicas como uma comunidade.

Em muitas comunidades, a cerimônia da Páscoa rapidamente tornou-se o mais importante evento do ano.[27] Por ser uma celebração de liberdade, a cerimônia proporcionava uma oportunidade única de voltar a conceituar o ritual tradicional, principalmente por existir, dentro da moderna tradição judaica, o precedente de transformar a ceia reescrevendo o *Haggadah* e nele incluindo questões contemporâneas.[28] Enquanto se escreviam dezenas de textos para usar em cerimônias só de mulheres, muitas lésbicas judias sentiram a necessidade de criar *Haggadahs* específicos para ler nas cerimônias lésbico-feministas.[29]

Embora mais difícil de transformar, o *Hanukkah* também atraía feministas-lésbicas, pois oferecia proteção efetiva contra a ênfase difundida no Natal, que frustra a estação do inverno para os judeus.

Ambas as festas têm suas limitações (principalmente para os judeus não-religiosos) em dar significado à identidade lésbico-feminista judaica. Na maioria dos grupos, ficou claro que as festas não estavam arraigadas a uma conexão contínua, mais profunda com o que significava ser uma feminista-lésbica especificamente "judia".

Muitas lésbicas judias esperavam que o ato simples de intitular-se "judias" fosse suficiente para ativar mudanças dentro de si mesmas, pelas quais nem mesmo sabiam que ansiavam. Algumas esperavam encontrar nova orientação política e respostas para decisões não resolvidas, pessoais e profissionais; outras esperavam nunca mais sentir-se isoladas ou sozinhas, encontrar perfeita segurança. Por considerar que essas expectativas não-realistas não poderiam ser satisfeitas, vários grupos formados com grandes esperanças e muito entusiasmo não permaneceram vivos como comunidades identificáveis. Enquanto associações individuais de amizade dentro dos grupos permaneciam fortes (e até evoluíram para famílias), muitas das feministas-lésbicas judias desenvolveram padrões de ativismo, que podem ser mais bem descritos como "uma teia de filiações sobrepostas de grupos."[30]

"As feministas-lésbicas judias, posteriormente, elegeram diferentes meios de viver de sua identidade judaica (para algumas, recém-ativada). Algumas preferiram executar trabalho lésbico-feminista dentro das instituições judaicas já existentes, como o movimento *chavurah*, a Nova Agenda Judaica, o Conselho Nacional de Mulheres Judias (cuja seção de Nova York formou um grupo de apoio lésbico-feminista judeu, em 1986); outras escolheram pôr energia no movimento da sinagoga gay/lésbica, ou grupos judeus feministas de espiritualidade não limitados a lésbicas; ou trabalhar com grupos judeus contra a Aids, ou ingressar em profissões comuntárias judaicas, como rabinos, cantores, professores e terapeutas (poucos, neste grupo, arriscariam estar "fora" em seus trabalhos; por óbvias razões, a maioria permanece trancada). Muitas feministas-lésbicas judias do mundo acadêmico também escolheram trabalhar na forte "panelinha" judaica da Associação Nacional de Estudos da Mulher, fundada por um importante grupo que incluía feministas-lésbicas. Outras, ainda, voltaram sua energia para escrever e publicar; nos últimos anos, um grande número de trabalhos de lésbicas judias foi publicado. Em pelo menos uma cidade, um pequeno grupo de feministas-lésbicas judias criou um grupo de diálogo com feministas judias heterossexuais; juntas, elas abordaram a questão da homofobia na conferência National Hillel Directors, em 1986.

Embora ainda não atuando em qualquer comunidade judaica estabelecida, eu passo muitas horas fazendo pesquisa educacional sobre questões judias feministas e lésbico-feministas, dentro de muitos tipos de grupos comunitários judaicos e dentro da comunidade de Estudos da Mulher.

Além das atividades acima descritas, as feministas-lésbicas judias estão decidindo perfilhar ou co-perfilhar em grande número. Pode parecer estranho incluir a opção por perfilhar como parte do ativismo das feministas-lésbicas judias, mas esta escolha é amplamente interpretada como uma questão política, embora, obviamente, também satisfaça profundas necessidades emocionais. Ela também tornou-se possível pela disponibilidade da inseminação e o desejo das agências de adoção de colocar bebês em lares de pais "solteiros". (A adoção por casais do mesmo sexo ainda não é possível na maioria dos lugares.) Esta tendência é, provavelmente, reflexo das estratégias judaicas de sobrevivência, herdadas pelos judeus, que colocam enorme ênfase no nascimento de filhos como meio de perpetuar o povo judeu. A exemplo de outras mulheres judias, as lésbicas judias reagem a essa pressão interna;[31] a maioria destas mães judias lésbicas está decidida a criar seus filhos com consciência judaica não-sexista. À medida que os filhos de lésbicas judias crescem e talvez sejam mandados para escolas judaicas, eles representarão um desafio real para os judeus que se opõem, a relacionamentos do mesmo sexo, porque "não produzem filhos (judeus)". Seria bom especular (e esperar) que a presença dessas crianças estimulará o desenvolvimento de material didático judeu especificamente não-sexista e não-homofóbico, que levará a uma história judaica que inclua "o mundo de nossas mães".

Ainda há outras designações às quais não prestamos bastante atenção. As feministas-lésbicas judias convertidas[32] ao judaísmo designam-se a si mesmas dentro de contextos lésbicos, e assim fazendo estão desafiando a afirmação disseminada de que "se nasce judeu". Minha parceira, Lee Knefelkamp, que viveu judaicamente por muitos anos antes da conversão formal, nos ajuda a estender o conceito de designação quando insiste em que dar nome "é um processo interativo entre o indivíduo e a comunidade". Ela continua: "Não se pode designar alguém como judeu fora do reconhecimento da comunidade, mais do que a comunidade pode anexar um indivíduo sem seu consentimento."[33] Knefelkamp e outras convertidas ao judaísmo contam ter-se deparado com a descrença ("Por que fazê-lo?") ou o silêncio doloroso quando "saíram do armário" como convertidas em círculos lésbico-feministas judeus, reação que lembra o silêncio que geralmente saúda as lésbicas que se assumem em grupos predominantemente heterossexuais. Tais experiências são profundamente desalentadoras e deixam a lésbica convertida sentindo-se não aceita como "judia de fato". Por conseguinte, ela permanece isolada mesmo na comunidade da qual poderia esperar a afirmação das diferenças.[34]

Outro grupo que, recentemente, reivindicou uma voz e seu próprio espaço é a rede internacional conhecida por Lésbicas Judias Filhas dos Sobreviventes do Holocausto, que organizou uma conferência anual e criou redes de comunicação.[35] Também precisam ser mais pesquisadas importantes questões relacionadas com ligações de mulheres nos campos de concentração e os relacionamentos de lésbicas entre as presas (de cuja presença só recentemente se tomou conhecimento).[36]

Como se verifica a partir destes exemplos, o feminismo lésbico judeu fornece um eixo múltiplo ao longo do qual as histórias de judias e lésbicas deveriam ser estudadas: há o eixo da história, literatura e saber judaicos; o eixo da cultura gay e lésbica; e o eixo do feminismo; tomados em conjunto, eles oferecem uma nova maneira de abordar (e apreciar) a complexidade de nosso trabalho e de nossas vidas. Num processo evolutivo, podemos esperar novos agrupamentos de feministas-lésbicas judias (sefarditas, israelenses, operárias, incapazes, idosas e outras a ser denominadas), que marquem sua presença, oferecendo a esperança de que *nenhuma* de nós foi feita invisível.

Não é exagero dizer que o tecido de feminismo é feito com a prática e a teoria lésbico-feministas, e, algumas vezes, é mantido atado a elas. Numa análise paralela, o feminismo judaico foi grandemente energizado pelo ativismo das feministas-lésbicas judias, que desafiaram as norma patriarcais do judaísmo de um ponto de vista de vantagem particularmente radical.

Historiadores verificaram que os judeus participaram de movimentos radicais da era moderna em números desproporcionalmente grandes.[37] Hoje, as feministas-lésbicas judias representam uma nova "minoria profética" entre os judeus que continuam o legado de nossos antepassados radicais. Parece que, não importa quão pouco alguns de nós de fato conheçam da Torá e do Talmude, ainda vivemos sob o que o historiador Gerald Sorin chama de "o sistema da crença messiânica", que apóia as tradições de *integridade, justiça,* bem como de *ajuda mútua* e *responsabilidade comunitária.*[38] Acredito que o trabalho da comunidade lésbico-feminista judaica representa uma continuação do *mentshlikhayt* — valores humanitários que foram afiados no *shtetl,* do qual muitos judeus americanos se originam. Acredito que o ativismo das feministas-lésbicas judias reflete o valor *shtetl* do *yidishkayt,* que incorpora um jeito de ser judeu no mundo e "um anseio por um fim à dispersão e uma reintegração à vida judaica".[39] Isso reflete também o anseio de pôr um fim a todas as opressões dentro da vida judaica e do mundo em torno de nós, que nos mantêm divididos dentro de nós mesmos e de uns para os outros.

A Liturgia dos Judeus Gays e Lésbicas

Yoel H. Kahn

Hinei Mah Tov! Como é bom reunir-se, num arco-íris de afeto e preferências sexuais, na casa de um Deus que ama cada um de nós do jeito que fomos criados, que ama sem limite e para sempre. Como é doce reunir-se, mulheres e homens juntos, na casa de um Deus que transcende os limites e as categorias humanas.

Esta invocação, que abre as cerimônias de Grande Dia Santo na Congregação Sha'ar Zahav, de San Francisco, transmite aos fiéis não apenas que as pessoas gays e lésbicas são bem-vindas na comunidade, mas que a liturgia — e a congregação — abraça a todos nós. Esta passagem é também uma declaração teológica: Deus ama cada um de nós, não *apesar* de nossa sexualidade, mas *por causa* dela. Esta oração celebra a diversidade da sexualidade humana como parte da própria criação. Se a linguagem e os símbolos religiosos foram usados historicamente como ferramentas de opressão contra os judeus gays e lésbicas, então usamos a liturgia hoje para expressar uma mensagem afirmativa de aceitação e amor de Deus. A liturgia, como outros símbolos religiosos, nos diz quem somos e transmite uma visão do que nós e o mundo deveríamos ser. A liturgia dos judeus gays e lésbicas afirma quem nós somos e reflete uma visão de nossas mais elevadas personalidades como indivíduos e como uma comunidade. Os exemplos deste ensaio são tirados da liturgia das sinagogas de lésbicas e gays, principalmente dos textos e costumes da Congregação Sha'ar Zahav, de San Francisco.[1]

A exemplo da liturgia acima citada, a liturgia dos judeus gays e lésbicas inclui vários textos compostos nos últimos 15 anos, mas também se inspira na tradicional liturgia judaica e nela tem raízes. A "liturgia judaica de gays e lésbicas" consiste de textos, costumes e tradições que as lésbicas e os gays judeus usam em circunstâncias nas quais se identificam como judeus e como gays e lésbicas.[2] Trazemos os livros, costumes e práticas de nossas famílias de origem, sinagogas, movimentos de jovens e acampamentos de verão para a sinagoga ou comunidade religiosa à qual aderimos como adultos, em que a linguagem das orações tradicionais muitas vezes assume novo significado do ambiente de afirmação gay. Geralmente, tomamos por empréstimo materiais litúrgicos não necessariamente compostos com os gays e as lésbicas em mente, mas que usam linguagem inclusiva e, portanto, falam a nós. O trabalho criativo do movimento de mulheres judaicas foi uma fonte importante. Também, mais recentemente, os movimentos da Reforma e Reconstrucionista passaram a publicar textos litúrgicos não-sexistas. Em 1987, a União das Congregações Hebraicas Americanas (Reforma) endossou uma resolução sobre "Inclusão de Judeus Gays e Lésbicas", que exige a inclusão na liturgia.

A liturgia, porém, não se limita a palavras. O significado das orações que recitamos é formado pelo contexto no qual elas são ditas, assim como a encenação de uma peça afeta a maneira pela qual as palavras do autor são entendidas. A arrumação das cadeiras numa sala, os crachás com os nomes, o estilo da liderança da cerimônia e a escolha da música, tudo isto é parte da "mensagem litúrgica".[3]

Aceitação e Integração

A mensagem abrangente transmitida por nossa liturgia é de aceitação e integração. A comunidade de fiéis nas sinagogas de lésbicas e gays é uma comunidade de escolha; tendo sido expulsos do judaísmo por causa de sua sexualidade, os membros optaram por construir ou procurar um local onde, de fato, se sintam em casa. A maioria das congregações toma medidas específicas para promover a construção da comunidade. Na Sha'ar Zahav, terminamos todas as celebrações ficando de pé, unindo os braços e cantando "Oseh Shalom". Bernard Pechter, um dos fundadores da sinagoga, explica que esse é um dos vários costumes enfatizados nos primeiros dias da

Sha'ar Zahav, destinados a reunir as pessoas, fisicamente, e promover o sentido de comunidade.

Além de reunir nossos valores gays, lésbicos e judaicos, nossa liturgia expressa nosso feminismo. Grupos de gays e lésbicas estiveram, historicamente, entre os primeiros da comunidade judaica a comprometer-se com a igualdade entre homens e mulheres. A insistência na linguagem neutra (sem alusão a sexo), com referência à humanidade e a Deus, tem sido símbolo e expressão desse compromisso. A não-aceitação da linguagem de um Deus masculino (Senhor, Seu[Dele], Mestre, Rei etc.) para a comunidade praticante tem sido um ímpeto para redatilografar — e assim reescrever — a liturgia tradicional.

Este compromisso de substituir a linguagem sexista foi uma característica distintiva de nossa invocação litúrgica. A melhor maneira de cumprir este objetivo tem sido questão de controvérsia ao longo dos anos e ainda persiste hoje: E o sexismo inerente ao hebraico? Se o Criador, de fato, inclui e transcende as categorias humanas, por que "Deus" é mais aceitável do que "Deusa"?

Os antigos "livros de orações" produzidos por grupos de lésbicas e gays consistiam de versões fotocopiadas de um tradicional livro de preces com as referências sexistas apagadas e substituídas a mão. Os líderes das cerimônias, muitos dos quais cresceram usando o livro de orações conservador ou ortodoxo, procuravam manter, tanto quanto possível, o formato e os textos da liturgia hebraica tradicional. O resultado foi, de modo geral, uma liturgia prontamente identificável como "conservadora", seguida de um texto progressista em inglês.[4]

Outra distinção significativa de nossa liturgia foi o compromisso generalizado nas organizações de lésbicas e gays judeus de fazer rodízio com os líderes do ritual. A diversidade de estilos dos líderes das cerimônias — do neotradicional ao clássico, da Reforma até ao experimental (como dança e meditação) — reflete a diversidade de nossos membros. A liderança compartilhada do ritual enfatiza a democracia espiritual da comunidade e representa mais um passo no fortalecimento de lésbicas e gays judeus. Até as congregações agora servidas por rabinos continuam a compartilhar a liderança do culto entre um rabino e membros laicos. Contudo, a experimentação e a diversidade que caracterizaram os primeiros anos foram, gradualmente, abrindo caminho para uma liturgia mais permanente à medida que cada congregação desenvolveu as próprias tradições e costumes. Os livros de orações publicados, porém, incluem, caracteristicamente, uma variedade de interpretações de cada prece. As opções impressas no livro de orações, juntamente com folhetos suplementares e uma lista diversificada de líderes do culto, asseguram a renovação contínua e a diversidade da liderança espiritual.

A Questão da Autenticidade

No princípio do século XIX, os primeiros judeus da Reforma instituíram mudanças na liturgia alterando palavras, músicas e temas daquele que era considerado "o" livro de orações. Os seus detratores condenaram essas alterações como substituições "não-autênticas". Essa crítica tem sido ouvida ao longo dos séculos, sempre que um grupo de judeus desejou fazer mudanças na liturgia. Aquilo que uma geração considera uma inovação é defendido pelas gerações seguintes como totalmente autêntico. Na realidade, o padrão da autêntica prece judaica é tudo aquilo que a comunidade judia valoriza ao longo do tempo. A autenticidade das novas tradições que hoje vêm sendo desenvolvidas em nossas comunidades só será completamente válida quando as gerações sucessivas decidirem se elas são ou não significativas e ressoantes para elas.

Entretanto, é importante que deixemos de lado a idéia de uma "liturgia tradicional" monolítica. A maioria dos judeus americanos cresceu em sinagogas influenciadas pelos costumes litúrgicos do judaísmo da Europa Oriental, e, quando falamos da "liturgia tradicional", é a estes textos que nos referimos. Na realidade, sempre houve pluralismo na prece judaica e nos costumes litúrgicos. As comunidades locais sempre tiveram festas especiais, variações no culto da oração, melodias especiais e outros costumes característicos. A criação de um novo conjunto de costumes e rituais de oração que reflitam nossa geração e comunidade é o mais autêntico ato judeu.

Os judeus gays e lésbicas às vezes ficam excessivamente preocupados com essa questão da autenticidade. Tendo ouvido durante tanto tempo que não somos membros legítimos da comunidade, saímos de nosso caminho para mostrar que somos "corretos" em todos os outros aspectos. Essa opressão internalizada é expressa, creio, numa preocupação excessiva em fazer as coisas "de modo correto" — o que geralmente equivale àquilo de que nos lembramos da juventude ou de nossas primeiras explorações do judaísmo.[5] Um aspecto importante da "saída do armário" como judeus gays e lésbicas é proclamar nossa herança — a tradição judaica — como própria e permitir-nos contribuir para sua evolução e crescimento.

Reescrevendo o Livro de Orações[6]

Até criarmos nossas próprias congregações, nós — judeus gays e lésbicas — éramos invisíveis na liturgia da sinagoga. Um casal de gays ou de lésbicas nunca era convidado para acender as velas ou receber um *aliyah* no aniversário de sua união; os mártires gays não foram lembrados durante as comemorações do Holocausto, nem foi reconhecido, do púlpito, o Dia da Liberdade Gay/Lésbica. As primeiras mudanças que fizemos na liturgia redesenharam as fronteiras da comunidade para incluir-nos. Às vezes, isso era tão simples quanto substituir "marido" ou "mulher", nas orações da cerimônia do *Yizkor*, por "amante" ou "cônjuge". Com freqüência, a primeira leitura do Sabá, ou da cerimônia de um dia de festa enfatiza o contexto gay/lésbico no qual o culto ocorre. Embora o resto da cerimônia possa permanecer fiel à liturgia tradicional, reconhece-se e reafirma-se a especificidade deste culto. Se os gays e lésbicas judeus sentiram-se invisíveis na sinagoga, o reconhecimento explícito de sua presença começa a compensar os anos de exclusão.

A celebração da diversidade é tema importante na liturgia dos judeus gays e lésbicas. Em resposta à mensagem societária de rejeição, ou marginalidade, por sermos diferentes, nossa liturgia enfatiza a contribuição única que cada pessoa pode oferecer. A Oração Silenciosa, abaixo, conclui a seção Bênçãos Matinais na cerimônia do Sabá pela manhã e é baseada numa passagem escrita por Martin Buber. Ele dá uma interpretação humanístico-religiosa ao que é, no original, um conceito místico — cada alma é única porque tem uma tarefa especial ou papel a representar. O editor desta oração estende esta passagem geral de Buber até uma afirmação explícita da pessoa lésbica e gay judia. "Sair do armário", sugere este texto, é um ato redentor, aumentando a própria redenção individual e também ajudando a realizar "a vinda do Messias":

Meu Deus, eu Te agradeço por minha vida e minha alma e meu corpo; por meu nome, por minha natureza sexual e afetiva, por meu jeito de pensar e falar. Ajuda-me a compreender que, em minhas qualidades, sou único no mundo, e que ninguém como eu jamais viveu: pois, se tivesse existido alguém como eu antes, eu não precisaria existir. Ajuda-me a aperfeiçoar minha maneira de amar e gostar para que, tornando-me perfeito em minha própria maneira, eu possa honrar Teu nome e ajudar a realizar a vinda do Messias.[7]

Os judeus gays e lésbicas identificam a opressão do povo judeu ao longo da história com nossa própria opressão como pessoas lésbicas e gays. Um dos primeiros acréscimos à liturgia foi adaptado de uma leitura centrada no Sabá como o dia de descanso das andanças e pressões da vida moderna. A inserção de duas novas frases enfatiza o Sabá — e a sinagoga — como o tempo e lugar de refúgio das pressões de se passar por heterossexual no mundo do dia-a-dia:

Nós deixamos o escritório, a loja, a fábrica e a universidade, e nos preparamos ansiosamente para saudar o Sabá, a fim de iniciar nosso momento de descanso.
Viemos aqui, para o Sabá, para descansar não apenas de nosso ganha-pão, mas também, para alguns de nós, do esforço de parecer heterossexuais num mundo heterossexual, para descansar do esforço de fingir sermos o que não somos.[8]

Muitos homossexuais judeus estão espiritual e emocionalmente esgotados pela necessidade de mentir ou de tomar outras medidas para passar por heterossexuais. Tendo "saído do armário" para tornar-nos inteiros, muitos de nós estão outra vez fragmentados pela necessidade de se esconder. A exemplo de tantos judeus antes de nós, na hora da adoração procuramos afirmar e fortalecer nossa verdadeira identidade. A oração a seguir é da cerimônia de sexta-feira à noite da Congregação Beth Simchat Torah, da cidade de Nova York:

Ó Deus de verdade e justiça, são muitos os subterfúgios e enganos que praticamos contra os outros e contra nós mesmos.
Suspiramos somente por falar e ouvir a verdade, contudo, muitas vezes, pelo temor da perda ou pela expectativa de vantagem, pelo

hábito estúpido ou pela deliberação cruel, falamos meias-verdades, torcemos os fatos, silenciamos quando os outros mentem e mentimos para nós mesmos.

Como gays, muitas vezes nos sentimos forçados a fingir ser o que não somos, a apresentar-nos de maneiras não-verdadeiras, e às vezes com mentiras rematadas.

Mas, na Tua presença, nossas palavras e nossos pensamentos vão para Aquele que os conhece antes de os expressarmos. Não precisamos dizer-Te inverdades, como tantas vezes somos forçados a fazer no mundo heterossexual. Sabemos que não podemos mentir em Tua presença.

Que nossa adoração nos ajude a praticar a verdade nas palavras e nos pensamentos em Tua presença, para nós mesmos e uns com os outros; e que nós, finalmente, completemos nossa liberação para que não mais sintamos a necessidade de praticar enganos e subterfúgios.

Esta passagem foi escrita, originalmente, para servir como tema de meditação sobre a importância da verdade em nossas vidas, no Grande Dia Santo. Os editores do livro de orações inseriram uma só sentença ("Como gays, muitas vezes nos sentimos [...]") no meio da leitura e modificaram, ligeiramente duas outras linhas. Estes acréscimos transformam a oração toda numa literatura desafiadora sobre "sair do armário". Permanecemos fechados "pelo temor da perda" ou pela "expectativa de vantagem"? Sem fazer julgamento, a primeira metade da prece reconhece as circunstâncias da vida real da maioria dos judeus gays e lésbicas.

A segunda metade afirma a aceitação dos judeus gays e lésbicas perante Deus e mostra o controle entre a verdade interior e as aparências externas. O texto nos recorda que as mentiras que muitos judeus gays e lésbicas são forçados a viver são conseqüência de nossa opressão: "Não precisamos dizer-Te inverdades, como tantas vezes somos forçados a fazer no mundo heterossexual." A frase de encerramento é uma declaração de esperança messiânica, enfatizando que somente num mundo livre pode realizar-se um culto divino mais perfeito.[9]

Muitos judeus rezam o *Kaddish* em memória dos mortos no Holocausto, porque "eles não têm ninguém para lembrá-los, exceto nós". Este costume inspirou os judeus gays e lésbicas a recitarem o *Kaddish* por nossos irmãos e irmãs gays e lésbicas ao longo dos anos. Na Beth Chayim Chadashim, de Los Angeles, por exemplo, antes de rezar o *Kaddish*, o líder da cerimônia convida a congregação a lembrar "os que morreram usando a estrela amarela ou o triângulo rosado", juntamente com os que morreram de Aids. A cerimônia do *Yizkor* (memorial) do Grande Dia Santo na Sha'ar Zahav inclui esta passagem:

> Irmã que nunca tive por perto
> Camarada que nunca abracei
> Sua lembrança está quase perdida:
>
> Aquele sobre o qual não falamos.
> O ente querido que nunca se casou.
> Aquele por quem não se reza o *Kaddish*.
>
> Sua solidão grita para mim:
> Eu conheço suas lutas; não somos estranhos,
> E se meu caminho é mais fácil, não esquecerei
>   quem passou primeiro por ele.
>
> Nós nos lembramos de vocês, mas vocês, às vezes,
>   não pensaram em nós,
> Seus filhos, amantes ao longo dos anos,
> Os que seguiriam vocês e pensariam em vocês
> E abençoam sua memória, e se lembram de vocês.
>
> Com Davi e Jônatas, não nos esqueceremos de vocês,
> Com Rute e Noemi, não nos esqueceremos de vocês,
> Em nome de Deus vocês são nossas irmãs e nossos irmãos,
> E pedimos que sejam lembrados para a paz.

Na liturgia tradicional, reza-se uma oração especial nas cerimônias do *Yizkor* e em certos Sabás em memória dos mártires judeus. Este hábito começou nos anos que se seguiram aos massacres dos judeus durante as Cruzadas. O tema da oração tradicional, que pede a Deus que se lembre do sacrifício daqueles que morreram, reflete-se na introdução do *Kaddish*:

> Ó Deus, lembra-Te hoje de nossos irmãos e irmãs gays, que foram martirizados no passado: aqueles assassinados por fanáticos na Idade Média, os que pereceram no Holocausto e os que caíram em nossa cidade, em nosso tempo. Lembra-Te também dos que acabaram com a própria vida, levados ao desespero por um mundo que os odiava por causa de seu amor. E, por misericórdia, lembra-Te dos que viveram na solidão, reprimindo a verdadeira natureza e evitando compartilhar seu amor entre si. Ó Deus, lembra-Te do sacrifício desses mártires,e ajuda-nos a pôr um fim ao ódio e à opressão de qualquer natureza.[10]

Como "Ó Deus de verdade e justiça", esta oração reconhece as fontes externas de opressão gay. Ao situar a opressão gay num contexto social, esta oração ajuda a caracterizar nossa raiva pela opressão histórica para o trabalho de *tikkun olam* ("fazer o mundo total"), dando, assim, significado religioso à nossa luta política.

O Sabá do Orgulho Gay e Lésbico

Os exemplos vistos até agora foram orações individuais. As traduções para o inglês do livro de orações da noite do Sabá da Congregação Beth Simchat Torah, de Nova York, *B'chol Levavcha*, ilustram como a sensibilidade gay/lésbica pode introduzir-se na interpretação das orações. Os editores usam a palavra "liberação" para enfatizar a relação entre a liberação das pessoas gays e lésbicas e a esperança messiânica judaica em todas as suas dimensões. Do começo ao fim do *siddur*, a palavra hebraica *"yeshu'a"* é traduzida por "liberação", em vez das costumeiras "salvação" ou "redenção". O uso de "liberação" é fiel ao espírito do hebraico enquanto ressoar com o imaginário e a linguagem da liberação gay.

A luta pela liberação gay é identificada como outro estágio do esforço pela liberdade iniciado com o primeiro Êxodo/Saída do Armário. A tradição religiosa judaica, portanto, fala diretamente às circunstâncias da vida das lésbicas e dos homens gays. Este processo de integração é totalmente realizado no Sabá antes do Dia do Orgulho Gay/Lésbico, que a Beth Simchat Torah celebra como o "Sabá do Orgulho Gay" e pratica como um festival. Canta-se o *Hallel*, grupo de salmos que é lido nos festivais e outros dias santos. Assim, damos uma dimensão religiosa à festa secular diferente que celebra o orgulho e a liberação gays. Com o uso do *Hallel*, o Dia do Orgulho Gay/Lésbico se iguala aos outros festivais de peregrinação, e a celebração desta nova festa, através da observância como evento religioso judeu, torna-se "uma lembrança do Êxodo do Egito". As primeiras palavras do Salmo 118, uma seção do *Hallel*, *Kol rinah v'Yeshu'ah* são brilhantemente traduzidas: "Ouve os gritos gays de liberação/das tendas dos justos".[11]

Influenciadas pelo exemplo da Beth Simchat Torah, nós, da Sha'ar Zahav, começamos a observar o fim de semana de nosso Dia da Liberdade Gay/Lésbica como Liberdade do Sabá. A observância do Sabá do Orgulho Gay ou Liberdade do Sabá será realçada pela escolha de um *haftarah* para o festival. Todas as festas judaicas têm sua leitura bíblica especial. Após a fundação do Estado de Israel, a comunidade judaica decidiu adotar um *haftarah* especial para o Dia da Independência de Israel. Podemos atentar para as vozes proféticas de nossa tradição histórica ou para as de nossa própria geração, para uma leitura especial do *haftarah*, adequada ao dia e à estação. Essa leitura ritual poderia transformar-se numa tradição compartilhada entre as lésbicas e os gays judeus e seus simpatizantes em todo o mundo.[12]

A "Oração pela Congregação e pela Comunidade" do *Siddur da B'chol Levavcha* relaciona a opressão contínua de judeus e pessoas gays por meio de pedidos complementares pela liberação:

> Abençoa todas as pessoas gays com a liberação — homens e mulheres, jovens e velhos, os totalmente abertos bem como os profundamente escondidos. Que possamos todos contar com Tuas bênçãos de liberdade, liberação e igualdade. (...)
>
> Abençoa o lar de Israel onde quer que habite. Fica conosco aqui, onde Te adoramos em liberdade e liberação. Que todos os que vivem sob opressão encontrem alívio e liberdade rapidamente, hoje. (...)

A última linha refere-se a ambos os grupos: "Assim como amamos nossa liberdade, também rezamos para que nossos irmãos e irmãs que vivem sob a opressão possam encontrar a liberação."

Ao contrário da afirmação de que gays e lésbicas são "pecadores perante Deus", a liturgia dos judeus gays e lésbicas ensina que a aceitação e o amor de Deus transcende as categorias humanas. Na realidade, nas palavras do salmo 118: "A pedra rejeitada pelos construtores tornou-se a pedra angular." Esta idéia está expressa na interpretação da prece *Aleinu* mostrada abaixo. A *Aleinu* tradicional enfatiza o destino especial do povo judeu e nossa esperança messiânica pelo dia em que o mundo todo será um.[13] Usando linguagem universal, esta versão celebra o destino único de todas as pessoas:

> Somos chamados a louvar o Soberano de todas as coisas e engrandecer o Criador de todos os princípios, que fez todas as pessoas diferentes e deu a cada um de nós um destino especial; que levou nossas almas a adorar o Deus de toda a criação e que formou nossos corações para amar de nossa maneira única.
> É ante o Deus que nos criou, que transcende o poder e os julgamentos humanos, que nos curvamos, adoramos e louvamos. (...)

O último parágrafo desta passagem baseia-se diretamente no texto tradicional hebreu, e seu chamado pede o fim da idolatria. A oração assume significado contemporâneo, ao comparar a intolerância religiosa com a blasfêmia:

> E assim nossa esperança (...) é de que todos os povos abandonem sua adoração vazia de intolerância humana e parem com a blasfêmia de invocar Teu Nome para justificar a opressão e o ódio. Volta todos os corações para Ti, rapidamente. (...)

A *Aleinu* tem sido uma oração controversa ao longo da história, por sua ênfase na "escolha" do povo judeu. Uma antiga interpretação da tradicional *Aleinu* identifica a "escolha" do povo judeu com a "escolha" das pessoas lésbicas e gays:

> Louvemos o Senhor do Universo (...) que não nos fez como outras nações, que nos criou diferentes de outros povos e nos colocou num caminho distinto em direção a um destino especial.
> Como judeus gays e lésbicas, às vezes somos forçados a esconder as qualidades que nos diferenciam dos outros, nosso amor recíproco, nossa herança de criatividade abarcando os milênios, nossos atributos únicos com os quais nós, à imagem de Deus, fomos criados.
> Mas isto não pode afetar nossa determinação íntima de honrar e cumprir nosso objetivo principal, viver este maravilhoso e desconhecido desígnio, no qual cada um de nós tem um papel a desempenhar.
> E assim nos curvamos em reverência. (...)

Estes dois textos paralelos mostram como nossa teologia do judaísmo influencia a maneira pela qual imaginamos nossa identidade gay e lésbica. O segundo texto enfatiza a diferença: "que nos criou diferentes [sic] de outros povos" é uma tradução literal do original hebraico. O segundo parágrafo assume um "caráter" gay e lésbico provavelmente compartilhado por todos os gays e lésbicas. A interpretação mais recente, compatível com a tendência universal da liturgia judaica de hoje, é mais individualista. O "destino especial" de cada nação substitui a "escolha" judaica. Em vez de centrar-se exclusivamente nos gays e lésbicas, esta oração agradece a Deus, que "formou nossos corações para amar de nossa maneira única". Esta passagem, inclusiva e sutil, poderia ser usada em qualquer cerimônia judaica.[14]

Uma nova oração, a *Mi sheberach*, que aparece abaixo, reflete o impacto da Aids em nossas comunidades. O livro de orações tradicional inclui uma oração pública por uma pessoa doente, e é rezada depois da leitura da Torá. O nome *Mi sheberach* vem da fórmula de abertura: "Queira Aquele que abençoou nossos ancestrais." Desde 1985, recitamos uma *Mi sheberach* na Sha'ar Zahav, em todas as cerimônias pelos portadores de Aids. Há pouco tempo, começamos a fazer uma pausa no meio da oração, para que a congregação possa dizer, em voz alta, os nomes dos amigos e amantes que estão doentes. O tradicional fecho da oração é: "Queira Deus conceder logo a [a pessoa doente] uma cura total, uma cura do corpo e uma cura do espírito." Estas palavras colidiam tanto com nossa teologia da parceria quanto com a realidade da epidemia por causa da qual tantos estão morrendo. Nós modificamos a linguagem tradicional para refletir uma esperança coletiva e messiânica:

> Queira Aquele que abençoou nossos ancestrais, Sara e Abraão, Rebeca e Isaac, Lia, Raquel e Jacó, abençoar [_____ juntamente com] todos os que adquiriram a Aids e ficaram doentes. Ilumina aqueles que trazem cura, coragem e fé aos doentes, amor e força para nós e para todos os que os amam. Deus, permite que Teu espírito descanse sobre todos os que estão doentes e conforta-os. Que possamos, nós e eles, conhecer em breve um tempo de cura total, uma cura do corpo e uma cura do espírito, e permite que digamos: Amém.[15]

Nosso Relacionamento com Deus

O uso da linguagem não-sexista e de gênero neutro começou como algo que mudamos a partir da liturgia tradicional. Hoje, o modelo lançado pelas mulheres judias e adotado pelas comunidades judaicas de gays e lésbicas cada vez mais torna-se a "norma autêntica" para uma grande parcela do povo judeu como um todo. Não é suficiente, sustentam alguns gays e lésbicas judeus, simplesmente combinar cada referência masculina com uma palavra feminina ou neutra — substituindo "Senhor" por "Governante", ou alternando "Rei" e "Rainha".[16] Os modelos de relacionamento que eles representam — soberano e sujeito, amo e servo — não refletem nossa experiência nem nosso ideal de relacionamento com Deus. Embora fossem outrora imagens significativas e fortes, hoje estes termos muitas vezes interferem com a oração e, de fato, podem reforçar a opressão. Nós nos fortalecemos substituindo a linguagem passiva da liturgia tradicional, como "Sejam abençoados", por uma linguagem de reciprocidade: "Nós Te abençoamos e invocamos Tua bênção." A frase final da prece pelos mártires gays e lésbicas, examinada acima, ilustra esta mudança. A versão original da oração era: "Ó Deus, aceita o santo sacrifício desses mártires e *põe um fim* ao ódio e à opressão que conhecemos há tanto tempo." Agora, a versão revista é assim: "Ó Deus, aceita o sacrifício desses mártires e *ajuda-nos a pôr um fim* ao ódio e à opressão de qualquer natureza".

Na luta contra as categorias e linguagem existentes na oração hebraica, a poeta e liturgista Marcia Falk escreveu bênçãos inteiramente novas, em hebraico e inglês, numa linguagem rica e moderna. Esses textos, embora não explicitamente gays/lésbicos, são inclusivos e feministas. As orações de Falk, cuidadosamente compostas e espiritualmente comoventes, desafiam e convidam toda a comunidade judaica a repensar tanto a forma quanto o conteúdo de nossa liturgia, para que, com mais apuro, reflita quem somos hoje e nossas mais elevadas visões do que devemos ser.[17]

Uma Nova Norma

Outra valiosa fonte de fortalecimento é o trabalho dos escritores gays e lésbicas, especialmente os judeus. O processo de inclusão destas vozes anteriormente excluídas é duplo. Primeiro, precisamos procurar os textos e as fontes que foram omitidos, ou jamais considerados "religiosos". Em seguida, devemos avaliá-los como expressões autênticas da espiritualidade judaica, tão válidos quanto qualquer texto da lei litúrgica "oficial".

Judah Ha-Levi e muitos outros poetas medievais, cujas *piyyutim* estão no livro de orações, também escreveram versos homoeróticos; alguns de seus poemas são apropriados para serem lidos na cerimônia do *Kabbalat* no Sabá, em casamentos e em outras celebrações litúrgicas.[18] Muitas vezes, incorporamos a poesia de poetas hebraicos modernos, tais como C. N. Bialik ou Rachel, ou lemos um conto de I. B. Singer numa cerimônia; consideramos seu trabalho literário parte da herança espiritual judaica. Nosso passado gay e lésbico também é rico. O uso de nossa herança nos oferece maior apreço por nossa história, fortalece nossa identidade e nos enriquece, expandindo nossa visão. As possibilidades são amplas: Audre Lorde, James Baldwin, Mary Daly, Judy Grahn, Walt Whitman, Stephen Spender e muitos outros. A Congregação Beth Chayim Chadashim, por exemplo, usa uma seleção da obra *Song of Myself*, de Whitman, como fundo interpretativo da oração *Ma'ariv Aravim*, cujo tema é a presença de Deus na natureza.[19]

Nossa mais valiosa fonte são as vidas e o legado dos judeus gays e lésbicas, desde Davi e Jônatas até Harvey Milk e as vozes proféticas de nossa comunidade, hoje. A escritora Alice Bloch escreveu novas leituras para os Grandes Dias Santos, incluídas na liturgia da Beth Chayim Chadashim. Os poemas e a prosa de Adrienne Rich estão repletos de consciência lésbica judaica. Numa cerimônia pelos mártires do Holocausto, ou em memória dos que morreram de Aids, as últimas linhas do poema de Rich, "Natural Resources", fala da dor de nossa história, de nossa opção por proclamar nossa identidade e de nosso compromisso com o futuro:

> Meu coração está comovido por aqueles que não posso salvar:
> tanta coisa foi destruída.
>
> Eu tenho que jogar meu destino com aqueles
> que, ano após ano,
> sem nenhum poder extraordinário, obstinadamente,
> reconstituem o mundo.[20]

Rituais pelo Ciclo da Vida

Muitos judeus gays e lésbicas desejam uma cerimônia de união equivalente à do casamento heterossexual. Já que as lésbicas e os gays não têm o privilégio social e legal do casamento, o objetivo da cerimônia é mais pessoal: criar um contexto ritual e espiritual que afirme a santidade e o compromisso do relacionamento de duas pessoas. Planejar uma cerimônia que seja autêntica para nós, como judeus e como gays e lésbicas, consiste num grande desafio. Por um lado, não precisamos imitar exatamente o que fazem as pessoas heterossexuais; por outro, nossos relacionamentos e cerimônias merecem a mesma validade e seriedade.

Em meu papel como rabino, não chamo as cerimônias de união de lésbicas e de gays de "casamentos". Os casamentos são autorizados pelo Estado e precisam de uma licença fornecida pelas autoridades civis. Evitar o termo "casamento" ressalta a marginalidade social e legal de nossas vidas e uniões.[21] Eu chamo estas cerimônias pelo tradicional nome hebraico para casamento, *kiddushin*. *Kiddushin* significa "santificação" e descreve a cerimônia com exatidão: uma declaração perante a comunidade e perante Deus de que essa união é um relacionamento santificado e uma invocação das bênçãos de ambos sobre essa união.[22]

A maioria dos judeus gays e lésbicas quer que a cerimônia inclua os rituais centrais e os temas da tradicional cerimônia judaica de *kiddushin*: *chuppah* (dossel), alianças, *sheva berachot* (sete bênçãos), *ketubah* (contrato) e quebra do copo. Alguns desses atos não precisam ser reinterpretados para ser usados num contexto lésbico e gay; o simbolismo do *chuppah* como o lar do casal e do *sukkah* de Deus é igualmente significativo para todos os judeus. As sete bênçãos se comparam aos sete dias da criação. Elas representam a idéia de que a união é uma "complementação", tão "natural" para essas duas vidas quanto a própria criação, que terminou no sétimo dia. O texto das sete bênçãos é ligeiramente modificado, substituindo *rai-im ha-ahuvim* ou *rai-ot ha-ahuvot* ("amados companheiros") ou *b'nai ahavah* ou *b'not ahavah* (literalmente, "filhos do amor") por "a noiva e o noivo".[23]

A troca de alianças e a fórmula legal que a acompanha são o clímax da cerimônia tradicional. A linguagem tradicional, "você é consagrado a mim *de acordo com a lei de Moisés e Israel*", é substituída por "*lifnei Elohim v'adam b'ru'ach ameinu Yisrael*" ("perante Deus e a humanidade no espírito de nosso povo Israel"). Esta mudança reconhece que a cerimônia não é legitimada pela lei judaica.[24] Ao contrário, a nova fórmula declara, afirmativamente, o que esta cerimônia é: a invocação do reconhecimento de Deus e da comunidade e a bênção da seriedade e santidade da união, uma declaração de compromisso pelos dois parceiros e a ligação consciente de seu relacionamento e do lar estabelecido por eles com o pacto histórico do povo judeu.

Há outros rituais e novas fórmulas de liturgia que, ou estão sendo criados hoje, ou serão criados no futuro próximo. Há grande necessidade de um ritual de "saída do armário", o ato de proclamar a própria identidade, de assumir a responsabilidade e de optar por se lançar no meio do próprio povo. Assumir ser gay ou lésbica pode ser considerado complemento do lugar que o *bat/bar mitzvah* assumiu no judaísmo contemporâneo. Talvez as óbvias semelhanças dêem objetivo à forma que esse ritual assumiria.

Os judeus gays e lésbicas precisam de novos hábitos de luto. Muitas vezes, pais ou parentes morrem e são enterrados numa cidade distante. Os homens gays e as lésbicas participam dos rituais de luto com suas famílias de origem e, então, voltam para suas famílias nucleares e comunidade. Como a família nuclear e a comunidade podem expressar seu apoio? Como podem os enlutados compartilhar sua dor com seus íntimos quando nenhum deles pôde comparecer aos ritos "oficiais"? Temos tido uma noite especial de *shiva* quando um enlutado volta a casa, para que a comunidade local possa reunir-se. Em outras ocasiões, usamos a conclusão do *sheloshim*, o período de trinta dias de luto por um parente imediato, como oportunidade para uma cerimônia rememorativa e uma reunião comunitária. A epidemia de Aids requer novos rituais de cura e luto, cuja forma estamos começando a compor.

Desde 1987, a família e os amigos lembram as pessoas que morreram de Aids fazendo um painel para a Colcha do Projeto de Nomes. Revelada durante a Marcha Nacional pelos Direitos de Lésbicas e Gays, em Washington, em outubro de 1987, a colcha é o maior projeto popular de arte da história. A Colcha do Projeto de Nomes, seus milhares de painéis inscritos com os nomes das pessoas que morreram de Aids, transformou-se num monumento de *yizkor* de linha e lona. Com certeza, é conveniente rezar o *Kaddish* quando em visita à colcha; creio que podemos encontrar significado e consolação com a criação de um *Kaddish* especial ou de um ritual adicional para esta ocasião.

O ensaísta hebraico Achad Ha-Am (Asher Ginzberg) descreveu a tarefa da renovação espiritual, assim: *"L'chadesh et ha-yashan u'l'kadesh et hashadash*" (Renovar o velho e santificar o novo). A necessidade de reformar nossa história, redefinir a comunidade e reimaginar nosso futuro não é tarefa exclusiva de judeus gays e lésbicas. Somos afortunados por ter muitos aliados que também estão trabalhando para criar uma liturgia inclusiva e de afirmação feminista e gay, que possa ser compartilhada por todos os judeus.[25] Para os judeus gays e lésbicas, esse processo é o resultado e a realização de nossa "saída do armário". Nossa visão reflete-se nesta passagem de Judy Chicago:

>E então tudo o que nos dividiu desaparecerá
>E então a compaixão se casará com o poder
>E então a brandura virá a um mundo áspero e rude
>E então homens e mulheres serão gentis
>E então mulheres e homens serão fortes
>E então todos viverão em harmonia entre si e com a terra
>E então todos os lugares serão chamados de Éden uma vez mais.[26]

Múltiplas Maneiras de Ser Eu: Ser Judeu na Comunidade Lésbica e Gay

Eric E. Rofes

Nada me preparou melhor para a vida de ativista gay do que ser criado como judeu na América.

Minha vida de família judia de classe média, em Long Island, proporcionou-me três talentos principais, que me permitiram sentir-me à vontade no mundo. Eles me ensinaram o orgulho por ser quem sou, mesmo quando essa identidade parecia contrariar a cultura da maioria americana. Eles me ajudaram a aprender o valor da educação, a análise e o debate orientado para o tema em questão. Finalmente, imprimiram em mim a importância crítica de construir e apoiar a comunidade, bem como a responsabilidade de servir a essa comunidade.

Embora esses talentos tendessem a ajudar-me a sobreviver como garoto judeu num subúrbio ítalo-irlandês, eles provaram ser indispensáveis para mim como homem gay vivendo num mundo que, muitas vezes, prefere que eu não exista. Durante meus anos de ativismo na comunidade gay, freqüentemente tive consciência de que meus valores estão intimamente alinhados com os de meus pais. Meus esforços como organizador centram-se naquilo que aprendi a valorizar no lar paterno e em nosso centro comunitário judeu: comunidade, família, segurança e justiça.

Enquanto eu crescia, houve várias ocasiões em que outros garotos me escolheram para lançar-me insultos anti-semitas, agarrando-se a características que me colocavam fora da maioria aceita da cultura americana: minha falta de habilidade de jogar bola "como um garoto", a recusa de jogar queda-de-braço, o gosto pelo estudo, meus óculos ou meu nariz. Embora todos estes fossem identificados como traços judeus, alguns eram fortemente relacionados com as definições culturais de masculinidade. Ao mesmo tempo que era abertamente etiquetado como judeu, também era rotulado como "fresco". Isso era uma preparação difícil mas útil para as experiências posteriores de ser, muito mais abertamente, identificado como gay.

Estilo e Assimilação

Após terminar a faculdade, em 1976, eu aderi à comunidade lésbica e gay de Boston, trabalhando na organização de vários projetos — um grupo de apoio à juventude gay, e um jornal semanal *Gay Community News*. Minhas tentativas de entrar na nova comunidade tiveram sucesso desencontrado. Embora, inicialmente, eu atribuísse esses problemas ao meu nervosismo por "sair do armário", logo ficou claro que as pessoas não gostavam de meu "estilo": minha abertura, minha raiva, minha paixão, meus modos ásperos. Parecia que me faltava a habilidade para "diminuir o gás". As pessoas queriam que eu falasse com menos ênfase, reconhecesse minha vulnerabilidade e fosse menos direto e desafiador. Eu me admirava de ouvir, em minha própria comunidade, algumas das críticas que ouvira de gentios em Harvard.

A essa altura, eu me sentia isolado como judeu gay. Embora houvesse outros judeus ocupando posições-chave na comunidade gay, nós não reconhecíamos nossas identidade comuns, e raramente desafiávamos o anti-semitismo. Francamente, eu fiquei confuso quando tentei compreender como meu estilo pessoal afetava os outros. A raiva fervilhando dentro de mim parecia normal na comunidade judaica na qual fui criado, onde gritos, reclamações e confrontações diretas faziam parte da interação humana normal. Mas, depois de vários anos entre pessoas com estilos diferentes de comunicação e diferentes maneiras de reagir à raiva — principalmente o estilo "polido" de não-confrontação dos WASPs (anglo-saxões brancos e protestantes) da Nova Inglaterra —, eu me questionava e procurava explorar as fontes do ódio dentro de mim. Eu queria saber se os judeus eram simplesmente mais zangados do que os outros, ou se alguns de nós se sentiam mais à vontade expressando sua raiva.

Eu tinha consciência de que precisava de minha nova comunidade — precisava sentir-me à vontade em qualquer lugar do mundo. Fiz um esforço consciente para mudar, para me assimilar. Vi-me tentando dizer coisas difíceis, em reuniões coletivas, sem realmente dizê-las. Esforcei-me para aprender técnicas que pudessem amenizar a raiva e moderar o criticismo. No princípio, isso me pareceu estranho, e eu senti o conflito entre o desejo de aceitação e o sentimento de deslealdade para comigo e para com minha herança étnica. Eu queria saber se os traços que tentava esconder eram, de fato, características judias ou estereótipos judeus. O estilo de comunicação parecia uma forte base de minha identidade étnica. Muitas vezes, fiquei triste e zangado: será que a proclamação de minha identidade de homem gay necessitava que eu desistisse de ser judeu?

Eu cresci com a dor da assimilação, e, ao longo dos anos, consegui um equilíbrio, em grande parte devido ao apoio de outros judeus gays e lésbicas e à crescente discussão do anti-semitismo dentro da comunidade e entre nós mesmos. Mas esse processo de equilíbrio continua. Logo depois de mudar-me para Los Angeles, em 1985, disseram-me que as pessoas me classificavam como "muito Costa Leste". Fui avisado de que meu modo de confrontar as questões diretamente, bem como a falha em treinar minha linguagem para dizer coisas bonitas, me trariam problemas. Uma mulher afirmou abertamente que eu era um "típico judeu grosseiro de Nova York", uma observação que, aparentemente, não foi contestada num grupo de uma dúzia de lésbicas.

A negação de que eu continuava a lutar com estas questões seria a negação de que eu continuava a querer viver as múltiplas maneiras de ser eu na comunidade gay e lésbica. Tive que examinar minhas características pessoais e a maneira de comunicar-me, bem como meu nível de energia e intensidade, e decidir quais valiam a pena preservar. Continuo a avaliar os traços que atribuo à minha condição de judeu. Por exemplo, dou valor à habilidade que alguns de nós têm de demonstrar raiva através do humor ou da disputa verbal. Entretanto, agora escolho cuidadosamente meus parceiros de contenda e não imagino que todos os ativistas gays e lésbicas compartilharão comigo esta predileção.

A compreensão de minhas características culturais como judeu e das tradições da cultura judaica — assim como a experiência das tensões que envolvem a assimilação e a manutenção da integridade cultural — me levou a relacionar-me pessoalmente com as preocupações expressas pelas pessoas de cor na busca de criar uma comunidade multicultural gay e lésbica. O que eu quero para nossa comunidade não é um cadinho em que cozinharíamos juntos e, lentamente, perderíamos nossas características étnicas e culturais, resultando numa identidade americana singular. A colcha de retalhos ou o arco-íris são as imagens que eu prefiro: uma comunidade unida em sua diversidade.

O Anti-Semitismo na Comunidade Gay

Além da insistência na primazia da cultura e do estilo WASP, deparei-me com inúmeros exemplos evidentes de anti-semitismo em meu trabalho na comunidade gay e lésbica. Muitos deles giram em torno de estereótipos sobre judeus e dinheiro, como no caso de um membro de um comitê sugerindo que eu administrasse as finanças num evento para levantar fundos, porque "os judeus sabem como cuidar dessas coisas". Também me deparei com percepções opressivas dos judeus como mártires, tendo sido acusado deste complexo por outro ativista, que simplesmente explicou minha atitude psicológica como sendo semelhante à dos "judeus que deixaram o Holocausto acontecer". Ouvi comentários pejorativos de "JAP, motivos de gracejo em bares e reuniões gays, com os participantes aparentemente sem consciência do sexismo, racismo e anti-semitismo inerentes a essas observações.

Obviamente, estes exemplos são muito comuns a vários outros ambientes e talvez sejam menos freqüentes na comunidade gay e lésbica, na qual certos setores parecem ser mais sensíveis do que a maioria das comunidades a questões de diferença, opressão e assimilação. Espero mais da comunidade gay e lésbica, e talvez seja isso que faz o anti-semitismo tão doloroso para mim quando me deparo com ele.

Certa vez, num jantar beneficente para um grupo político gay um orador discutia apaixonadamente o impacto da Aids na comunidade gay quando entrou, rapidamente, numa crescente hipérbole. A certa altura, ele insistiu em que os gays não caminhassem para a morte silenciosamente, "como seis milhões de judeus fizeram, no Holocausto". Essa revisão da história, ignorante e ofensiva, me arrasou e eu me senti atordoado, incapaz de mexer-me. Senti os olhos cheios de lágrimas. De repente, senti uma mão em meu ombro. Em pé, atrás de mim, estava um amigo — um amigo que não é judeu — que se curvou para sussurrar: "Eu vi você se contrair com aquela afirmação ultrajante sobre o Holocausto." Com a mão massageando meu pescoço e ombros, ele continuou: "Antes de você ficar doido e começar a gritar, eu só queria que soubesse que alguém também achou isso injurioso." Senti conforto e solidariedade. Isso é o que preciso de minha comunidade.

Minha reação a essas demonstrações públicas de anti-semitismo mudaram ao longo dos anos. No início, minha auto-aversão e o receio de confrontar a cultura dominante fizeram de mim um conspirador silencioso contra o anti-semitismo. À medida que crescia minha consciência e que outros judeus gays e lésbicas começaram a criar espaços para apoio, bem como análise e crítica da comunidade gay e lésbica, eu me senti pronto para falar alto. Sou grato principalmente à liderança da comunidade lésbico-feminista e às sinagogas gays e lésbicas de todo o país por serem ponta-de-lança de resistência ao anti-semitismo entre os gays e as lésbicas.

Talvez o mais difícil para mim tenham sido os incidentes nos quais judeus gays e lésbicas fizeram observações anti-semitas num ambiente gay "misto". Ouvi que um proeminente homem de negócios judeu costuma fazer comentários tais como: "O diretor-tesoureiro deveria ser um judeu." Ouvi artistas judeus gays e lésbicas fazerem "piadas" profundamente anti-semíticas. E, quando expressei abuso ou espanto pela ausência de clamor dos outros, disseram-me que eu era "demasiadamente sensível". Enquanto, no início, expressava minhas preocupações com raiva, aprendi a aproximar-me das pessoas de maneira mais gentil, tentando ajudar minhas irmãs e irmãos judeus a ganharem mais consciência e conforto com a própria identidade judaica. Estou certo de que, não fosse minha exposição a certos indivíduos na última década, seria eu quem estaria fazendo essas observações ofensivas.

Aparências Físicas e Opressão Internalizada

Sou judeu com origens na Europa Oriental. Desde pequeno, os homens de cabelos escuros — europeus orientais ou sefarditas — foram meu principal interesse erótico. Esses homens muitas vezes enfeitaram as páginas de revistas pornográficas masculinas ou, mais recentemente, vídeos eróticos. A aparência de "garotão surfista" louro parece reinar como ideal aceito da América. Esta tendência me fez, muitas vezes, sentir-me invisível como homem judeu e também ponderar sobre meus próprios sentimentos eróticos.

Passei por diferentes fases tentando analisar minhas preferências eróticas. Cedo, ressenti-me do foco estreito de minhas fantasias e senti-me como se estivesse me limitando. Achei que minhas primeiras sensações sexuais — que me recordo haverem acontecido em ambientes judeus, tais como cerimônias do Sabá, escola hebraica ou o acampamento de verão da Federação Judaica — foram plasmadas pelas características dos garotos e homens mais chegados. Por isso, não senti interesse erótico em homens louros e sem pêlos. Lembro-me de sentir-me um tanto arrogante mais tarde, assumindo minha atração por homens da minha laia (e outros homens de etnia semelhante, como os italianos), o que, de certa maneira, provava minha própria aceitação. Nessa época, eu achava que os homens judeus que se interessavam pela aparência loura dos "garotos cem por cento americanos" eram judeus que odiavam a si mesmos. Mais recentemente, relaxei meus julgamentos, embora minha atração por homens de aparência tradicionalmente judia não tenha desaparecido. Grandes narizes, cabelos cacheados e ligeiramente carecas são os homens que talvez nunca sejam capa da revista *Advocate Men*, mas continuam a fazer-me feliz.

Muitas vezes, tive conflitos com relação à preferência que muitos homens gays parecem ter por homens "não-cortados" (não-circuncidados). Por um lado, eu me ressinto dos ativistas que são rápidos para julgar como "politicamente incorretos" os homens gays e as lésbicas que têm preferência por tipos de corpo, raça ou etnia, ou aparência física. Acredito que o desejo erótico é demasiado complexo para se analisar e julgar rapidamente, e não quero depreciar todos aqueles que trabalharam muito para chegar ao ponto em que pudéssemos experimentar e usufruir nosso desejo por outros do mesmo sexo. Por outro lado, creio que nossas preferências eróticas são formadas culturalmente, e que o desejo por homens não-circuncidados às vezes reflete o anti-semitismo de nossa cultura.

Meus relacionamentos com homens judeus sempre me interessaram, na medida em que tento compreender meus distintos sentimentos de atração erótica, irmandade, competição e rivalidade. Eu saí e dormi com muitos homens judeus e fiquei surpreendido pelo fato de meus dois mais longos relacionamentos haverem sido com gentios. Minhas experiências de menor duração com homens judeus muitas vezes foram confusas para mim. Geralmente, sinto imediata identificação e carga sexual, intensificadas pelo intercâmbio intelectual. A brincadeira pode lembrar-me das amizades de infância ou da rivalidade com meu irmão. Mas, por uma série de razões —

inclusive a intensa competitividade —, esses relacionamentos jamais seguiram adiante. Tenho consciência de que, quando saio com certos homens judeus, meu próprio anti-semitismo se intensifica. Eu gostaria de fazer de conta que tais sentimentos nunca entraram em mim — que sou um orgulhoso e positivo judeu gay o tempo todo. Agora eu sei que parte de mim o é, e a outra, não. Desenterrar o auto-ódio e as mensagens da cultura dominante é um processo longo.

Quando me envolvi seriamente com um determinado homem judeu, Jay, comecei a experimentar sentimentos e entendimentos muito desconfortáveis. Eu tinha muita atração por ele, principalmente quando estávamos a sós ou na sinagoga gay. Mas, quando estávamos em público, como um casal, eu me sentia evidentemente gay e, surpreendentemente, muito judeu, como se houvesse um sinal em torno do meu pescoço dizendo "bicha" e "judeu". Meus sentimentos por Jay se baseavam na certeza de que ele parecia mais tradicionalmente judeu e mais "efeminado" do que eu. Não estou seguro de que ele o era, mas era assim que eu me sentia então. Fui forçado a encarar minha homofobia e anti-semitismo internalizados, pois, estando com Jay, minha habilidade de "passar" por hetero e gentio parecia ameaçada. Embora estivesse fazendo muitas palestras públicas como gay judeu, eu me sentia vulnerável por não ter, necessariamente, uma escolha de quando e se "passar", em outras situações. O reconhecimento do que estava acontecendo ajudou a mim e ao meu relacionamento com Jay.

Outro homem judeu que namorei levantou questões parecidas de maneira diferente. Conheci Mark num bar de Nova York e fiquei imediatamente atraído. Nossas semelhanças — nossos antecedentes religiosos parecidos, a descoberta de que fôramos colegas de faculdade, o gosto pelos homens de barba escura como nós — pareciam ser a chave de nossa atração mútua. Quando saíamos juntos, as pessoas geralmente perguntavam se éramos irmãos e, de fato, muitas vezes altercávamos e caçoávamos um com o outro, como costumo fazer com meu irmão. Estar com Mark fazia com que eu me sentisse bastante gay e bastante judeu, mas, nesse caso, eu desfrutava disso de forma cabal.

As Alegrias de Ser Gay e Judeu

Apesar dos problemas e da dor, sinto prazer e felicidade em compreender minhas identidades de homem gay e de judeu. Sinto satisfação e conforto em participar de cerimônias numa sinagoga gay. Eu me delicio com a risada e os sentimentos de experiências compartilhadas enquanto assisto aos *shows* de judeus gays e lésbicas auto-afirmativos. Sinto força especial em afirmar-me publicamente como um judeu gay.

Talvez o que mais me satisfaça seja encontrar amigos — outros judeus gays e lésbicas — com os quais me sinto completamente à vontade. Eu não sinto a mesma coisa com todos os judeus gays e lésbicas, e há gentios gays e judeus heterossexuais, assim como gentios heterossexuais, com os quais sinto um encontro semelhante de mentes. Mas há algo quando estou com meus amigos judeus gays e lésbicas que faz com que eu me sinta especial, completo e totalmente em paz. Passar uma tarde num bairro judeu, comendo numa *delicatessen* local com amigos gays e lésbicas, faz-me sentir como se as múltiplas maneiras de ser eu tivessem um lugar no mundo.

PARTE 5

Em Busca de Visibilidade: Judeus Gays e Lésbicas na Comunidade Judaica

INTRODUÇÃO

Os judeus gays e lésbicas sempre estiveram totalmente integrados na vida comunitária judaica, mas quase sempre de forma invisível. O fenômeno da participação aberta dos judeus gays na vida religiosa, política e social da comunidade é novo. Sempre que estivemos visíveis, outras pessoas tiveram a oportunidade de saber quem somos muito mais profunda e rapidamente. Os ensaios desta seção lidam com estas questões de visibilidade e aprendizado, bem como de mudança social. Eles também esclarecem que todos nós — lésbicas, gays, bissexuais e heterossexuais — pagamos um preço alto pela invisibilidade.

Janet Marder discute o próprio crescimento como rabina de uma congregação gay e lésbica. A história dela é muito importante, pois admite, candidamente, as questões e o desconforto ainda vividos pela maioria dos heterossexuais judeus, e é franca ao descrever o que aprendeu durante seus cinco anos naquele púlpito. Marder argumenta fortemente pelo total reconhecimento da dignidade e humanidade das lésbicas e dos gays, terminando com a expressão de gratidão de que suas duas filhas crescerão com muitas "tias" lésbicas e "tios" gays, e não terão de livrar-se do fardo da homofobia quando chegarem à idade adulta.

Em compensação, "La Escondida" é uma rabina lésbica incapacitada de escrever sob seu verdadeiro nome. Seu forte compromisso judaico e a vocação para o rabinato fortaleceram-se, porém ainda mais quando ela achou que devia esconder parte de si mesma na comunidade que ela tanto enriquece. Ela compara sua situação à dos marranos, os judeus espanhóis que foram forçados a fingir que se converteram ao cristianismo, só podendo praticar o judaísmo em segredo e com medo.

Sue Levi Elwell descreve como várias instituições judaicas reagiram às questões gays e lésbicas durante os últimos vinte anos do movimento moderno de liberação gay e lésbica. Ela discute três posições básicas: condenação, tolerância liberal e compromisso com a total inclusão. Ela esboça a tendência desigual mas animadora da inclusão dos judeus gays e lésbicas, examinando como, ao longo do tempo, um número crescente de pessoas identifica os judeus gays e lésbicas como "nós" em vez de "eles".

Depois do ensaio de Elwell, Andy Rose continua o tema "nós" e "eles", descrevendo alguns dos esforços da comunidade judaica, ainda longe de reagir ao desafio da Aids, que, tragicamente, difundiu a existência dos judeus gays e lésbicas mais que qualquer outra coisa até o presente. A Aids continua a oferecer oportunidades para reação e reconciliação, mostrando o melhor e o pior que há em nossas instituições comunitárias, bem como no resto da sociedade.

Começando a Conhecer a Sinagoga Gay e Lésbica: Uma Rabina Vai da Tolerância à Aceitação

Janet R. Marder

Max e Ernest celebraram, recentemente, vinte anos de união. Eles têm muito em comum: ambos são cavalheiros elegantes, de sessenta e poucos anos, sobreviventes do Holocausto e agnósticos com forte compromisso com a cultura judaica. A mãe de Max sofre de doença de Alzheimer. Ele a visita sempre, embora vê-la lhe corte o coração. Ernest sofre de pressão alta e submeteu-se a uma importante cirurgia. "Nossas vidas são entrelaçadas", disse-me Max recentemente. "Nós damos um ao outro amizade, conforto e alegria."

Sandy e Elinor, um casal gentil de trinta e poucos anos, conheceram-se numa aula de educação de adultos de um templo. Sandy é judia por opção. Ela se converteu através do movimento Conservador, morou em Israel um ano e agora fala e lê hebraico fluentemente. Elinor cresceu num lar judeu praticante, no Meio Oeste, conviveu com os ortodoxos em Jerusalém e agora segue o movimento da Reforma. Sandy é carpinteira e naturalista amadora; Elinor é escritora técnica. Ambas estudam o *Tanakh* em hebraico, todas as semanas, com o rabino, e assistem a aulas de Talmude e dança folclórica israelita. Estão muito apaixonadas e pensam em ter um filho.

George é um homem calmo, afável, de trinta e poucos anos. Ele tem muito sucesso como vendedor e é muito valorizado pelo patrão, que tem esperança de casar George com "uma moça encantadora". Quando ele diz isso a George, recebe apenas um sorriso sem compromisso. Judeu praticante, George reza regularmente aos sábados de manhã em sua sinagoga ortodoxa local; seus companheiros de oração se perguntam onde ele reza nas noites de sexta-feira.

Estes nomes não são verdadeiros, mas as pessoas são. Todos são membros da Beth Chayim Chadashim (BCC) — a Casa da Nova Vida —, a primeira sinagoga gay e lésbica do mundo, localizada em Los Angeles. Eu fui sua rabina durante cinco anos. Começo a escrever descrevendo-os, e não com generalidades, porque meu trabalho na BCC me ensinou os perigos da generalização. À medida que escrevo sobre judeus gays e lésbicas, descrevo pessoas reais, tão únicas em sua individualidade quanto os judeus heterossexuais o são.

Preconceitos e Dúvidas Iniciais

Em abril de 1983, quando enfrentei minha primeira entrevista com o comitê rabínico de seleção, eu sabia apenas generalizações e abstrações. Minha mente estava povoada de imagens — algumas assustadoras, outras repelentes — da "comunidade gay" e do "estilo de vida gay". Eu quase não conhecia gays. Minha informação vinha de jornais e revistas, que me asseguravam que os homossexuais eram pecadores e/ou doentes, promíscuos e hedonistas e que viviam como solitários e desgraçados — freqüentando bares e casas de massagem, participando de atos terrivelmente sórdidos.

Alguns conhecidos interessados (inclusive certos colegas rabinos) me disseram que os homens gays eram "maldosos" e "difíceis", e que as lésbicas "detestavam homens" e provavelmente me odiariam também, porque sou heterossexual. Alguns demonstravam vaga preocupação pelas influências às quais eu submeteria meus filhos (ainda não nascidos). Outros me avisaram que poria minha carreira em perigo aceitando emprego num "templo gay"; no futuro, suspeitar-se-ia sempre que eu era uma lésbica, e nenhuma sinagoga "normal" jamais me contrataria.

Por que, diante dessas palavras desalentadoras, eu me candidatei ao cargo na BCC? Em parte, porque eu simplesmente achava que qualquer congregação de judeus merecia a liderança de um rabino responsável. Porém mais importante do que isso foi o conselho de meu marido Shelly, também rabino. Ele tinha contato profissional com um grupo de membros da BCC que realizavam, uma vez por mês, a cerimônia do Sabá numa casa de repouso local. Shelly me disse que os voluntários da BCC realizavam uma cerimônia mais calorosa e espiritual do que jamais vira numa casa de repouso. É claro que havia algo especial nesses homens e mulheres que tinham prazer em dar. Ser rabino desse grupo, pensou Shelly, traria recompensas muito além do normal. "Vá em frente", recomendou.

Tenho que dar muito crédito a esse comitê de seleção. Eles viram uma rabina ingênua, com idéias muito instáveis. Felizmente, porém, eles também viram que eu estava desejosa de aprender, então apostaram em mim. Eles me disseram francamente que alguns membros da congregação prefeririam um rabino gay ou lésbica, mas que o comitê achava que seria errado submeter os outros a discriminação análoga à que eles mesmos encontraram. Por isso, seu primeiro cuidado foi achar alguém para servir de bom professor judeu e de conselheiro pastoral compreensivo.

Senti grande ansiedade por essas duas expectativas. Primeiro, como poderia eu ensinar judaísmo, honestamente, a um grupo que eu acreditava ser judaicamente ilícito? Como poderia dizer a verdade a meus congregados — que nossa tradição religiosa rejeita, clara e veementemente, seu modo de viver — e ainda inspirá-los a serem devotados a essa tradição? Como poderia pedir aos homens que amassem a Torá, que os condena à morte por seu comportamento sexual? Além disso, como eu me sentia, realmente, a respeito dessa tradição — sua ênfase dominante no casamento, o imperativo de ter filhos, a primazia da família como veículo de transmissão do judaísmo? Poderia eu afirmar esses valores ao exercer o ministério para uma congregação cuja existência parecia subvertê-los?

Além do mais, eu estava cheia de dúvidas sobre minha habilidade para aconselhar homens e mulheres que viviam, pensava eu, de maneira tão diferente de mim e de todos os que eu conhecia. Como poderia entender seus problemas e ajudá-los? De fato, eu estava bastante embaraçada pelo conceito de demonstrações públicas de homossexualidade; a idéia de dois homens abraçando-se ou dançando juntos me causava mal-estar. E, pior ainda, eu esperava ouvir detalhes sobre a vida de meus congregados que me fariam sentir náuseas. Em outras palavras, eu queria que eles fossem honestos comigo, mas, no fundo, tinha receio do que eles pudessem dizer.

Hoje, depois de muitas tentativas e muito mais erros, eu quase não me reconheço. Minhas crenças mudaram lentamente, mas de maneira profunda, afetando toda a minha perspectiva na vida. Meu pensamento mudou, de maneira significativa, em três áreas: a natureza da homossexualidade, o papel do *halakhah* no judaísmo liberal e o lugar dos judeus gays e lésbicas em nossa comunidade.

A Natureza da Homossexualidade

Tão logo fui contratada pela BCC, pus-me a aprender tudo o que pude sobre homossexualidade. Li trabalhos de psicólogos, psiquiatras, sociólogos e médicos. (Ver a Bibliografia no apêndice deste livro). Também li relatos de "entendidos", tais como *Familiar Faces Hidden Lives: The Story of Homosexual New in America Today*,[1] de Howard Brown, e *Nice Jewish Girls: A Lesbian Anthology*,[2] de Evelyn Torton Beck, que começaram a mostrar-me um quadro de vidas plenas vividas por pessoas plenas.

Até mesmo essas incursões superficiais à questão da homossexualidade mostraram-me que esses estudos científicos estavam longe de ser conclusivos. Alguns consideram a homossexualidade questão fisiológica, outros a situam em fatores ambientais; alguns acham que é "curável", outros a vêem como predeterminada e imutável.

Comecei a ver que a principal divisão dos estudos sobre a homossexualidade é a que existe entre os que a classificam como "desvio" indesejável de comportamento, apesar da etiologia e os que a aceitam como um comportamento natural e legítimo, de modo algum inferior à heterossexualidade. Continuei a ler e aprender, mas, aos poucos, me senti menos interessada no que diziam os peritos e prestando mais atenção às minhas observações das várias centenas de homens gays e de lésbicas que passei a conhecer nos dois anos seguintes. Quanto mais conhecia meus congregados, menos capaz me sentia de ver sua maneira de viver como indesejável, doentia e antinatural.

O notável trabalho do professor John Boswell, na Universidade de Yale, *Christianity, Social Tolerance, and Homosexuality*, ajudou-me a ver a confusão fundamental no uso do termo "antinatural". Boswell faz a distinção entre os que usam o termo "natural" num sentido "realista" (isto é, descrever o que existe no universo observável) e os que o usam num sentido "ideal" (identificando "a natureza" com "o bem"). Nauturalmente, diz Boswell, a homossexualidade é "natural" no primeiro sentido; é comum entre os seres humanos e é observada entre muitas espécies animais, tanto na selva quanto em cativeiro. O uso do termo "natural" num sentido "ideal", esclarece Boswell, obviamente é determinado, em grande parte, por valores culturais; empregado assim, o termo "antinatural" transforma-se em "veemente circunlóquio para mau ou "inaceitável".[3]

Alguns podem argumentar, por exemplo, que a homossexualidade é "antinatural" num sentido evolutivo, por não ser comportamento reprodutivo. Boswell responde que poucos condenariam a masturbação como "antinatural", embora tenha as mesmas conseqüências não-reprodutivas que a homossexualidade. Passei a compreender o quão seletivos e arbitrários somos em nossas determinações de quais ações são "naturais" e "antinaturais" para os seres humanos. Afinal de contas, os cristãos medievais viam os judeus como criaturas "anormais" e "antinaturais", um pequeno e desprezado segmento da população, que se recusava a aceitar Jesus como o Messias.

As palavras de Boswell ajudaram-me a tomar consciência de como minhas tendências culturais plasmaram minhas percepções. Como conseqüência, comecei a perceber que nada era inerentemente "antinatural" no comportamento de meus congregados. Ao contrário, vi diferenças às quais me acostumei rapidamente. Eu já não mais me chocava com a novidade de dois homens de mãos dadas, ou dançando juntos; em vez disso, vi sua necessidade "natural" de afeição e companheirismo.

Da mesma forma, quando passei a conhecer meus congregados como indivíduos, já não pude tolerar as generalizações a respeito da homossexualidade como patológicas, ou pecaminosas. É claro que conheci algumas pessoas gays cujas vidas eram tristemente infelizes. Mas a maior parte da miséria em suas vidas parecia ser o resultado da rejeição da família, da intolerância social, ou auto-ódio internalizado — não devida a qualquer miséria endêmica da própria homossexualidade. Conheço pessoas gays que se comportam de maneiras que me atingem, como doentes ou imorais. Mas isso não é menos verdade em relação a pessoas heterossexuais que conheço, e poucos condenariam a heterossexualidade como imoral, apesar da alta incidência de estupro, incesto, abuso de crianças, adultério, violência na família, promiscuidade e doenças venéreas entre os heterossexuais. Os tristes, os doentes e os pecadores são minoria na comunidade gay, como também na população heterossexual. Meus congregados são homens e mulheres tão saudáveis, carinhosos e moralmente responsáveis quanto quaisquer outros que conheci na vida.

Minha atitude em relação à homossexualidade mudou da tolerância incerta para a total aceitação. Agora eu a vejo como tendência sexual, oferecendo as mesmas oportunidades de amor, realização, crescimento espiritual e ação ética que a heterossexualidade. Ainda não sei o que "causa" a homossexualidade, mas devo confessar que, agora, não me importa — não mais do que me importa saber o que "causa" a aptidão de algumas pessoas para a música e de outras para o beisebol. Simplesmente, aceito com prazer a diversidade de nossa espécie.

O *Halakhah* no Judaísmo Liberal

A mudança de minha percepção da homossexualidade me forçou a confrontar o papel que o *Halakhah* representa em minha vida como rabina e judia liberal. Parte do meu estudo da homossexualidade naturalmente concentrou-se em discussões sobre a ortodoxia da questão, e não demorou para verificar que, em nossa tradição religiosa, a homossexualidade é, indubitavelmente, rejeitada. As opiniões legais judaicas vão desde a opinião de Asher Bar-Zev, de que a homossexualidade é uma "doença comportamental fisiologicamente determinada",[4] à visão do rabino Hershel Matt, em 1976, de que os atos homossexuais são efetuados "sob constrangimento" (*me'ones*) e portanto devem ser julgados com mais clemência,[5] até à réplica da Reforma do rabino Solomon Freehof, que considera a homossexualidade "um pecado grave".[6] Alguns rabinos (principalmente Matt, que continuou a lutar com estas questões, com grande sensibilidade, até a morte, em 1987) pediam tolerância, bondade e compaixão pelos *homossexuais*, mas não conseguiu encontrar declarações de rabinos afirmando ser a *homossexualidade* uma maneira judia de viver aceitável. Então tive que decidir: que me importava que a voz da tradição, sem exceção, fosse contrária à evidência de minha experiência e às mais profundas inclinações de minha consciência?

A escolha estava clara para mim. Eu não podia ser guiada por leis que pareciam profundamente injustas e imorais. Eu creio, e ensino aos congregados, que a lei judaica condena seu modo de viver. Mas também ensino que não posso aceitar essa lei tão autoritária. Ela é parte de minha história — ela me pertence, mas não tem direitos sobre mim. Em minha opinião, a condenação judaica da homossexualidade é obra de seres humanos — limitada, imperfeita, temerosa do que é diferente e, acima de tudo, preocupada em assegurar a sobrevivência tribal. Em suma, penso que nossos ancestrais estavam equivocados a respeito de muitas coisas, e a homossexualidade é uma delas.

Eu também sou um ser humano falível, e talvez meus julgamentos possam ser considerados errados, algum dia. Mas, por ora, não há escolha senão decidir por mim mesma quais as partes de nossa tradição que considero sagradas. Na realidade, os valores e princípios judaicos que vejo como eternos, transcendentes e ordenados divinamente não condenam a homossexualidade. O judaísmo que aprecio e afirmo ensina o amor à humanidade, o respeito pela centelha de divindade em cada pessoa e o direito humano à vida com dignidade. O Deus que adoro endossa os relacionamentos humanos amorosos, responsáveis e comprometidos, não importa o sexo das pessoas envolvidas. Não há base *legal* judaica para esta crença; minha fé pessoal simplesmente me diz que o dever de amar o próximo como a mim mesma é um *mitzvah* obrigatório, ao passo que a obrigação de condenar e matar homossexuais por cometerem "abominações" certamente não o é.

A tentativa de lutar contra uma lei que considero odiosa numa tradição com a qual estou altamente comprometida ensinou-me uma lição: os judeus liberais podem racionalizar ou equivocar-se apenas até certo ponto. Chega um tempo em que nossas convicções mais profundas exigem que rompamos com o *halakhah* — e que o façamos sem desculpas, sem tentar desenterrar uma opinião legal de uma minoria, em algum lugar, que apóie nossa posição. O respeito pela tradição não é virtude quando promove a injustiça e o sofrimento humano.

Lésbicas e Gays na Comunidade Judaica

Eu antes pensava que, pelo menos na comunidade judaica liberal, os homossexuais podiam ser merecedoras de tanto respeito e reconhecimento quanto seria de esperar. Afinal, a Conferência Central de Rabinos Americanos (Reforma) não tinha adotado, em 1977, uma forte resolução apoiando os direitos civis dos homossexuais? A União das Congregações Hebraicas Americanas (UAHC) não tinha aceitado uma congregação gay/lésbica como membro pleno? (Agora, existem de fato quatro congregações desse tipo na UAHC.) Hoje, porém, compreendo o que nossa comunidade nega aos gays e lésbicas judeus: por exemplo, o direito de casar-se.

O rabino Solomon Freehof escreveu, em 1973, que "oficiar um assim chamado casamento de dois homossexuais e descrever sua maneira de viver como *kiddushin* (sagrada) é uma contravenção de tudo o que é respeitado na vida judaica".⁷ Eu já concordei com o rabino Freehof. Agora, penso em Max e Ernest, em Sandy e Elinor e em tantos outros — e sei que suas vidas juntos certamente exemplificam as qualidades do *kiddushin*: amor, respeito, fidelidade, compromisso máximo, uma terna consideração pelos bens de cada um, um desejo de estabelecer um lar judeu que seja um *mikdash me'at*, um pequeno santuário. Um relacionamento assim não é, para mim, menos santo do que um casamento heterossexual. E nunca cessa de surpreender-me o fato de que tantos casais homossexuais criem tais relacionamentos, apesar da ausência de qualquer expectativa social ou religiosa de que sua relação incorporará a santidade.

Um casamento entre pessoas do mesmo sexo certamente nunca seria aceito por judeus ortodoxos. Mesmo assim, parece certo que os rabinos que compartilham minha crença fazem um esforço para responder às necessidades dos judeus gays e lésbicas que sentem que sua religião ignora e denigre seu compromisso de amor e as famílias estabelecidas por eles.

Exatamente como o judaísmo liberal evita conceder aos casais homossexuais qualquer reconhecimento ou aprovação pública, assim também não deseja permitir, *abertamente*, que os judeus gays e lésbicas assumam posições de liderança em nossa comunidade. (Naturalmente, há muitos que não são abertos.) O Colégio Rabínico Reconstrucionista é o único seminário cujo corpo docente votou pela admissão de gays e lésbicas como alunos. Não sei de instituições preparadas para investir abertamente em gays como cantores, ou prepará-los para ser professores em escolas religiosas. A mensagem aos meus congregados, pela comunidade à qual pertencem, é clara: "Vocês são bem-vindos, desde que sejam invisíveis. Nós toleramos sua homossexualidade, mas certamente não os colocaremos como modelos para serem admirados e imitados.

Houve tempo em que esta linha de raciocínio tinha sentido para mim. Por que a orientação sexual não deveria ser assunto privado? Um "homossexual conhecido" não seria um modelo perigoso, principalmente para jovens impressionáveis? Agora sei que este raciocínio só tem sentido desde que acreditemos que a homossexualidade é uma doença vergonhosa, detestável, que tememos que infecte nossos filhos. Se nada há de errado em ser gay, não há razão para que as pessoas gays escondam sua identidade — como eu não escondo minha aliança e outros símbolos públicos de minha heterossexualidade.

Há sempre falta de bons líderes judeus. É tola e destrutiva nossa rejeição a pessoas que estão prontas, desejosas e eminentemente capazes de servir nossa gente. Não posso apresentar "prova" de que uma lésbica ou um homem gay possa ser um *mensch*, mas conheço muitos que o são.

Os anos passados na BCC algumas vezes me deixaram confusa e frustrada. Tentei entender por que os judeus liberais, que dizem não ser influenciados pelas declarações eticamente repulsivas do *halakhah*, e que dizem ser devotados à justiça e à igualdade, ainda se recusam a outorgar justiça e igualdade aos judeus gays e lésbicas. Tentei compreender por que eles se agarram tão tenazmente a estereótipos denegridores a respeito do "estilo de vida homossexual" e suas supostas ameaças à pureza da vida judaica.

Não posso encontrar base racional neste comportamento. Ao contrário, parece-me que o preconceito, o medo e a ignorância estão evitando que muitos judeus liberais façam o que é lógico e certo. É o preconceito que os impede de ver santidade num compromisso amoroso entre pessoas do mesmo sexo; o preconceito que lhes assegura que os judeus gays e lésbicas, não importa quão cultos e éticos sejam, jamais podem ser modelos para a comunidade judaica; o preconceito que os impede de reconhecer que a heterossexualidade não é o único caminho para uma vida judia saudável, alegre e compromissada.

Enquanto persistirem os preconceitos, serão necessárias congregações como a BCC. Eu sugeriria que, quando forem erradicados esses preconceitos e os gays e as lésbicas forem amplamente respeitados e amados como nossos irmãos e irmãs, a questão das sinagogas gays/lésbicas separadas seria duvidosa. Desde que os judeus gays e lésbicas sejam bem-vindos em qualquer sinagoga de sua escolha, a maioria da comunidade judaica já não se sentirá ameaçada se alguns deles optarem por rezar juntos em suas próprias sinagogas — simplesmente porque compartilham muitos valores e gostam de estar juntos. Eu espero pelo dia em que a BCC não exista principalmente como um refúgio contra a homofobia, mas simplesmente como uma vibrante congregação judaica com caráter e espírito próprios.

Eu sei que o preconceito contra as lésbicas e os gays está profundamente arraigado, mas, por experiência própria, sei que é possível educar-se e mudar profundamente. Assim fazendo, para qualquer um de nós, simplesmente não há substituto para uma mente aberta e o contato direto com lésbicas e gays. Qualquer heterossexual que queira, seriamente, educar-se encontrará muitas oportunidades para passar a conhecer os homossexuais, tanto pessoalmente quanto através de cartas. As lésbicas e os gays estão em toda parte, e o que é necessário para trazê-los para nós é um jeito amigável, sensível e respeitoso.

Acima e por trás de meus momentos de frustração, eu me sinto profundamente abençoada por haver devotado cinco anos de minha vida ao trabalho na Beth Chayim Chadashim. Além da alegria intrínseca de trabalhar com uma comunidade ativa, interessada e vigorosa, sou grata pela educação que me deram — uma oportunidade de ver com meus próprios olhos e tomar decisões, em vez de engolir os julgamentos e frases dos outros.

Também sou grata porque minhas filhas estão passando os anos decisivos da primeira infância na presença de centenas de "tios" gays e "tias" lésbicas amorosas; graças a Deus, elas crescerão sem os mitos e estereótipos feios que me afligiram. Talvez este seja o maior presente que meus congregados me deram.

Jornada Rumo à Plenitude: Reflexões de uma Rabina Lésbica

La Escondida

Recentemente, ouvi uma reportagem na Rádio Pública Nacional sobre "os judeus secretos do Novo México", remanescentes dos *marranos*, os criptojudeus da Espanha medieval, que escondiam sua identidade para escapar da perseguição nas mãos da Inquisição espanhola. Esses judeus do Novo México, externamente católicos, denominam-se "los escondidos" (os escondidos). Eles ainda vivem em segredo, ensinando quietamente aos filhos rituais judeus, observando quietamente tanto da prática judaica quanto sabem, depois de séculos de separação da principal corrente do judaísmo. Mesmo agora, em 1988, eles se escondem, temerosos de que a revelação de sua verdadeira identidade lhes causará dano, temerosos de que alguém, em algum lugar, os perseguirá por serem quem realmente são.

À medida que ouvia a reportagem, minha emoção agitava-se. Quando estudante da história judaica, eu era fascinada pela tenacidade desse povo e de seu sucesso em sobreviver a séculos de vida clandestina, sem legalização e apoio do mundo judeu mais amplo. Como judia que vive a maior parte da vida em segredo, temerosa de revelar tudo o que sou, temerosa do dano que possa sofrer se o fizer, senti a dor e a tristeza de meus correligionários do Novo México.

Por ser arriscado revelar minha verdadeira identidade nesta altura de minha carreira, escrevo este ensaio sob um pseudônimo. Como os judeus do Novo México, eu também sou uma "escondida". Sou judia. Sou mulher. Sou lésbica.

Ser judia foi sempre o eixo em torno do qual minha vida girou. Eu cresci num lar judeu profundamente comprometido, com pais ardorosamente sionistas, dedicados ao nascimento e criação de uma pátria judaica na qual se realizariam os mais altos ideais de justiça social. Meu lar era cheio de amor pela língua hebraica, fascinação pela história e cultura judaicas e compromisso profundamente entranhado pela sobrevivência do povo judeu. Embora não "religiosos" no sentido tradicional, meus pais eram profundamente judeus no sentido cultural, histórico e emocional. Não posso imaginar outra maneira de ser no mundo do que ser uma judia ativa e apaixonadamente ligada ao meu povo.

Já adulta, passei vários anos em Israel, onde vi meu judaísmo em termos culturais, históricos e nacionais. Senti muito orgulho pelo crescimento de meu povo, pelo país que estávamos construindo, pelo desabrochar artístico de Israel, pelas realizações intelectuais desse pequeno país. Pensei que ser judia e israelense eram sinônimos e que minha vida era plena.

Após o término de meu bacharelato em Israel, voltei aos Estados Unidos para fazer pós-graduação em história judaica. De volta à América, logo passei a compreender que minha vida de judia estava incompleta — ela sempre se centrara na evolução histórica e cultural de meu povo, mas eu sabia pouco a respeito de aspectos espirituais e religiosos do judaísmo. Senti a necessidade de conectar-me com Deus, com minha alma e com o sistema de fé e crença de meu povo. Compreendi que havia todo um mundo dentro do judaísmo que eu ainda não explorara e de que eu necessitava para a vida. Enquanto meu intelecto se nutria, minha alma, também, precisava encontrar seu lar dentro do judaísmo.

Juntamente com esta descoberta veio outra, poderosa, sobre mim mesma: eu sou lésbica. Eu me apaixonara por uma mulher. Depois de lutas contra os estereótipos assustadores e vexaminosos da sociedade, reconheci que me sentira mais à vontade e mais inteira, ao longo da vida, em relacionamentos íntimos com outras garotas e mulheres. Minhas ligações emocionais mais profundas sempre foram com mulheres; meus mais intensos sentimentos de amor, afeição, ligação íntima e atração física sempre foram por mulheres. Com essa certeza, eu estava pronta para livrar-me dos estereótipos opressivos e iniciar um longo relacionamento com a mulher que eu amava profundamente.

Durante vários anos vivi uma existência bifurcada. Minha vida acadêmica e profissional como estudiosa da história judaica estava completamente separada de minha vida pessoal, e minha busca espiritual era feita a sós. Sendo uma intelectual típica, eu li livros sobre a espiritualidade e a fé judaicas, mas não me engajei ativamente na busca de minha vida dentro do contexto espiritual do judaísmo. Para mim, a plenitude como judia ainda era uma meta ilusória.

Agora eu sei que parte da razão pela qual não fui em frente para viver em uma comunidade de judeus era que eu temia ser rejeitada por ser lésbica. Logo, para meu alívio, descobri que havia uma sinagoga de lésbicas e gays onde eu morava. Lembro-me como me senti quando minha parceira e eu atravessamos as portas da sinagoga pela primeira vez. Meus conflitos internos começaram a diminuir, e senti a possibilidade de integrar os diferentes aspectos de meu ser. Nesse modesto edifício, passei a sentir que poderia ser judia e lésbica. Podia rezar como judia, aprender como judia, usufruir meu relacionamento amoroso com uma mulher e fazer com que os outros celebrassem comigo.

Essa sinagoga, a Beth Ameinu ("Casa de Nosso Povo"; o nome é fictício), de fato me oferecia possibilidades de uma nova ligação enriquecedora com meu povo. Tornei-me ativamente ocupada com a congregação, servindo na diretoria da sinagoga, como chefe da comissão do ritual e líder freqüente das cerimônias do Sabá. Logo, descobri que essa parte do judaísmo que me faltava, sua dimensão espiritual e religiosa, estava tomando vida. Eu já não precisava sentar-me sozinha e ler livros — eu podia rezar e cantar com uma comunidade como um ser humano completo: judia e lésbica.

Ao longo do tempo, comecei a sentir que minha vida profissional, embora intelectualmente desafiadora, também estava incompleta. À medida que os horizontes do judaísmo se expandiam para mim, senti que ensiná-lo de uma perspectiva puramente intelectual não era suficiente. Como professora de história judaica, eu não experimentava a plenitude. Nesta qualidade, minha tarefa era ensinar o judaísmo de maneira conscientemente clínica e objetiva. Muitas vezes me sentia como mente sem corpo, divulgando conhecimentos sobre o judaísmo sem compartilhar também seu *ruach*, seu espírito. Ficou cada vez mais difícil para mim oferecer a meus alunos um judaísmo desapaixonado. Isso era simplesmente demasiado para mim.

Uma nova consciência me impulsionou nessa jornada. Passei a compreender que queria que minha vida profissional refletisse meus mais profundos compromissos: eu sabia que queria ser rabina. Depois de vários anos pensando seriamente sobre o rumo que minha vida deveria seguir e considerando as mudanças que minha decisão faria necessárias, candidatei-me a um seminário para rabinos. Em minha solicitação, expliquei os motivos para tornar-me rabina:

> O que eu realmente quero é ajudar as pessoas a alcançarem a mais profunda dimensão espiritual conectada a seu judaísmo. Quero poder trabalhar com outros judeus para que criem rituais significativos, para que encontrem o caminho para a própria evolução religiosa e espiritual. (...) Quero ensinar dentro de um contexto judeu (não exclusivamente numa universidade secular), onde não seja constrangida pela obrigação de ser objetiva e friamente intelectual.
>
> Quero ajudar a fornecer o alimento para a alma, bem como para a mente. Acho que, como mulher, como feminista, existem mundos a descobrir dentro do judaísmo, mundos a explorar, princípios a estudar e desafiar, uma história de mulheres judaicas a recuperar e uma vida de ritual para mulheres a desenvolver. Quero ser parte desse processo. (...)

Agora, nos estágios finais de meus estudos rabínicos, e depois de trabalhar durante dois anos como rabina numa congregação pequena, estes ideais ainda me energizam.

Em meu trabalho na congregação, vi muitos ideais tornarem-se realidade numa comunidade de pessoas reais. Desenvolvi um excelente relacionamento com meus congregados. Nós passamos de um pequeno grupo de indivíduos para uma congregação maior que busca infundir significado em nossas vidas de judeus. Em minha congregação, rezamos e cantamos juntos, às vezes temos longas e apaixonadas discussões sobre o judaísmo e seu significado em nossas vidas, estudamos a Torá, dou aulas sobre o livro de orações, sobre os dias santos, sobre a história judaica. Em minha congregação, celebramos *simkhes* juntos e choramos e nos consolamos mutuamente quando a tristeza entra na vida de um membro da comunidade. Aprendi a amar muitos de meus congregados, e eles aprenderam a amar-me. Ainda assim, *eu não me sinto inteira dentro desta comunidade*. Embora haja uma profunda afeição entre meus congregados e mim, não existe profunda honestidade: eu escondi deles uma parte importante de minha identidade. Eles me conhecem como sua rabina; eles supõem que sou heterossexual; eles não têm idéia de que sou lésbica.

Juntamente com o idealismo de ser rabina veio a compreensão terrivelmente perturbadora de como devo viver minha vida de rabina de congregação. É triste, mas, mesmo quando busco a plenitude na vida profissional, descubro que algo de minha integração pessoal, que sentia na Beth Ameinu, me deixou. Vivo, outra vez, uma vida bifurcada. Embora com o maravilhoso sistema de apoio de bons amigos com os quais posso ser eu mesma, o fato de não poder ser totalmente honesta a respeito de quem sou com meus congregados é doloroso para mim. Entretanto, apesar da dor que sinto, sei que seria profissionalmente tolo revelar-lhes quem sou em minha totalidade. Se tivesse que me revelar aos congregados, provavelmente perderia o emprego de rabina deles. Eu não acredito que essas pessoas calorosas e amáveis estejam prontas para saber que sua rabina é lésbica.

Item. — Dois anos atrás, fiz um sermão apaixonado sobre a Aids à minha congregação, nos Grandes Dias Santos. No contexto da auto-avaliação emocional dos judeus nessa época do ano, falei sobre empatia e compaixão, aceitação e marginalização — e sugeri que nossa congregação participasse, mesmo em pequena escala, na luta contra a Aids. Sugeri que angariássemos comida para as pessoas com Aids, que já não conseguem fazer suas compras e que podem estar empobrecidas pelo custo astronômico do tratamento médico. Minha sugestão foi bem-recebida pelos congregados e nós nos empenhamos numa coleta de comida, com bastante sucesso. De tempos em tempos, eu entregava as latas de comida doadas ao projeto local da Aids.

Poucos meses após os Grandes Dias Santos, ao transmitir a gratidão expressa pelo projeto da Aids à nossa congregação, sugeri que deveríamos permitir que o projeto soubesse que, se houvesse judeus com Aids desejosos de rezar numa comunidade, as portas de nossa sinagoga estariam abertas para eles. Fui imediatamente confrontada por uma tempestade de reação de meus congregados, que geralmente são bastante receptivos às minhas sugestões. Disseram-me que não estendesse tal convite a pessoas com Aids, que minha congregação não desejava ser conhecida como "a sinagoga gay" e que não queriam ser "banidos" ou "marginalizados" dentro da grande comunidade judaica. Eu senti a dor desse incidente bem dentro de mim: "Se ao menos eles soubessem que sua rabina é lésbica", pensei. Permaneci calada e aceitei as instruções de meus congregados. Senti-me ferida e profundamente envergonhada por minha inviabilidade de revelar-me a eles e forçá-los a enfrentarem os próprios preconceitos. Também entendi que precisava proteger-me profissionalmente.

Item. — Recentemente, eu me reuni com um jovem casal que estava esperando um filho. Tenho uma relação especialmente estreita com esse casal, desde que oficiei seu casamento, 18 meses atrás. Juntos, criamos uma cerimônia muito especial; passamos várias horas juntos, em minha casa, discutindo o relacionamento deles, sua futura comunhão, suas esperanças e sonhos e a maneira pela qual desejavam expressar seus sentimentos de amor e compromisso mútuos, dentro do contexto de um cerimonial judaico. Agora, repetíamos o mesmo processo e criávamos uma cerimônia para dar nome ao bebê. Em uma de nossas reuniões, puxei uma pasta grossa com cerimônias colecionadas por mim ao longo dos anos e comecei a mostrar-lhes partes diferentes, que poderiam ser importantes para eles. Por ambos gostarem de música, sugeri uma canção de Fred Small, que expressa, maravilhosamente, a bênção dos pais a um filho:

> Você pode ser qualquer pessoa que queira
> Você pode amar quem desejar
> Você pode viajar a qualquer país aonde o coração o levar,
> E saber que ainda o amarei.
> Você pode viver sozinho, pode reunir amigos ao seu redor,
> Você pode escolher um que seja especial.
> E a única medida de suas palavras e ações
> Será o amor que deixa para trás quando terminar.

Enquanto eu cantava o coro da canção, o casal sorria, gostando de cada linha. Porém, quando continuei com a estrofe: "Algumas mulheres amam mulheres, certos homens amam homens", o casal, imediatamente, retrucou com veemência: "Oh, não! Nós não queremos isso! *Quem* escreveu essa canção?" Tentei manter a voz tão calma quanto possível, mencionei o nome de Fred Small e disse que achava que a bênção da canção era que garantia amor ao filho, qualquer que fosse o caminho que tomasse — e essa era a maior bênção que eu achava que os pais poderiam dar a seus filhos. Numa reunião posterior, eles me disseram que não queriam "aquela canção gay" na cerimônia do nome do bebê. Uma vez mais, fiquei em silêncio, aceitando esses comentários sem protestar, com medo de perder a calma ou a posição "objetiva" com eles, com medo de que, ficando muito inflamada, eles pudessem descobrir quem eu, realmente, era. Nesse momento, compreendi, outra vez, que estava "escondida"

Item. — Tenho pensado em candidatar-me ao cargo de rabina de outra congregação, que possa pagar meu salário depois da ordenação. Quando os congregados em perspectiva telefonaram para convidar-me a passar um Sabá com eles, gentilmente me chamaram para jantar antes das cerimônias. Um dos membros do comitê me perguntou: "Você vem sozinha? Naturalmente, você sabe que pode trazer seu namorado ou marido. Você é casada?" "Não, eu não sou casada", respondi. Essa mulher então me perguntou: "Então você vem sozinha?" "Sim", respondi. "Você virá sempre sozinha?", continuou ela, obviamente curiosa sobre o *status* de minha vida amorosa, mas não querendo parecer muito metida.

No momento, a tentação de mentir passou por minha cabeça. Talvez eu pudesse dizer-lhes que meu namorado não podia sair comigo aquela sexta-feira, mas me visitaria outro dia. Não menti. *Eu não podia mentir*. Respondi simplesmente: "Irei sozinha sexta-feira", não respondendo à pergunta sobre meu nível de relacionamento.

Naquele mesmo dia, um amigo heterossexual, meu colega de seminário, comentou comigo: "Sei que facilita as coisas quando digo que minha mulher virá comigo às cerimônias. Todos eles pensam: 'Que bom, o rabino é casado.'"

Depois dessa conversa, outra vez me lembrei do quão invisível é minha vida emocional para tanta gente. Por não poder falar de meu relacionamento amoroso, com aqueles a quem sirvo na qualidade de profissional, por não poder dizer que *a mulher* que amo iria comigo às cerimônias, eu pareço uma pessoa emocionalmente retardada para esses congregados. Tenho trinta e tantos anos e, para eles, sou solteira e descomprometida. Parece que simplesmente não tenho vida amorosa. De certo modo, sou diferente deles: a versão judia da freira. Não posso comunicar-me com eles em nível emocional, porque não posso ser honesta a respeito de minha vida emocional. Sinto-me empobrecida e as pessoas com as quais trabalho estão empobrecidas.

Item. — Novembro de 1987: Em minha congregação, notei uma mulher e dois homens, que freqüentam a sinagoga regularmente, que penso serem gays. Embora pareçam pessoas amigáveis, eles se dão apenas superficialmente com os outros congregados, revelando o mínimo a seu respeito. Enquanto outros membros da comunidade ficam por ali batendo papo, tomando café e curtindo a companhia dos outros, eles geralmente vão embora rapidamente quando a cerimônia termina. Acho que a indiferença deles vem do medo da auto-revelação e suas possíveis conseqüências — as pessoas da congregação poderiam não lhes ser amigáveis.

Gostaria de aproximar-me mais desses três, fazê-los saber que são bem-vindos aqui, que é possível ser judeu e gay e que seria até gratificante alguém poder integrar as diferentes partes de si mesmo. Eu bato papo com eles como com todos os congregados. Não me revelo a eles, nem eles a mim. Sinto-me uma fraudadora.

Foram estes os momentos tristes de minha vida como uma rabina que também é lésbica. Houve outros momentos melhores, que me proporcionaram um senso de plenitude precioso para mim.

Item. — Janeiro de 1988: Um dos homens jovens que penso ser gay me procura após um culto e me pergunta se podemos falar em particular. Ele me revela que é gay, que está passando por uma separação muito dolorosa do amante com quem teve um relacionamento de quatro anos — e que precisa de minha ajuda. Ele precisa conversar, precisa saber que, como rabina, eu não o reprovo e que será bem-vindo na sinagoga. Ele precisa saber que, dentro do contexto judeu, terá apoio. Ele precisa saber que "Deus não o condena" — é assim que ele mesmo se expressa — por ser gay.

O jovem também me diz que não pode revelar-se aos outros congregados. "Eles não entenderão", diz ele. Eu o ouço e minha cabeça gira. Digo-lhe que sou lésbica? Digo: "De fato, eu entendo a dor que você está sentindo. Eu também passei por uma separação"? Digo-lhe simplesmente que, como rabina, eu não o reprovo e que ele sempre achará apoio e compreensão de minha parte? Falo-lhe a respeito de Deus? Posso ficar profissionalmente indiferente, nada revelando de mim mesma ao jovem sentado na minha frente, a dor contorcendo sua face bonita?

Tomo a decisão numa fração de segundo. Não posso ser uma "escondida", principalmente para outra pessoa gay. Dou-lhe um abraço, falo-lhe de mim, digo-lhe que compreendo, falo sobre Deus, sobre ser judeu. Ofereço-lhe apoio e conforto, e ouço-o. Estimulo-o a continuar vindo à nossa congregação, embora eu compreenda que ele talvez não sinta que pode revelar-se aos seus companheiros de congregação. Para meu prazer, ele volta — e, todos os Sabás, ele reza e canta com uma comunidade que o aceita como judeu, mas ainda não está pronta para aceitá-lo como gay. Entretanto, há um laço entre ele e mim. Sou uma rabina, e sou sua amiga. Já não somos invisíveis um para o outro. Sua vida está enriquecida, e a minha também.

Item. — No sermão do Grande Dia Santo que mencionei anteriormente, falei sobre uma jovem judia com Aids, que mora na cidade em que fica minha congregação. Tendo sabido dela por um artigo publicado numa revista nacional, eu queria saber "se ela está numa sinagoga rezando com uma comunidade". Eu queria saber se ela tinha uma comunidade de judeus "que cuidarão dela e lhe darão o amor, carinho, respeito e apoio de que precisa".

Eu pensara seriamente em não fazer meu sermão sobre a Aids, com receio de parecer demasiado "falante", com receio de parecer muito comprometida com uma questão ainda erroneamente considerada por muitos um assunto de gays. Eu queria saber se devia livrar-me de qualquer coisa ainda que remotamente ligada a precupações gays, porque alguém poderia fazer uma conexão entre as questões gays e mim. Mas, depois de me preocupar com isso por um momento, concluí que há limites para as preocupações com essas coisas. Decidi que, como membro de uma minoria geralmente invisível, eu não podia fazer-me ainda mais invisível permanecendo silenciosa sobre uma questão de grande preocupação para mim e para toda a sociedade. Havia limites até para minha própria invisibilidade. Tomei uma decisão consciente, *que nasce de minha identidade como lésbica*, de que, embora meu sermão pudesse ser controvertido, eu não podia permanecer silenciosa.

Sempre serei grata por ter feito aquele sermão. Depois de terminado o culto, uma mulher magra afastou-se de todos e esperou para falar comigo. Depois de quase todos terem ido embora, ela aproximou-se de mim e pediu para falar comigo a sós. Fomos para outra sala, e a mulher me disse ser *ela* a pessoa sobre a qual eu acabara de falar. É claro, eu não sabia que ela estaria em minha sinagoga naquele dia do *Yom Kippur*. Mas o fato é que *ela* me ouvira. Tomando minhas mãos nas suas, ela me disse: "Fazia anos que eu não ia a uma sinagoga. Quando contraí Aids, estava segura de que Deus me abandonara. Mas, agora que minha vida chega ao fim, senti a necessidade de voltar às minhas raízes judaicas. Nunca ouvi um rabino falar como você, hoje. Obrigada. Queria que você soubesse o quanto isso é importante para mim. Acho que você me ajudou a voltar para casa." Nós nos abraçamos e choramos juntas — e eu lhe ofereci a ajuda de que precisasse; um ouvido atento, compaixão, uma ligação com seu judaísmo pela ligação comigo como sua rabina.

Essa jovem mulher não freqüenta as cerimônias religiosas regularmente. No momento, ela está muito doente, mas eu a visitei e conversamos.

Acredito que minha disponibilidade como rabina está ajudando. Provavelmente, oficiarei seu funeral, e espero poder oferecer algum consolo à família. Há uma profunda tristeza aqui quando se perde um bom ser humano. Mas sinto que minhas decisões *baseadas na totalidade de quem eu sou* e meu trabalho como rabina me redimiram pelo encontro com essa mulher.

Há outros aspectos positivos e valiosos para minha identidade de lésbica e meu trabalho de rabina. Creio ser mais sensível "ao estranho que entra em nosso território", os judeus que se sentam nos cantos de nossas comunidades, um tanto marginalizados, um tanto fora da maioria das pessoas. Creio estar mais afinada com eles porque eu, também, muitas vezes me sinto como uma estranha, incapaz de revelar meu eu total à minha comunidade. Creio que, por muitas pessoas me julgarem e à minha identidade lésbica asperamente, talvez eu seja mais sensível a julgamentos em geral. Aprendi que há várias maneiras de viver uma vida decente — e que minha responsabilidade não é julgar, mas estabelecer conexões humanas. Creio que, de acordo com o que escreveu Abraham Joshua Heschel, "minha primeira tarefa em cada encontro é compreender a pessoa de cada ser humano, sentir a afinidade do ser humano, a solidariedade de ser".[1]

Minha experiência como rabina numa congregação da maioria (não exclusivamente gay, ou lésbica) me trouxe muita satisfação, mas também dúvidas. Quando sonho com meu trabalho de rabina, eu me vejo trabalhando com judeus — não exclusivamente judeus jovens, não exclusivamente judeus velhos, não exclusivamente judeus gays e lésbicas, não exclusivamente judeus heterossexuais. Simplesmente quero trabalhar com judeus.

Muitas vezes receio não ter a chance (numa comunidade de maioria que, geralmente, rejeita pessoas gays) de simplesmente trabalhar com judeus, se eu me revelar. Receio tornar-me marginal, esquecida pela comunidade geral de judeus e confinada a um trabalho somente com lésbicas e gays judeus. Embora minha experiência na Beth Ameinu tenha sido preciosa para mim — e eu não trocaria minha vida naquela congregação por nada —, sonho com um tempo quando não haverá necessidade de uma congregação separada para gays e lésbicas. Enquanto busco a totalidade para mim mesma, a integração de todos os aspectos de mim mesma, rezo por essa totalidade para meu povo também.

Comecei este ensaio escrevendo sobre os judeus escondidos do Novo México, "los escondidos". Tenho a profunda esperança de que chegará o tempo em que eles e eu viremos à luz do dia e nos sentiremos sem qualquer ameaça, aptos a revelar a *totalidade* de nossas identidade, aptos a sentir segurança e valorização num mundo que nos aceitará completamente. Que esse dia chegue rapidamente e em nosso tempo.

O Movimento Lésbico-Gay: Reações da Comunidade Judaica

Sue Levi Elwell

Em outubro de 1988, os ministros de uma grande e bem estabelecida sinagoga da Reforma, na Costa Oeste, tiveram uma reunião executiva para discutir a necessidade de mudar a definição de família tal como consta na constituição do templo.[1] O catalisador dessa discussão foi a solicitação para tornar-se membro feita por uma família composta de uma mulher judia e sua parceira. Durante a discussão, tomou-se conhecimento de que esses não seriam os primeiros membros gays dessa congregação, mas, sim, os primeiros membros declaradamente gays. "Já é tempo", comentou o rabino decano da congregação.

Ao refletir sobre este incidente, pode-se dizer que progredimos muito. Ou não? Nós, da comunidade judaica, "progredimos muito" no reconhecimento de que nossa comunidade inclui homens e mulheres cujas vidas exemplificam uma larga escala de opções, experiências e compromissos? O exemplo acima é simplesmente um dentre muitos reconhecimentos da rica diversidade de nossa comunidade, ou é um caso isolado refletindo apenas a política liberal de uma única instituição? Os judeus gays e lésbicas estão livres, agora, para "sair do armário"?

A metáfora do armário é empregada muitas vezes para descrever a vida de segredo e autonegação que muitos gays e lésbicas são forçados a levar. O mundo escuro e fechado descreve, com exatidão, o isolamento de muitos homens gays e lésbicas que são expulsos do mundo brilhante no qual desejam viver como pessoas plenas. Quando alguém, finalmente, está apto a proclamar sua homossexualidade e, portanto, dar um passo importante em direção à plenitude, esse alguém "sai do armário" e torna-se mais visível.

Por causa das atitudes negativas em relação à homossexualidade expressas em textos tradicionais judeus, bem como do imperativo judeu universal da união heterossexual, que resulta na criação e nutrição de cada nova geração, "sair do armário" para dentro da comunidade judaica requer enorme coragem. Entretanto, muitos de nossos irmãos e irmãs, mães e pais, tios e tias abriram, corajosamente, as portas e agora permanecem na claridade de nossas casas de estudo, reunião e oração.

Nos últimos vinte anos, a comunidade judaica americana vem mostrando uma larga escala de reações às questões gays e lésbicas. Esse complexo conglomerado de sinagogas, organizações de caridade e serviços, instituições educacionais e grupos políticos raramente fala com apenas uma voz sobre qualquer assunto. Quanto à abertura do armário, as reações da comunidade judaica são de três categorias principais.

Primeiro, há alguns profundamente arrependidos por essa abertura. Fiéis ao *halakhah*, a tradição da lei judaica, eles imploram: "Vão embora. A Torá não condena vocês, mas seu comportamento. O comportamento homossexual coloca vocês afastados; por esse comportamento, vocês tornam-se outros. Por esse comportamento, vocês não se tornam *vocês*, mas *eles*. Vocês podem sentar-se conosco, rezar conosco, estudar conosco, angariar fundos conosco. Sejam judeus conosco, mas deixem sua homossexualidade em casa, no armário."

Um segundo grupo acredita que uma homossexualidade uma vez assumida não se oculta mais. O apoio aos direitos civis de homens gays e lésbicas é condizente com o compromisso dos membros deste grupo com o imperativo judeu da justiça social. Mas, quando homens gays e lésbicas desejam tornar-se membros de nossas comunidades, participando abertamente de todos os aspectos da sinagoga e da vida organizacional, os membros deste segundo grupo têm dificuldade em comportar-se de acordo com sua retórica liberal e simpatias políticas. Eles não desejam abrir completamente seus corações e suas casas, suas sinagogas e púlpitos e salas de aula. Uma vez outorgados os direitos civis a lésbicas e gays judeus, e talvez reconhecido seu direito a uma sinagoga própria, eles desejam empurrar seus novos "amigos" para o armário outra vez. Eles até podem dizer: "Nós não lhes demos o que queriam? Vocês têm seus direitos, têm suas sinagogas. Sejam pessoas inteiras no mundo como um todo, mas achamos que ainda não podem ser judeus totais, pelo menos nesta comunidade onde vivemos com nossos filhos."

Finalmente, um terceiro grupo defende a total inclusão de gays e lésbicas em todos os aspectos da vida judaica. Suas convicções religiosas e políticas os levam a abraçar as lésbicas e os gays judeus em seu seio como membros de uma comunidade judaica complexa e variada. Para estes judeus, gays e lésbicas são "nós", não "eles", nem "vocês". Em vez de negar ou ignorar os desafios de levar gays e lésbicas para todos os aspectos da sinagoga, da vida organizacional e institucional, os membros deste terceiro grupo estão estocando *siddurim* (livros de orações), *taleysim* (chales de orações), cartazes e panfletos, nesses "armário".

O primeiro grupo incluiu, principalmente, a maioria de representantes da comunidade ortodoxa, bem como outros. Citando os textos bíblicos que chamam o ato homossexual masculino de "abominação", escritores como o rabino Norman Lamm argumentam que o comportamento homossexual é essencialmente discutível e contra qualquer entendimento da lei e prática judaicas.[2] O uso repetido dos pronomes na terceira pessoa simboliza a posição deles: lésbicas e gays judeus são "outros", aqueles cuja experiência não é "nossa".

A segunda reação foi a de muitas organizações importantes, instituições liberais judaicas e alguns judeus individuais: apoiar os direitos civis de gays e lésbicas, mas ainda com hesitações sobre as implicações de sua total integração como participantes ostensivos das instituições e organizações judaicas chamadas de normativas ou da maioria. Por exemplo, em 1975, em sua convenção bienal, a União das Congregações Hebraicas Americanas (o braço congregacional do movimento da Reforma) aprovou uma resolução anunciando direitos civis plenos para os homossexuais na esfera cívica. Na bienal de 1977, porém, a resolução foi remodelada, apagando um explícito anúncio de não-discriminação dentro da comunidade judaica e das organizações da Reforma".[3] Entretanto, e apesar de duas respostas apoiando a posição tradicional,[4] as congregações com especial abertura para judeus gays e lésbicas foram bem-recebidas na organização. Essas resoluções, porém, significaram o desconforto e ambivalência que têm que coexistir com as boas intenções e os pronunciamentos progressistas. Outras organizações demonstraram seu mal-estar com esta questão, desinteressando-se por ela completamente. Até hoje, nem a Assembléia dos Rabinos nem a Sinagoga Unida da América (os braços dos rabinos e das congregações do movimento Conservador) publicaram quaisquer resoluções sobre os direitos civis de homens gays e lésbicas.

Desde o fim dos anos 70 e ao longo dos anos 80, muitas organizações judaicas importantes manifestaram-se publicamente em oposição à discriminação baseada em orientação sexual. Essas resoluções foram aprovadas pelo Congresso Judeu Americano, em 1980, e pelo Conselho Nacional de Governadores do Comitê Judeu Americano, em 1986. Em várias comunidades, organizações judaicas se uniram para apoiar os direitos civis dos homens gays e das lésbicas. Por exemplo, no outono de 1986, várias organizações judaicas de Los Angeles se uniram para opor-se uma proposição da Califórnia patrocinada por Lyndon LaRouche, que propôs uma quarentena de todas as pessoas com suspeita de serem portadoras do vírus da Aids. Naquele mesmo ano, várias organizações judaicas de Nova York se juntaram para apoiar a lei dos direitos civis dos gays, como algumas já haviam feito em anos anteriores.

Além de estimular o envolvimento político, alguns grupos locais seguiram adiante para falar publicamente sobre questões difíceis, pessoais e comunitárias, como a homofobia e a conscientização, a exclusão e a inclusão. Em abril de 1986, a Sinagoga Livre Stephen Wise, um templo da Reforma da cidade de Nova York, realizou uma conferência intitulada "Judeus Gays e Lésbicas na Comunidade Judaica". Esse esforço pioneiro, iniciado pela rabina Helene Ferris e pelo Comitê de Ação Social da congregação, foi co-patrocinado por 18 instituições e organizações judaicas locais. A conferência reuniu cerca de quinhentos participantes judeus gays e lésbicas, suas famílias, amigos, rabinos, líderes laicos e profissionais comunitários judeus — "para falar sobre questões de alienação e opressão sofridas por lésbicas e gays judeus e suas famílias e os medos e preocupações de uma comunidade judaica maior".[5]

A conferência da Stephen Wise foi um primeiro passo importante, pois possibilitou a muitos, que sofriam sozinhos, compartilhar sua dor. Quando terminou, um participante perguntou se estamos preparados para reconhecer a dor e o risco que compartilhamos como uma "fonte de poder para transformar a comunidade judaica num todo".[6] Aos que participaram de um simpósio subseqüente, "Solteiro e Judeu: Perspectivas Pessoais e Comunitárias", realizado em novembro de 1986 e patrocinado pelo Comitê Judeu Americano, a resposta foi um retumbante *não*. Em suas observações sobre os judeus solteiros, nenhum dos presentes reconheceu a existência de homens gays e lésbicas.

Vários anos atrás, em San Francisco, houve uma reação diferente, quando mulheres da *Hadassah** local, reconhecendo terem negligenciado considerar as lésbicas como membros potenciais, resolveram procurá-las. Depois das primeiras conversas, ativistas lésbicas judias receberam informações pelo correio sobre como tornar-se membros, inclusive a seguinte pergunta impressa em papel cor de lavanda: "Por que não há mais lésbicas judias membros da *Hadassah*?"

Algumas organizações nacionais mobilizaram-se para agir, como resultado das posições tomadas pelas organizações filiadas locais, ao passo que outras organizações nacionais reivindicaram mais liderança, às vezes trazendo consigo elementos hesitantes. Em 1987, dez anos depois de receber como membros, sinagogas destinadas à comunidade gay e lésbica, a União das Congregações Hebraicas Americanas aprovou uma resolução incitando suas congregações e filiadas a "animar lésbicas e gays judeus a compartilhar e participar da adoração, liderança e vida congregacional geral de todas as sinagogas". A resolução prosseguiu no sentido de empregar pessoal na sinagoga "sem olhar a orientação sexual".[7] Entretanto, a questão específica de ordenar rabinos gays e lésbicas foi encaminhada a um comitê especial da Conferência Central de Rabinos Americanos, que ainda não votou esse assunto crítico.

A questão da ordenação ou não de homens gays e de lésbicas como rabinos tem sido um problema difícil e doloroso, além de preocupação de todos. Em 1985, os professores do Colégio Reconstrucionista de Rabinos decidiram, tranqüilamente, que a preferência sexual não seria problema para decidir se um candidato seria adequado para entrar na faculdade. Porém, a questão ainda não foi examinada pelos membros leigos do movimento Reconstrucionista, a Federação das Congregações e *Havurot*** Reconstrucionistas, o que significa que gays e lésbicas formados nesses seminários talvez não encontrem emprego prontamente. O movimento da Reforma, como dito acima, vem lutando há anos com o problema da ordenação de rabinos gays e lésbicas. Apesar de alguns gays e lésbicas terem sido ordenados em faculdades do Hebrew Union College — Jewish Institute of Religion, poucos são claramente identificados como gays ou lésbicas nas congregações e comunidades a que

---

*Organização feminina beneficente, fundada em Nova York, em 1912, e voltada principalmente para a melhoria de instalações médicas e educativas em Israel, as atividades sionistas nos Estados Unidos e a promoção da paz. (*N. do T.*)

**Havurot, plural de *havurah*, pequenos grupos de judeus, que se reúnem para rezar, estudar e celebrar dias santificados. (*N. do T.*)

servem. E o movimento Conservador não se ocupou desse assunto, embora alguns líderes conservadores reconheçam que há homens gays e lésbicas entre os ordenados pelo Seminário Teológico Judeu.

O terceiro grupo é constituído por aqueles que têm lutado para se usar a primeira pessoa, "nós", quando se fala de judeus gays e lésbicas. A Nova Agenda Judaica foi a primeira organização judaica nacional a incluir uma série de questões gays e lésbicas em sua plataforma nacional. A liderança da Agenda recebeu abertamente homens gays e lésbicas como ministros nacionais, e, em suas convenções regionais e nacionais, foram abordadas questões sobre gays e lésbicas. É claro que mesmo uma organização que expressa tal compromisso conta com indivíduos cujo grau de aceitação das questões de gays e lésbicas varia.

A mais difícil posição, para a maioria das organizações e instituições judaicas tradicionais, continua sendo a de dizer "nós" quando se pensa a respeito de incluir os judeus gays e lésbicas. À medida que um número crescente de judeus "sai do armário" para suas famílias e comunidades, mais e mais indivíduos se dispõem a aceitar e, talvez, até reconhecer publicamente a diversidade de nossa comunidade. E, para alguns, a Aids aumenta a urgência de confrontar nossa própria homofobia.

Em março de 1989, numa comunidade de Los Angeles, em cerimônia de apoio a pessoas com Aids e seus entes queridos, o rabino Alexander Schindler, presidente da União das Congregações Hebraicas Americanas, sugeriu que reconsiderássemos o significado da *Magen David*, que os nazistas "irrevogavelmente restituíram o (...) preeminente sinal judeu".

> Hoje, quando nos reunimos para recordar aqueles que morreram de Aids, para falar de seu sofrimento e também o nosso, há outro significado que podemos dar à Magen David. É uma interpretação que qualquer criança judia, com um lápis pode dar: que a estrela-de-davi contém dentro de si o triângulo.
>
> Para aqueles de nós que, uma geração atrás, deveriam usar o triângulo cor-de-rosa como distintivo de vergonha ou marca de morte; para aqueles de nós que, hoje, carregam uma insígnia de honra e resistência e identidade: é hora de completar o esboço de sua estrela judaica.
>
> Para aqueles de nós que têm estado cegos à geometria da vida judaica, que permanecem invisíveis à presença do triângulo dentro do Escudo de Davi: é hora de completar o esboço de nossa estrela judaica.[8]

Ao abraçar o triângulo rosado, o sinal que os nazistas impuseram aos marcados como homossexuais, como parte integrante da estrela de seis pontas, o rabino Schindler coloca-se, igualmente, entre os que não só defendem os judeus gays e lésbicas, mas também acreditam neles:

> Eu me declaro aliado compassivo de qualquer pessoa heterossexual e homossexual, judia e não-judia, que luta com a vergonha, a confusão, o medo, o tormento infindável decorrente da luta interior pela identidade sexual. É uma luta que inclui a liberdade civil. Mas vai além dela. Quando tudo é dito e feito, é uma luta pela integridade do eu.[9]

Naturalmente, Schindler não pode falar por todos os judeus da Reforma. Mas suas observações são ouvidas em comunidades da Reforma por todo o continente, colocando a questão da inclusão e reconhecimento dos judeus gays e lésbicas na agenda da Reforma.

Para alguns judeus gays e lésbicas, o mais forte senso de inclusão não veio através de pronunciamentos, resoluções ou convites para fazer parte de uma comunidade, mas por meio de cerimônias que recebem gays e lésbicas judeus na vida religiosa judaica. Na *B'nai Or Kallah* de 1985, um pequeno grupo de lésbicas e homens gays criou um ritual de "revelação" como parte da cerimônia da Torá de um Sabá pela manhã. Apesar do desaparecimento da comunidade que se reuniu para rezar, cantar e se afirmar naquele Sabá de manhã, o ritual de celebração mudou vidas. Os que criaram a cerimônia sentiram-se firmes como judeus como jamais se sentiram, e os outros participantes sentiram, pela primeira vez, a riqueza de uma comunidade que festeja a própria diversidade.[10]

Como poucos indivíduos proeminentes e grupos "tradicionais" se enquadram nesta terceira categoria, alguns homens gays e lésbicas tiveram que buscar o apoio da comunidade judaica organizada e criaram organizações próprias. No fim de 1986, um pequeno grupo de gays e lésbicas judeus profissionais — educadores, assistentes sociais, administradores, cantores e rabinos — organizou uma rede chamada Ameinu, "Nosso Povo". A Ameinu aceitou outros que trabalham dentro da comunidade judaica, muitos dos quais permanecem invisíveis para seus congregados e colegas de trabalho. Após três anos de existência, a Ameinu tem membros em 15 estados e no Canadá. Para alguns, sua reunião anual transformou-se no mais importante encontro profissional de que participam todos os anos, com a oportunidade única de se sentirem integrados e inteiros.

Quando olhamos para os anos 90, parece que os direitos civis e religiosos dos judeus gays e lésbicas não estão na agenda da maioria das organizações e instituições que compõem a comunidade americana. Essa circunstância só mudará quando um número crescente de líderes judeus reconhecer que perpetuar a noção de "nós" e "eles" é repetir a pergunta zangada e tola da criança do *Haggadah*. Talvez a tragédia da Aids leve algumas pessoas a reconsiderar sua posição. Outras podem reconhecer as faces dos próprios filhos e filhas entre os que permanecem fechados no casulo, ou dele saíram recentemente. Outros, ainda, podem ver que, quando nos separamos uns dos outros, negamos nossa Fonte comum e frustramos a esperança messiânica de libertação.

Qual a distância percorrida pela comunidade judaica? Um longo caminho, talvez, desde o tempo em que a idéia de uma "sinagoga para homossexuais" parecia uma contradição em termos. Caminhamos muito desde o tempo em que a única oportunidade de expressão religiosa para as lésbicas e os gays judeus eram as igrejas liberais ou as comunidades espirituais marginais.

Mas nós, da comunidade judaica, ainda temos um longo caminho a percorrer até nos transformar no *am kadosh* que estamos desafiados a ser. Não podemos tornar-nos santos até que sejamos inteiros. Não podemos tornar-nos santos até que abracemos os que desejam estudar e aprender, praticar e ensinar, construir e servir. Não podemos tornar-nos santos até caminharmos juntos, aplaudindo todas as nossas escolhas, em direção à luz de nosso futuro comum.[11]

Dois eventos notáveis refletem o movimento em direção à santidade comunitária. Em maio de 1990, a Assembléia dos Rabinos aprovou sua primeira resolução referente a gays, condenando a violência antigay, apoiando os direitos civis de lésbicas e gays e afirmando que as lésbicas e os gays judeus são bem-vindos nas congregações do movimento Conservador. No mês seguinte, após quatro anos de difíceis debates do comitê, a CCRA adotou um relatório confirmando a igualdade religiosa de todos os judeus e reconhecendo a presença de lésbicas e gays judeus no rabinato da Reforma. O relatório também reitera a política de admissão do Hebrew Union College — Jewish Institute Religion, que "considera a orientação sexual de um candidato somente no contexto da conformidade total desse pretendente com o rabinato."

Embora essas resoluções sejam os primeiros passos cruciais para esses dois movimentos liberais, ainda há muito a fazer. O relatório da CCRA exige educação sobre o assunto, e a reação negativa à sua adoção por alguns rabinos e congregados sublinha a urgência da abertura desse diálogo. E nenhuma das resoluções afirma a santidade dos relacionamentos de lésbicas e de gays. Embora a tendência dominante seja aceitar e acolher, até o momento nem o corpo congregacional do movimento Conservador nem o do Reconstrucionista continuaram a apoiar os direitos ou a inclusão de lésbicas e gays.

"Eles" São Nós: Resposta ao Desafio da AIDS

Andy Rose

Que eu me lembre, nada tem testado tão completamente as instituições sociais como o surgimento da crise da Aids. Tendo crescido assustadoramente nos anos 80, essa epidemia viral revelou o melhor e o pior em muitos de nós. E, desde que foi enquadrada, desde o princípio, como uma questão moral além de (ou mesmo em vez de) um assunto de saúde pública, as comunidades religiosas têm sido especialmente levadas, muitas vezes sem querer, a adotar uma "posição moral" a respeito da epidemia. Agências e congregações judaicas, entre outras, foram forçadas a perguntar: "O que nos está acontecendo?", enquanto a crise se ampliava e piorava.

A Aids não é, certamente, uma "doença gay". Mas, com certeza, a reação (ou a falta dela) à Aids neste país teve tudo a ver com as crenças e sentimentos das pessoas a respeito da homossexualidade. A Aids forçou muitas pessoas, pela primeira vez, a lidar com os homens gays como seres humanos que vivem e morrem, muitos com inegável coragem e dignidade. E ela começou a desafiar suposições bem surradas de que gays e suas famílias são Eles, não Nós.

Na comunidade judaica, como em toda parte, as reações à Aids precisam ser examinadas não apenas no contexto de reações à homossexualidade, mas também num contexto mais amplo de reações a qualquer questão estigmatizada. A Aids reúne algumas das mais difíceis questões de nossa cultura: sexualidade, uso de drogas, doença, incapacidade e morte. Além da geral aversão a tentar resolver qualquer desses problemas, muitas pessoas da comunidade judaica têm muita dificuldade em admitir que os problemas estigmatizados jamais acontecem a Nós (as coisas ruins só acontecem a Eles). Seja alcoolismo ou violência doméstica ou Aids, a principal reação é a negação: "Em minha família, não... em minha sinagoga, não... em minha comunidade, não." É claro que isso não é verdade, e a negação só serve para fazer com que as pessoas se sintam mais isoladas, e seus problemas, mais difíceis de tratar.

Nos últimos dez anos, surgiu uma pequena mas importante contra-tendência, incitando-nos a trazer tais problemas à luz do dia. Seja qual for o grau de clareza com que a comunidade tratou outras questões difíceis, a reação à Aids fez-se mais fácil. A Aids tornou-se uma questão decisiva, uma medida de nossa capacidade de confrontar nossos próprios mitos. Esse fato revelou abertura e piedade notáveis em muitos lugares, bem como negação e julgamentos maldosos, em outros.

Vale a pena notar que, apesar de muita negação e distanciamento, os judeus, como grupo, são altamente ligados a assuntos médicos. Há uma enorme curiosidade intelectual a respeito do fenômeno da Aids na comunidade judaica. A identificação e a piedade tendem a aparecer mais tarde.

As primeiras instituições a responder à Aids foram, é claro, as congregações e organizações de lésbicas e gays. Apesar da negação e do terror que tomaram conta da comunidade gay durante os primeiros anos da epidemia, tivemos que fazer alguma coisa quando nossos amigos começaram a ficar doentes. Enfrentamos questões profundas e difíceis: como lidar com as internações repetidas de companheiros com 35 anos, ficando pobres e precisando lutar com uma quantidade assustadora de serviços médicos e sociais? E a incerteza do futuro, e as perguntas declaradas e não declaradas sobre "quem é o próximo"? Como educar a nós mesmos, nossos parceiros sexuais e qualquer um que nos ouça a respeito de mudar de comportamento para salvar vidas? E, o mais difícil, como relacionar-nos com as pessoas que parecem não entender que nosso mundo pôs-se de cabeça para baixo, mudou para sempre?

Na Sha'ar Zahav, uma congregação de San Francisco predominantemente gay e lésbica, um querido membro da diretoria "saiu do armário" como portador de Aids, no fim das cerimônias de um Sabá, em 1982. A congregação ficou admirada, mas, rapidamente, mobilizou-se para estabelecer um fundo da Aids, ampliar seu Comitê de *Bikkur Cholim* e patrocinar uma doação de sangue de mulheres, a *Women's Havurah*, anualmente.[1] Os membros da Sha'ar Zahav foram os introdutores de uma resolução sobre a Aids na Conferência Bienal da UAHC, de 1985, em Los Angeles, abrindo caminho para outras importantes organizações judaicas nacionais.

Em 1986, em Los Angeles, membros da Beth Chayim Chadashim desenvolveram uma proposta para iniciar o Projeto Nechama, um programa educacional sobre a Aids para toda a comunidade judaica.[2] Esse projeto recebeu seu primeiro patrocínio do Conselho da Federação Judaica, para apoiar atividades inovadoras baseadas na sinagoga. Esse reconhecimento e apoio foram os primeiros para uma congregação gay e lésbica, símbolo de como a Aids, irônica e tragicamente, trouxe questões relacionadas com o homossexualismo para ambientes tradicionais judeus.

Enquanto isso, em Washington, D.C., um congregado da Bet Mishpacha tentou reunir um projeto judeu nacional contra a Aids com o apoio do movimento Reconstrucionista e de outras organizações. A tentativa não teve sucesso por causa de vários fatores, inclusive o fato de a questão, simplesmente, não ser vista como uma "questão judaica", por muitas pessoas, naquele tempo (e isto já em 1986).

Apesar da negação e da descrença, foi inevitável o surgimento de situações em congregações e agências por todo o país. Uma família atingida teve suficiente ousadia para, no meio do desespero, falar com o rabino a respeito da doença do filho. Um homem com Aids ligou para uma agência de serviço da família judia pedindo ajuda para pagar o aluguel, ou a emergência do seguro-saúde. O diretor do clube de saúde de um centro comunitário judeu começou a receber perguntas preocupadas a respeito de nadar na piscina ou usar os equipamentos do ginásio sobre os quais outras pessoas haviam transpirado.

Em muitos casos, as preocupações eram expressas, primeiro, em termos referentes aos filhos. Afinal, se o vírus, de fato, não discriminava, não poderiam nossos jovens estar correndo risco? Por esta razão, entre as primeiras organizações a apresentar reações significativas à Aids estavam dois grupos de jovens, a B'nai Brith Youth Organization (BBYO)[3] e a National Federation of Temple Youth (NFTY),[4] cuja liderança compreendeu a importância de tomar posição. Essa decisão, necessariamente, envolvia falar sobre sexo, reconhecendo a possibilidade de atividade sexual e, mais, compreender que nossos jovens não são exclusivamente heterossexuais, nem estão destinados a sê-lo. O desafio era — e ainda é — aumentar bastante o nível de preocupação dos jovens, para que, de fato, modifiquem o comportamento, e não criar uma geração de jovens tristes, fracos e temerosos de expressar sua sexualidade como parte integrante de sua humanidade.

A reação comunitária começou a aumentar muito em 1987. Muitas conferências importantes, inclusive a Conferência do Serviço Comunitário Judeu, a Bienal da UAHC (na qual o ministro da Saúde, Koop, fez um discurso em plenário), a conferência do pessoal da Hillel e a Assembléia Geral do Conselho das Federações Judaicas, todas incluíram a Aids em suas agendas. O Congresso Judeu Americano, o Comitê Judeu Americano e outras organizações passaram a desenvolver resoluções que chamassem a atenção para a educação, discriminação e saúde e serviços sociais.

Como em qualquer "nova" questão, a ação tende a demorar entre as conferências e as resoluções organizacionais. Compreende-se, mas isso foi altamente frustrante no meio de uma crise que está piorando, e a reação da comunidade já tarda a aparecer. Na ausência de uma ação vigorosa e visível, a maioria das pessoas com Aids, com suas famílias, amigos e acompanhantes, continuou a admitir que as instituições religiosas julgam mais do que ajudam e, portanto, devem ser evitadas.

Mas algumas reações tornaram-se mais visíveis. O Comitê contra a Aids da UAHC distribuiu material educativo a todos os líderes do movimento da Reforma e pressionou vigorosamente para que mais programas individuais e coletivos colocassem a Aids em suas agendas.[5] *Keeping Posted*, a revista da UAHC para jovens e educadores, dedicou um número especial à Aids, em 1987.[6] Em 1988, a Sinagoga Unida da América começou a distribuir o próprio pacote da Aids,[7] também, cumprindo várias resoluções aprovadas pelo movimento Conservador em 1987. Outras organizações judaicas, principalmente a B'nai Brith, também organizaram pacotes de materiais.[8]

O fato mais importante talvez tenha sido o surgimento de reações locais à Aids. Em 1986, em San Francisco, um coordenador do projeto da Aids foi contratado, em regime de tempo integral, por um consórcio de congregações e agências judaicas destinado a assistir judeus jovens e adultos com Aids e seus familiares, e também influenciar jovens e adultos judeus com programas educativos.[9] O Projeto Nechama, em Los Angeles, continuou a educar muitos judeus, e agências judias de Nova York criaram uma infinidade de serviços que incluíam componentes de política pública e voluntários.[10] As coalizões organizacionais judaicas de Filadélfia, St. Louis, Boston, Denver e Chicago organizaram conferências sobre a Aids, e há atividade em muitas outras cidades, algumas das quais estão integrando os serviços de Aids com programas já existentes.

Os rabinos tiveram papel cada vez mais importante em chamar a atenção para a Aids de maneira séria e cuidadosa. Alguns escreveram sermões e artigos que circularam amplamente durante os últimos cinco anos, proporcionando um contexto teológico e ético para encarar a Aids como questão judaica. Um artigo de especial significado foi escrito pelo rabino Daniel Freelander, de Nova Jersey, que falou publicamente sobre a morte de seu irmão, vítima da Aids, abrindo caminho para que outros membros da família falassem mais abertamente.[11]

Rabinos e outros líderes de todos os ramos do judaísmo, inclusive os ortodoxos,[12] referiram-se à Aids. Há uma tendência de preservar o *mitzvah* do *bikkur cholim* e tratar qualquer doente com a mesma compaixão. Mas as opiniões divergem em relação ao conteúdo apropriado da educação sobre a Aids (quão explícito e com que hipóteses em relação à homossexualidade e ao sexo pré-marital), quem deve ser visto como "família" de uma pessoa com Aids e, algumas vezes, até mesmo a questão da "retribuição de Deus".

Alguns destes problemas também são abordados no trabalho ecumênico sobre a Aids, em que os judeus participaram tanto localmente como por todo o país. Esses esforços inter-religiosos foram muito importantes, considerando as ações destrutivas de fundamentalistas religiosos, que, cedo, chamaram a atenção para a epidemia com condenações malévolas daqueles que estavam doentes e morrendo. Aos poucos, outros membros das comunidades religiosas desenvolveram os próprios serviços diretos, educativos e pastorais, bem como reações à política do governo. Entre as organizações judaicas, o Comitê Judeu Americano teve papel muito importante na promoção de reações positivas, de todas as correntes de fé, em nível nacional.[13]

A imprensa judaica desempenhou papel útil, embora limitado, ao publicar matérias sobre problemas da Aids e respostas da comunidade judaica. O *B'nai Brith International Jewish Monthly* publicou um artigo, em 1987, que desafiou a comunidade a despertar para o problema.[14] O *Reform Judaism* publicou vários artigos,[15] bem como o *Journal of Jewish Communal Service*,[16] e a *United Synagogue Review* publicou um ensaio piedoso em 1988.[17] A Agência Telegráfica Judaica enviou notícias sobre a Aids através de seus fios, e alguns jornais locais publicaram os próprios artigos sobre "levar a epidemia para casa", com perfis de judeus locais e famílias tocados diretamente pela Aids. No total, porém, houve certa escassez na publicação, devida em parte às estreitas definições do que constitui "um problema judeu" e exacerbada pela negação da comunidade judaica à Aids.

É verdade que indivíduos e grupos de Boston, Dallas e muitas outras comunidades empreenderam esforços que só podem ser descritos como heróicos. Alguns foram tocados pessoalmente pela Aids e sabiam que deviam fazer alguma coisa. Outros, simplesmente, abriram o coração àqueles que podiam parecer "diferentes", ou reconheceram a importância política de tomar posição ostensiva contra os "bodes expiatórios". Qualquer que tenha sido sua motivação, todos concordam em que suas vidas jamais serão as mesmas.

Apesar da tendência para um comprometimento maior, os recursos financeiros e de pessoal destinados pelas organizações comunitárias judaicas para o combate à Aids ainda são muito pequenos e, certamente, inadequados a mais importante crise de saúde pública de nosso tempo. Ainda estamos muito longe e não corremos suficientemente rápido para alcançá-la.

O progresso é, na realidade, caprichoso. Por um lado, um número cada vez maior de pessoas deixou de ficar apenas querendo saber como manter o vírus longe delas e de seus filhos, e agora querem fazer algo de concreto pelos portadores de Aids. Por outro lado, há membros da *chevra kadisha* que não desejam realizar o *mitzvah* de *tahara* quando uma pessoa morre de Aids, ou pessoas que, em particular ou publicamente, afirmam que os gays estão recebendo o que merecem, por "desobedecer às leis da natureza". Essas atitudes, infelizmente, vão continuar, mas não nos impedirão de seguir avançando em relação a esse problema.

O futuro da epidemia da Aids é incerto para todos nós, mas há certas coisas com as quais podemos contar. Ela continuará a bater perto da casa de muitas pessoas, muitas das quais jamais sonharam que isso aconteceria. Ela continuará a espalhar-se entre os menos favorecidos, em termos de recursos financeiros e apoio social. Ela continuará a testar-nos para saber como reagiremos.

A Aids continua a desafiar os judeus, juntamente com todos os outros. Somos forçados a olhar para nossa teologia: vemos Deus como um carrasco ou como uma presença piedosa? Somos desafiados a lidar abertamente com a sexualidade em geral e com a homossexualidade em particular. Somos desafiados a aceitar a realidade de como são construídas nossas famílias: que elas podem incluir amantes, parceiros e amigos íntimos, bem como pais, irmãs, irmãos e filhos. Finalmente, somos levados a retirar de nossos preceitos básicos e experiências históricas: *Bikkur Cholim*, orientando-nos para assegurar-nos de que qualquer um que adoecer ficará isolado da comunidade quando mais precisa dela; *Pikuach Nefesh*, obrigando-nos a educar-nos a respeito da prevenção contra a Aids, a fim de proteger a vida, mesmo sob o risco de nossa preocupação em lidar com o comportamento sexual; e nossa própria história de bodes expiatórios, principalmente durante as epidemias, o que nos deve levar a levantar-nos quando a coisa acontece com os outros. Porque Eles podem ser Nós. E são.

EPÍLOGO

Como Transformar Nossas Visões em Ação
. . . .
Christie Balka e Andy Rose

Os autores que colaboraram neste volume escreveram para revelar, esclarecer, instruir e inspirar. Eles nos desafiam a expandir nossas visões e sintetizar novas, e a seguir em frente com firmeza.

Está bem claro que nós, da comunidade judaica, estamos movendo-nos além dos velhos debates para saber se as lésbicas e os gays judeus realmente existem, e se nós, que somos dez por cento da população adulta, estamos autorizados a ter os direitos básicos. É tempo de mudar para além das questões de "existência" e "direitos" para os problemas do total reconhecimento, aceitação e inclusão. E inclusão, implicitamente, nos leva a um mais amplo e profundo senso de transformação. Qualquer organismo — indivíduo, comunidade, nação — transforma-se quando se abre à abrangência total: é assim que permanecemos vivos.

Nesse espírito de transformação e renovação, oferecemos nossas visões para a futura comunidade judaica. Estamos confiantes em que estas imagens nos estimularão para executar ações corajosas e criativas.

- Os jovens judeus crescerão sabendo que a heterossexualidade não é presumida para eles; que serão apoiados pelos pais, educadores e outros na busca de sua orientação sexual; e que suas descobertas e escolhas serão asseguradas e celebradas. Eles terão acesso aos judeus gays e lésbicas, adultos, como modelos, na qualidade de rabinos, professores,

conselheiros, amigos, combinados no tecido da vida das próprias famílias.
- Os currículos de jovens e adultos tratarão de problemas de sexualidade, diversidade como um ponto positivo, nossa história judaica com respeito a "diferença" e bode expiatório e o espectro total de tipos de discriminação existentes em nosso mundo. Deles também constará a menção específica a lésbicas e homens gays ao longo da história judaica.
- A "família judia" será entendida como abrangendo toda a escala de famílias judias que, de fato, existem. Este novo entendimento não será considerado problema social ou sinal do fim da família, mas sinal da diversidade e vitalidade da vida da família judaica.
- Lésbicas e gays judeus que resolvam ser mães ou pais, ou estejam empenhados em assumir filhos de relacionamentos heterossexuais anteriores, serão reconhecidos e incentivados pelas instituições comunitárias judaicas. Por saber que há várias maneiras de nutrir as futuras gerações, também serão apoiados aqueles que decidem não ser pais, mas contribuem para a vida das crianças de outras maneiras.
- As agências e congregações judaicas terão políticas claras e fortes de não-discriminação e inclusão com respeito aos associados, fornecimento de serviços e práticas de emprego. As políticas de emprego se aplicarão a rabinos, cantores, educadores e líderes jovens, entre outros.
- O apoio e o reconhecimento comunitários existirão para o grande número de maneiras que as lésbicas e os gays escolherão para consagrar e celebrar seus relacionamentos. Estas opções incluirão as cerimônias na sinagoga com a participação confortável dos membros da família e dos congregados. Nos casamentos heterossexuais, os convidados serão lembrados de que os privilégios concedidos aos casados não são concedidos a todos e terão a oportunidade de contribuir para o reconhecimento legal das parcerias domésticas.
- Todos os judeus acolherão, com entusiasmo, as perspectivas incomparáveis das lésbicas e dos gays judeus, e orgulhosamente reconhecerão nossas contribuições passadas e atuais para a vida política, educacional, espiritual e cultural dos judeus.
- A linguagem inclusiva, refletindo a consciência da exclusão histórica das mulheres, lésbicas e homens gays e o compromisso de corrigi-la tornar-se-ão prática padrão na liturgia judaica e nos ritos comunitários.

- As comunidades judaicas desenvolverão novas tradições de observância e celebração da experiência gay e lésbica. Como sugeriu Rebecca Alpert em seu ensaio neste volume, as duas semanas da primavera durante as quais são lidos o *Parshat Ahare Mot* e o *Parshat Kedoshim* da Torá serão o tempo especial do ano para ampliar a consciência a respeito dos problemas de gays e lésbicas e renovar os compromissos com as espécies de aspectos enumerados aqui. O "Orgulho do Sabá", como descrito por Yoel Kahn em seu ensaio, será celebrado por todos.
- As relações da comunidade judaica e as entidades políticas apoiarão fortemente os esforços para instituir, ou fortalecer, as leis e políticas de não-discriminação com respeito a lésbicas e homens gays. Elas apoiarão, também, a legislação da parceria doméstica, os esforços para impedir o **aumento da onda de violência** antigay e as inúmeras propostas necessárias para responder adequadamente e com piedade à crise da Aids, se a crise permanecer conosco.
- Para o futuro previsível, as lésbicas e os gays judeus precisarão de uma série mais ampla de opções para o envolvimento judaico. Elas incluirão, principalmente, congregações gays e lésbicas, *chavurot* e organizações, além de oportunidades para penetrar em todas as congregações e organizações judaicas. A homofobia, infelizmente, estará conosco por muito tempo, e continuaremos a precisar de instituições separadas como "refúgios" nos quais as lésbicas e os homens gays possam curar feridas, auto-afirmar-se e construir a comunidade. Estas instituições separadas serão compreendidas e bem acolhidas pela comunidade judaica como um todo.
- As comunidades e os indivíduos judeus estarão desejosos de submeter a um exame atual, honesto e completo as muitas maneiras pelas quais a homofobia e o sexismo afetam nossa percepção e comportamento. Será necessário um profundo desejo de ouvir e aprender, além do conforto, vergonha e defesa. Isso também levará, necessariamente, a compromissos ainda mais fortes para agir.

Nossas perspectivas se estendem não apenas à comunidade judaica, mas também às nossas comunidades de gays e lésbicas. Recolhidas da sabedoria e riqueza de nossa experiência histórica e contemporânea de judeus, oferecemos nossas esperanças para o futuro:

- Que a comunidade lésbica e gay abrace toda a nossa diversidade étnica, racial, cultural e religiosa; que nossos eventos culturais, em particular, se esforcem por refletir quem somos como um todo; e que os eventos da comunidade sejam programados e realizados com sensibilidade pelas preocupações e o calendário judaicos.
- Que aprendamos com a longa e notavelmente bem-sucedida experiência dos judeus na construção de instituições comunitárias para preencher as necessidades políticas, financeiras, recreativas, culturais, educacionais e de serviço social.
- Que aprendamos com a experiência judaica a importância crucial de preservar e transmitir a história. Talvez precisemos estabelecer "Escolas de Sair do Armário" e outras oportunidades educacionais paralelas às escolas hebraicas e outras instituições educacionais judaicas.
- Que estimulemos e respeitemos o processo de evolução dos rituais individuais e comunitários — celebrar a nova vida e os novos inícios, lembrar e chorar nossas perdas, afirmar nossos relacionamentos, marcar os eventos históricos. Que, assim fazendo, aproveitemos a sabedoria da tradição judaica e das outras tradições.
- Que passemos a compreender ainda mais profundamente o poder de ser determinados para sobreviver apesar de tudo, e a necessidade de continuar a afirmar e celebrar a vida, sempre.

APÊNDICE 1

Para Educadores Judeus: Ensinar a Respeito de Homossexualidade

Denise L. Eger e Lesley M. Silverstone

A homossexualidade é um tópico sobre o qual pouco se fala na sala de aula judaica. Poucos educadores sentem-se preparados para abordar este problema — ou qualquer aspecto da sexualidade humana —, relegando-o ao reino pouco adequado das aulas de anatomia da escola pública. Assim fazendo, prestamos um desserviço aos jovens, deixando de tratar de assuntos tais como contexto moral, auto-estima ou homofobia. Neste artigo, sugerimos várias abordagens concretas para ensinar a respeito de homossexualidade em ambientes educacionais judeus.

A homossexualidade faz parte da variedade da experiência humana. Nossos alunos, professores, filhos, rabinos e cantores podem ser lésbicas ou gays, cada um com a própria dignidade e personalidade. Se nos basearmos no conhecimento de que todos nós somos criados à imagem divina, deve haver espaço para as pessoas gays e lésbicas no espectro da humanidade. Embora nossos textos tradicionais ignorem ou contradigam este ponto,[1] acreditamos que nossa experiência contemporânea também deva informar nossa visão judaica de mundo. Considerando que as lésbicas e os homens gays são criados à imagem de Deus, devemos achar meios de comunicar este conhecimento nas salas de aula de nossas escolas religiosas.

Primeiro, devemos chamar a atenção para um cuidado freqüentemente manifestado: ensinamos sobre homossexualidade, ou ensinamos homossexualidade? Considerando os abundantes mitos a respeito dos homossexuais e da homossexualidade, é necessário esclarecer, de começo, que ninguém pode ensinar outra pessoa a ser gay ou lésbica. É um processo de autodescoberta, não diferente de descobrir qualquer coisa a respeito de personalidade e caracterização de alguém. Portanto, quando exploramos questões em torno deste tópico, como educadores, nós devemos ser claros a respeito de nossas tarefas. Estamos aqui para ajudar nossos alunos a formular questões para si mesmos e abrir avenidas de exploração a respeito de todas as pessoas.

Abordagem Concentrada em Textos

Das inúmeras abordagens possíveis para ensinar a respeito de homossexualidade na sala de aula judaica, uma das mais usadas é a concentrada em textos. Os argumentos clássicos contra a homossexualidade são apresentados utilizando-se referências bíblicas juntamente com discussões talmúdicas. Esta abordagem incluirá, ou não, recentes exposições destes argumentos clássicos, inclusive as respostas de Solomon Freehof, Norman Lamm e outros. Infelizmente, a utilização exclusivista destes textos deixará os estudantes com um conceito extremamente limitado da homossexualidade e, é claro, muito negativo.

A abordagem centrada em textos pode expandir-se, facilmente, para incluir opiniões e artigos adicionais, inclusive os dos rabinos Hershel Matt e Robert Kirschner, bem como material desta antologia. Nossos alunos podem, então, observar as opiniões e percepções variáveis de movimentos e indivíduos judeus, e também podem considerar mudanças paralelas entre peritos em psicologia, medicina e outros campos. Este método centrado em textos é mais bem usado com estudantes do segundo grau, ou adultos, que já são adeptos da análise de textos e capazes de considerar assuntos subjetivamente.

A abordagem centrada em textos requer uma explicação de outras questões. Entre elas poderia estar uma discussão das várias teorias sobre se a homossexualidade ocorre naturalmente e inevitavelmente em qualquer cultura, ou se, de algum modo, é "causada" por fatores ambientais. Também seria útil discutir o movimento de liberação gay e as preocupações de judeus gays e lésbicas, tiradas de artigos deste livro, entre outros (ver Bibliografia). Um excelente recurso para os educadores judeus é um número especial sobre homossexualismo do *Keeping Posted* (vol. 32, n° 2), uma revista para alunos do segundo grau e adultos, publicada pela União das Congregações Hebraicas Americanas. Esse número apresenta informações úteis e sensíveis, fáceis de ler.

Palestras em Sala de Aula

Recomendamos, fortemente, que dos currículos sobre homossexualidade constem palestras de judeus gays e lésbicas, principalmente quando se usa a abordagem centrada em textos. Os alunos do segundo grau e outros podem ter a tendência de ler textos sozinhos, tirando conclusões sem compreender o impacto humano. Eles aprenderão muito com um palestrante que discuta seus problemas de "sair do armário", trabalhar o relacionamento com os pais, encarar a discriminação e integrar as identidades de gay e judeu. É muito importante que nossos estudantes que, silenciosamente, lutam com a própria identidade sexual saibam que há modelos positivos e saudáveis de adultos judeus gays e lésbicas.

Pode ser um desafio achar os palestrantes adequados, inicialmente; esperamos que isto seja parte de seu processo de aprendizagem. O contato com a mais próxima congregação gay ou *chavurah* é um bom começo. Outras organizações gays de serviço comunitário geralmente têm palestrantes e, com certeza, gostarão de ajudar. Se você pensa que não conhece pessoas gays ou lésbicas e não dispõe de nenhum destes recursos, pode usar as experiências descritas neste livro, o *Keeping Posted* ou outras fontes como base para discussão.

Em ambas as fontes acima mencionadas, será útil ter uma boa lista de perguntas, como as seguintes:

1. O que os textos tradicionais judeus dizem a respeito da homossexualidade? Qual era o contexto histórico desses escritos?
2. Quais são algumas das novas interpretações desses textos? Você tem alguma?
3. Leia a história bíblica de Jônatas e Davi. Alguns sugeriram que o relacionamento deles era mais do que uma simples e íntima amizade. O que você acha?
4. Vários historiadores agora dizem que, em todas as culturas, em cada era histórica, houve um percentual de pessoas homossexuais. Se isto é verdade, qual é o efeito da proibição da homossexualidade?

5. Contra o que são discriminados os gays e as lésbicas? Há paralelos entre este tipo de discriminação e o anti-semitismo?
6. Há outros grupos de judeus que tendem a ser escondidos na comunidade judaica? Quem? Por que você acha que isso acontece?
7. Você ouve pessoas fazerem comentários ou piadas sobre lésbicas e homens gays? Em caso afirmativo, como se sente a respeito?
8. Como você se sentiria se seu (sua) melhor amigo(a) lhe dissesse que era gay?

Estas questões abarcam uma imensa série de preocupações acadêmicas e pessoais. Por favor, sinta-se à vontade para acrescentar a sua.

A Família Judaica

O fortalecimento da vida da família judaica é o centro da maioria dos objetivos curriculares na educação judaica. Nós costumamos ensinar a respeito das observâncias do ciclo da vida e dos valores judeus centrais no contexto da unidade familiar judaica. Mas, como bem sabemos, o perfil da família judaica está mudando. Somos apresentados a famílias de pais solteiros, famílias mistas e tantas outras variações. Entretanto, uma área geralmente negligenciada é a constelação familiar que inclui um ou mais membros gays ou lésbicas. A homossexualidade é raramente considerada no contexto do aprendizado a respeito da família. Sabemos, porém, que as pessoas gays têm família e formam relacionamentos amorosos e comprometidos, que duram anos.

Sugerimos enfatizar aos nossos alunos de todas as idades que há diferentes tipos de famílias judias, sem valorizar uma como a "certa". Talvez isto seja familiar à maioria das crianças, seja através de experiência pessoal, seja pela televisão, que tem mostrado uma variedade de situações familiares em programas, tais como "Kate e Allie", "Full House" e "My Two Dads". Cada um deles apresenta modelos de pais que não são pais biológicos. Embora nenhuma dessas personagens seja apresentada como gay ou lésbica, elas ajudam a mostrar o conceito de "diferença" nas famílias, que pode ser específico para gays e lésbicas, quando adequado. Os educadores também podem usar um dos muitos livros para crianças, que ainda são poucos mas estão aumentando, que mostram famílias com pais gays.[2]

Para suscitar discussão, sugerimos fazer as perguntas: "O que faz uma família? O que os membros da família fazem uns pelos outros?" Das respostas provavelmente constarão: pessoas que se relacionam entre si, pessoas que se amam, pessoas que se cuidam entre si. Isso pode levar a uma discussão mais ampla sobre como os diferentes tipos de famílias se amam e se cuidam de maneiras diferentes. Além disso, podemos apresentar essa diversidade como um valor positivo, em vez de um problema social que, de algum modo, ameaça nossas vidas.

Naturalmente, pode-se dizer que, agora, os casais de gays e lésbicas têm cerimônias em que afirmam seu compromisso recíproco dentro de um contexto judeu.[3] Isso mostra que as lésbicas e os homens gays formam unidades familiares e consagram esse compromisso de um modo especificamente judeu.

Com as crianças pequenas, geralmente precisamos discutir o problema da "diferença". Falamos sobre judeus e gentios, diáspora e judeus israelenses, pessoas de todas as raças. Ao apresentar a amplitude da experiência humana de modo positivo, eles passam a aprender que o "diferente" está bem, e é até desejável. Esperamos que eles aprendam mais facilmente a aceitar as diferenças nos outros.

Identidade e Auto-Estima

Construir e fortalecer a identidade judaica positiva é a preocupação principal de todos os educadores judeus. Nós lutamos para identificar os melhores métodos para realizar esta tarefa-chave. Uns dizem que ensinamos "identidade" ensinando o significado e o ritual das festas judaicas. Outros dizem que a ensinamos envolvendo nossos alunos em eventos da comunidade. Nós também ensinamos a respeito da identidade judaica positiva discutindo os valores e costumes judeus. Qualquer que seja a linha curricular que enfatizemos, devemos achar meios de permitir que os estudantes explorem todos os aspectos de sua identidade como judeus e seres humanos.

Para sentir-nos bem com a própria identidade, precisamos sentir-nos bem conosco mesmos, em geral. No Levítico 19:18 encontramos o mandamento: "Amarás á teu próximo como a ti mesmo." O autovalor não é um dom, mas algo que devemos exercitar e internalizar. Como professores da Torá, é de nossa responsabilidade ajudar nossos alunos a descobrir quem são e reforçar seu sentimento de autovalor e auto-estima. Se estiverem seguros consigo mesmos, nossos alunos também estarão aceitando melhor os outros, inclusive os gays e as lésbicas.

Com muita freqüência, nós, professores, imaginamos que nossos alunos são heterossexuais. Mas é possível que, em nossa sala de aula, haja estudantes que já começaram a perguntar-se se o são ou não. Para esses alunos, pode ser muito importante reforçar a auto-estima. Esses jovens geralmente sentem-se confusos e amedrontados e freqüentemente não sabem para onde voltar-se. Eles são constantemente bombardeados por modelos heterossexuais de comportamento e têm poucos, senão nenhum, modelos positivos de gays e lésbicas. Portanto, é imperativo que cuidemos deste assunto na sala de aula da escola de religião, de maneira sensível e apoiadora. Podemos fazê-lo adotando a diversidade em vez da exclusiva heterossexualidade, da maneira como tratamos de evitar problemas, da maneira como lidamos com comentários ou piadas "homofóbicas" na sala de aula, e sendo acessíveis e apoiando nossos estudantes. Também há vários livros no mercado que tratam do problema de adolescentes que descobrem que são gays ou lésbicas. Como educadores, é bom que estejamos familiarizados com eles, e talvez utilizemos todos, ou parte deles, nos contextos de nossas salas de aula.[4]

Embora seja importante para os professores de todas as séries ajudar os alunos a desenvolver bons sentimentos a respeito de si mesmos, devemos ser especialmente sensíveis com nossos alunos do segundo grau. Numa época em que há muitas mudanças em suas vidas, estes estudantes geralmente estão lutando para descobrir quem são e em que acreditar. Muitos pontos podem ser explorados na sala de aula se o professor sentir-se à vontade lidando com tópicos sérios como identidade, auto-estima, relacionamentos, sexualidade em geral e homossexualidade em particular. Entre os excelentes recursos para ensinar a auto-estima a esse grupo etário estão o currículo de Ellen Mack sobre auto-estima do jovem e prevenção do suicídio[5] e *Six Kallot*, de Shirley Barish,[6] que incluem um fim de semana intitulado "Courage to Be". Também recomendamos o vídeo de Billy Joel, "You're Only Human (Second Wind)", que trata de como lidarmos com os erros ao longo da vida. Está disponível na Força-tarefa sobre Suicídio de Jovens da UAHC, juntamente com um plano de aula sobre auto-estima.[7]

Sexualidade

O tópico da sexualidade certamente é complexo e potencialmente assustador para os educadores. Temos a sorte de ter alguns livros excelentes para usar, tais como *Raising a Child Conservatively in a Sexually Permissive World*, de Sol Gordon.[8] Mas ainda temos que confrontar como discutir a sexualidade dentro de um contexto judeu. Sugerimos que um bom ponto de partida seja comunicar que, no judaísmo, a sexualidade é vista como um dom de Deus. Isto significa que qualquer que seja a orientação sexual de uma pessoa, ela tem a sanção divina. Heterossexuais ou homossexuais, nós lutamos para valorizar nossos relacionamentos através do conceito de *kadosh*, ou santidade. Quando olhamos para os relacionamentos amorosos e comprometidos como santos, passamos a tratar todas as pessoas com a dignidade que é seu direito. Transmitindo atitudes positivas a respeito da sexualidade aos nossos alunos, podemos proporcionar-lhes um refúgio seguro — um lugar onde possam sentir-se seguros discutindo os problemas e separando o que querem defender.

Embora o assunto da sexualidade seja difícil para muitas pessoas discutirem, é ainda mais difícil para alguém que é gay e teme a reação dos outros. A maioria dos homens gays e das lésbicas tem medo de que, se seus amigos e familiares descobrirem, não os aceitarão. Esses medos, infelizmente, têm fundamento: as lésbicas e os gays sofrem discriminação no emprego, na moradia, na custódia de filhos e de outras maneiras. A incidência de violência contra homossexuais é extremamente alta. Cabe a nós transmitir a nossos alunos que, como judeus, isso é inaceitável. Considerando a experiência de opressão e discriminação de nosso povo, somos obrigados a ser muito sensíveis ao medo e ódio irracionais de todos os grupos de pessoas. Precisamos explicar a nossos estudantes o significado da homofobia e por que ela não é diferente do racismo, do sexismo e do anti-semitismo. Somos responsáveis por ensinar a nossos alunos que todos os seres humanos, criados à imagem divina, devem ser tratados com cortesia, respeito e dignidade.

Tentamos mostrar como o educador judeu pode ser mais sensível ao problema da homossexualidade. Certamente, há a possibilidade de muitas abordagens. Sugerimos idéias para uma abordagem centrada em textos, palestras em sala de aula, integração na família e nas unidades do ciclo de vida, tratar de problemas de identidade e encarar a preocupação relacionada com a sexualidade e a homofobia. A questão da homossexualidade se mistura com tantas preocupações curriculares que devemos estar preparados para explorá-la à medida que surge dentro de inúmeros contextos. Talvez a melhor lição que possamos aprender como educadores judeus é que não podemos ignorar qualquer problema desafiador.

Fontes

I. As referências bíblicas à homossexualidade incluem Levítico 18:22 e 20:13, Gênesis 19 (a história de Sodoma e Gomorra) e 1 Samuel 20:1-24 (a história de Davi e Jônatas). [Nota dos editores: Por favor, ver ensaios de Alpert, Rogow e Hirsh, neste livro.]

II. As referências talmúdicas incluem as seguintes: Kiddushin 82a, Sanhedrin 53a, Yevamot 83b, Keritut 2a, Yevamot 76a, Shabbat 65a, Jerusalem Talmud, Gittin 49c.

III. As referências à Mishneh Torah incluem Hilchot Issurei Biah I.5 e Hilchot Issurei Biah XXI.8.

IV. As referências curriculares incluem os seguintes textos:
1. Baumblatt, Lori B. *Human Sexuality: A Jewish Response.* Encontrado no Tartak Resource Center of Hebrew Union College — Jewish Institute of Religion, 3077 University Ave., Los Angeles, CA 90007.
2. Mack, Ellen. "Youth Self-Esteem and Anti-Suicide Curriculum". Encontrado a/c Beth El Congregation, PO Box 2232, Fort Worth, TX 76113.
3. "To See the World through Jewish Eyes", the UAHC William and Francis Schuster Curriculum. Guidelines for the High Schools Years. New York: UAHC, 1985.

V. Os artigos para uso em sala de aula incluem os seguintes:
1. Eger, Denise. "Gay, Jewish and the Reform Movement". *Compass* (Outono de 1988): 15-16. Este artigo explora a reação do movimento da Reforma à homossexualidade e também enfoca a apresentação da homossexualidade no currículo de Schuster da UAHC

2. Kirschner, Robert. "Halakhah and Homosexuality". *Judaism* (Outono de 1988): 430-58. Este artigo é um excelente recurso para qualquer aula de análise de texto sobre este assunto. Ele também oferece uma revisão da pesquisa médica e psicológica sobre o assunto.

Na Bibliografia geral deste livro encontram-se mais fontes.

APÊNDICE 2

Modelo de Laboratório de Homofobia

Tom Rawson

Quando uma sinagoga, organização ou agência judaica decide enfrentar a questão da homofobia, um laboratório sobre o assunto pode desempenhar um importante papel. No contexto de um grupo de apoio, um laboratório permite aos participantes examinar seus problemas pessoais relacionados com a homofobia, seus relacionamentos com pessoas de diferentes orientações sexuais, a própria identidade sexual e os meios pelos quais as atitudes a respeito de lésbicas e gays são perpetuadas na sociedade como um todo e na comunidade judaica em particular. Os laboratórios geralmente ajudam os grupos a planejar estratégias para incluir lésbicas e gays em suas fileiras.

Nós chamamos esses laboratórios de "Como Desaprender a Homofobia"[1] para enfatizar que a homofobia é uma atitude que, em nossa cultura, todos aprendem, e que ela pode ser "desaprendida" por meio de boa informação, ouvindo outras pessoas, e refletindo sobre nossas próprias experiências.

Nos laboratórios Como Desaprender a Homofobia, pede-se aos participantes que compartilhem suas percepções numa atmosfera sem julgamentos. Assim sendo, os participantes passam a ver como suas próprias atitudes não são diferentes daquelas de amigos e colegas — como, de fato, todos nós fomos modelados pelas atitudes homofóbicas de nossa sociedade e como podemos desafiá-las. O objetivo dos laboratórios Como Desaprender a Homofobia é fortalecer os participantes para desafiarem a homofobia em nível pessoal, institucional e social.

Para ajudar os participantes a fazer conexões entre suas atitudes pessoais e as atitudes culturais predominantes a respeito de lésbicas e homens gays, é importante criar uma atmosfera que proporcione uma participação pessoal. Para infundir confiança nos participantes, recomendam-se certas normas básicas para esses laboratórios. Primeiro, pede-se aos participantes que se comportem com estrita discrição depois de concluírem o laboratório. Segundo, pede-se aos participantes que não se julguem nem se critiquem uns aos outros, no laboratório. Terceiro, formam-se pequenos grupos para permitir que os participantes tenham tempo para falar, em vez de discutir livremente, falando todos ao mesmo tempo. (Esta abordagem incentiva todos a ouvir.) Finalmente, depois do exercício de cada pequeno grupo, pede-se a alguns voluntários que compartilhem as percepções de seus grupinhos. Isto ajuda os participantes a fazer conexões e proporciona aos líderes a oportunidade de enfatizar pontos-chave à medida que surgem durante o laboratório.

Em todos os laboratórios, examinamos a grande semelhança entre a experiência gay e a judaica. A informação obtida a respeito da vida das lésbicas e dos gays geralmente reflete a compreensão dos participantes sobre anti-semitismo, resistência e comunidade. Na realidade, os participantes são incentivados a fazer ligações: o laboratório é parcialmente baseado na premissa de que a experiência judaica proporciona uma base para a empatia com as preocupações das lésbicas e dos gays.

As páginas seguintes descrevem o que ocorre nos laboratórios Como Desaprender a Homofobia, o que eles podem e não podem realizar e quando podem ser adequados. Para montar um laboratório, você deve entrar em contato com um líder de grupo bem treinado.

Objetivos

A primeira coisa a considerar ao planejar um laboratório Como Desaprender a Homofobia é: *O que você está tentando realizar?* Pode-se usar os laboratórios para ajudar um grupo de funcionários ou líderes leigos de várias preferências sexuais a melhorar seu trabalho juntos. Eles também podem ser utilizados para ajudar organizações total ou predominantemente heterossexuais a imaginar como acolher lésbicas e homens gays. Ou podem assistir uma coalizão de grupos judeus a trabalhar melhor em relação à comunidade lésbica e gay.

Há uma coisa para a qual o seminário *não é* bom, que é assumir-se. Ouvimos uma quantidade de pedidos para laboratórios que soam mais ou menos assim: "Nossos associados são todos heterossexuais. Achamos que há muitos judeus gays e lésbicas que estariam interessados no que fazemos, por isso gostaríamos de realizar um laboratório e convidá-los a participar." A motivação subjacente ("fazê-los participar") tende a dificultar a participação de lésbicas e gays em pé de igualdade ou deixá-los sentir-se à vontade no laboratório. Para este tipo de situação, será melhor fazer um laboratório para o grupo totalmente heterossexual sobre sua homofobia. Assim sendo, o grupo estará em melhor condição de compreender as necessidades das lésbicas e dos gays, e certamente vai recebê-los bem.

Duração

Para dar tempo suficiente para que se levantem questões importantes, que sejam tratadas adequadamente, o ideal seria de quatro a seis horas. Será interessante uma sessão de duas horas para apresentar o tema a um pequeno número de participantes.

Participantes

Ao planejar um laboratório, você precisará ser cuidadoso para saber quem deverá participar. Talvez você tenha que escolher entre um laboratório aberto para seus associados, ou um menor, especificamente para os líderes da organização. Sua coalizão talvez exija um laboratório fechado para a diretoria, ou possivelmente um mais aberto com um número limitado de representantes de cada organização. Isso depende do tamanho e estrutura de sua organização, bem como de seus objetivos para o laboratório. (O líder de um laboratório poderá ajudar a fazer estas escolhas.)

Provavelmente a maior questão sobre os participantes se refira ao fato de o laboratório estar aberto a pessoas de todas as orientações sexuais. Nós achamos que, na maioria das situações, os laboratórios iniciais mais eficazes são aqueles só para heterossexuais. Ao discutir a homofobia, muitos heterossexuais precisam falar de suas sensações de desconforto, bem como dos estereótipos e falsas informações sobre as lésbicas e os gays. Isso pode tornar-se mais difícil pela presença de lésbicas e homens gays.

Além disso, muitos heterossexuais não tiveram a oportunidade nem mesmo de perceber que são heterossexuais. Por ser heterossexual a cultura dominante de nossa sociedade, ser heterossexual é tido como uma "dádiva". Daí, os problemas de sexualidade e preferência sexual, que são muito óbvios para as lésbicas e os gays, passam despercebidos por todos os que são heterossexuais. Um trabalho separado sobre esses problemas proporciona uma base comum de compreensão, antes de discuti-los num grupo misto.

Como a homofobia isola de várias maneiras as lésbicas e os gays dos heterossexuais, muitas pessoas não gostam da idéia de separar um grupo para o laboratório — principalmente numa organização em que as pessoas já se conhecem e trabalham juntas. Assim, pode parecer que a idéia de vender um laboratório separado seja difícil, mas achamos que vale a pena. Dependendo do tamanho e natureza do grupo, outra opção é separar homossexuais e heterossexuais em dois grupos, após as apresentações, e reuni-los ao fim do laboratório.

Uma questão com a qual lidamos repetidas vezes é como fazer os laboratórios funcionarem para pessoas que se identificam como bissexuais. Nossa abordagem habitual é pedir às pessoas que façam uma escolha baseada em sua melhor avaliação da situação atual. Isto é, um homem bissexual envolvido num relacionamento heterossexual deveria aderir ao grupo heterossexual, para fazer o laboratório. Embora esta solução não represente uma análise total do problema complexo da bissexualidade, ela serve bem aos objetivos deste laboratório.

Conteúdo

Todos os laboratórios que fizemos foram específicos, destinados ao grupo que os encomendou. Portanto, as abordagens listadas abaixo devem ser lidas como um retrato geral do conteúdo, e não como uma agenda estrita.

Apresentações de grupos grandes: cada participante diz quem é e por que está participando do laboratório. Mesmo que as pessoas já se conheçam, isso ajuda a construir um sentido de objetivo comum. Nesse momento, podem ser apresentadas as normas.

Apresentações de grupos pequenos vêm a seguir. Em grupos de dois ou três, cada pessoa fala sobre como vê o laboratório em geral, ou responde a uma pergunta específica (p. ex: "O que você gosta e o que acha difícil a respeito de ser heterossexual?"). Muitos participantes acham mais fácil analisar seus sentimentos num grupo pequeno.

Contar lembranças antigas muitas vezes ajuda os participantes a compreender como a homofobia afeta cada um desde a tenra infância. Em pequenos grupos, deve-se pedir aos participantes que pensem no tempo em que lhes diziam, quando crianças, que "não era certo" gostar de alguém do mesmo sexo. Mais tarde, o líder pode pedir que alguns voluntários compartilhem suas experiências com o grupo maior.

Explorar as semelhanças entre o tratamento da sociedade a lésbicas e homens gays e a judeus: geralmente ocorre numa discussão de um grupo grande seguida por exercícios de um grupo pequeno. Esta parte do laboratório pode ser forte, especialmente para os que são sensíveis à existência do anti-semitismo e estão comprometidos com a vida judaica, mas não vêem que as lésbicas e os gays enfrentam problemas semelhantes. Ela também pode ajudar os participantes a compreender o que as lésbicas e os gays judeus levam à comunidade judaica, e como podem eles ser mais bem servidos pela comunidade.

Uma rápida *apresentação informativa*, geralmente feita pelo líder de um laboratório, ajuda a familiarizar os participantes com a dinâmica especial da homofobia e do heterossexismo.

Ouvir as lésbicas e os gays em manifestações e exercícios do tipo "aquário" permite aos participantes ter uma noção mais profunda da experiência gay e lésbica. Num exercício de "aquário", um grupo de voluntários gays e lésbicas (se for um laboratório misto) senta-se no centro de um círculo e conversa entre si, enquanto os participantes heterossexuais (posicionados em torno e do lado de fora do círculo ou "aquário") ouvem. O objetivo é mostrar aos participantes como é ser gay ou lésbica. Após um predeterminado espaço de tempo, os grupos mudam de posição: os participantes heterossexuais vão para o centro do círculo e discutem sobre como é ser heterossexual, enquanto os participantes gays e lésbicas ouvem. Este tipo também pode servir para que os heterossexuais falem a respeito de ser heterossexual.

Exercícios semelhantes sobre como *enfrentar a homofobia* dão aos participantes a oportunidade de representar e exercitar meios de reagir a piadas homofóbicas, observações e ações. Esta parte do laboratório proporciona aos participantes experiência prática e confiança para encarar a homofobia que encontram no dia-a-dia. Estes exercícios podem ser realizados tanto para pequenos como para grandes grupos.

O exercício de *solução de problemas* dá a oportunidade de explorar uma situação hipotética na qual a homofobia está presente e discutir soluções construtivas. Por exemplo, uma situação pode ser mais ou menos assim:

> Uma lésbica declarada candidata-se a rabina de sua congregação. Ela tem menos experiência como rabina do que outros candidatos, mas muito mais experiência em dirigir uma escola, o que será importante parte de seu cargo. Alguns membros, com filhos na escola, ameaçaram deixar a congregação se uma lésbica for contratada. O que você faz?

Este exercício pode ser feito com grupos pequenos e grandes, dependendo do tempo disponível para o laboratório.

Grupos separados de homossexuais e heterossexuais podem estabelecer confiança e discutir preocupações comuns num laboratório misto. Muitas pessoas sentem-se mais à vontade nestes grupos e os consideram a melhor parte do laboratório. Para usar esta fórmula com sucesso, recomenda-se um laboratório longo (de cinco a seis horas).

Avaliação e encerramento são partes importantes do laboratório, dando aos líderes valioso retorno e aos participantes, uma oportunidade de rever o que aprenderam.

Liderança

É melhor que estes laboratórios sejam dirigidos por líderes experientes. A maioria das pessoas acha difícil falar abertamente sobre identidade sexual, e os líderes saberão como pôr os participantes à vontade, extrair reações às questões em discussão e controlar os problemas difíceis que surgirem durante o laboratório. A seção de Fontes (Apêndice 3) lhe dirá onde encontrar esses líderes.

Muitas vezes, o laboratório funciona melhor com a liderança de duas pessoas: um homem gay e uma mulher heterossexual, ou uma lésbica e um homem heterossexual. A mistura de sexos e de identidades sexuais proporciona diferentes perspectivas sobre os problemas e oferece um modelo de cooperação e trabalho comum que expande as fronteiras rígidas que o laboratório visa mudar.

APÊNDICE 3

Fontes

. . . .

Ameinu

P.O. Box 1423
Cooper Station
New York, NY 10276
(*rede de lésbicas e homens gays trabalhando profissionalmente na comunidade judaica*)

Lesbians and Gay Rights Project
American Civil Liberties Union
132 W. 43rd Street
New York, NY 10036

Equity Institute
Tucker-Taft Building
48 N. Pleasant Street
Amherst, MA 01002
(*fornece laboratórios sobre homofobia*)

DiversityWorks, Inc.: social change educators and consultants
201 N. Valley Road
Pelham, MA 01002
(*fornece laboratórios sobre homofobia*)

Human Rights Campaign Fund
1012 14th Street, N.W.
Washington, D.C. 20005
(*lobby de direitos de lésbicas e gays*)

Hetrick-Martin Institute for the Protection of Lesbian and Gay Youth
401 West Street
New York, NY 10014
(*serviços sociais e advocacia para os jovens gays e lésbicas*)

Lambda Legal Defense and Education Fund
132 W. 43rd Street
New York, NY 10036
(*firma de advocacia de interesse público*)

Parents and Friends of Lesbians and Gays (PFLAG)
1012 14th Street, N.W.
Washington, D.C. 20005
(*rede nacional, fornece apoio e advocacia*)

New Jewish Agenda
64 Fulton Street
New York, NY 10038
(*fornece laboratórios sobre homofobia, fontes educacionais*)

National Gay Rights Advocates
540 Castro Street
San Francisco, CA 94114
(*firma de advocacia de interesse público*)

National Gay and Lesbian Task Force
1517 U Street, N.W.
Washington, D.C. 20009
(*defesa legislativa e organização comunitária*)

Senior Action in a Gay Environment
(SAGE)
208 W. 13th Street
New York, NY 10011
(*serviço social e advocacia*)

Jewish Lesbian Daughters of Holocaust
Survivors
P.O. Box 6194
Boston, MA 02114

Union of American Hebrew
Congregations
838 Fifth Avenue
New York, NY 10021
(*tem comissão sobre a AIDS, publica*
Keeping Posted*)*

World Congress of Gay and Lesbian
Jewish Organizations
1901 Wyoming Ave., N.W
Washington, D.C. 20009

National Center for Lesbian Rights
1370 Mission Street
San Francisco, CA 94103
(*firma de advocacia de interesse público,
educação comunitária*)

NOTAS

Introdução

1. Os *conversos* geralmente são também chamados de *marranos*, termo que tem origem na palavra espanhola que significa "porco".
2. Muitas lésbicas judias se intitulam "triplamente outras", por causa da invisibilidade de seu gênero, além da orientação sexual e de identidade judaica. Além disso, os judeus gays e lésbicas que são incapazes, sefarditas, operários ou têm identidade diferente da maioria sentem-se "triplamente" ou "quadruplamente" outros.
3. Para solicitar o estudo sobre violência antigay da National Lesbian and Gay Task Force, de 1988, escreva para NLGTF, 1517 U Street, N.W., Washington, D.C., 20009.
4. Assim como os termos de assimilação judaica mudaram com o tempo, os termos de "passar" mudaram, dependendo dos costumes da época específica. Na primeira metade deste século, por exemplo, as lésbicas geralmente se vestiam como homens, a fim de evitar molestação na rua.
5. Ver *The Coming Out Stories*, ed. Julia Penelope e Susan Wolf (Persephone Press, 1981); *Testimonies : A Collection of Lesbian Coming Out Stories*, ed. Sarah Holmes (Alyson, 1988); *Revelations: A Collection of* Gay *Male Coming Out Stories*, ed. Wayne Curtis (Alyson, 1988); e *Like Coming Home: Coming Out Letters*, ed. Meg Umans (Banned Books, 1988).

   Fortalecidas pela experiência de "sair do armário", as lésbicas estão entre as primeiras a revelar-se a respeito de outros tabus, na sociedade em geral e na comunidade judaica em particular. Dentre eles incluem-se a violência doméstica, o incesto e o abuso de drogas.
6. Um exemplo é Harvey Milk, membro gay declarado da Junta de Supervisores de San Francisco. Milk foi profundamente influenciado por uma história do Levante do Gueto de Varsóvia, que ele ouviu quando criança. Ver Randy Shilts, *The Mayor of Castro Street: The Life and Times of Harvey Milk* (St. Martin, 1982).
7. Embora os colaboradores desta antologia não tenham usado o mesmo vocabulário para descrever suas experiências, todos escrevem a partir de um compromisso com o feminismo, a liberação gay e a reforma da vida judaica.

8. Ver Arthur Waskow, *These Holy Sparks: The Rebirth of the Jewish People* (Harper and Row, 1983).
9. Isto não ocorreu sem graves tensões entre lésbicas e feministas heterossexuais, talvez melhor simbolizadas pela expulsão, por Betty Friedan, das lésbicas da Organização Nacional de Mulheres.
10. John D'Emilio, *Sexual Politics, Sexual Communities: The Making of a Homosexual Minority in the United States, 1940-1970* (University of Chicago Press, 1983).
11. As filhas de Bilits ainda mantêm capítulos em várias cidades dos Estados Unidos.
12. Ao mesmo tempo, as lésbicas e os gays colidiram sobre problemas de sexismo. Por exemplo, muitos de nós se acham em lados opostos das barricadas em disputas sobre as leis contra a pornografia dos anos 70. Então, como agora, nossos interesses de classe (influenciados por nossas diferenças de gênero) divergiram amplamente, levando-nos a apoiar políticas e candidatos a cargos eletivos em campos opostos.
13. Membros de outras minorias raciais e étnicas se engajaram em empresa semelhante. Recentemente, surgiram muitas antologias explorando as conexões entre raça, etnia, gênero e orientação sexual e, em alguns casos, identidade religiosa. Dentre elas, destacam-se: *Home Girls: A Black Feminist Anthology*, ed. Barbara Smith (Kitchen Table/Women of Color Press, 1983); *In the Life: A Black Gay Anthology*, ed. Joseph Beam (Alyson, 1986); *A Gathering of Spirit: Writings and Art by North American Indian Women*, ed. Beth Brant (Sinister Wisdom Books, 1984); *This Bridge Called My Back: Writings by Radical Women of Color*, ed. Cherrie Moraga e Gloria Anzaldua (Kitchen Table/Women of Color Press); e *Breaking Silence: Lesbian Nuns* (Naiad Press, 1985).
14. Esta foi a maior passeata de direitos civis da história dos Estados Unidos, com aproximadamente 750.000 pessoas convergindo na capital para exigir direitos civis para lésbicas e homens gays.
15. Marcia Falk, "Notes on Composing New Blessings: Toward a Feminist-Jewish Reconstruction of Prayer", *Journal of Feminist Studies in Religion* 3, n° 1 (primavera de 1987): 53. Ver o texto completo desta bênção na página 310, nota 17.

Confissões de um Feygele-Boichik / Burt E. Schuman

1. Nas tardes de domingo, no Brooklyn, era comum para os homens ultra-ortodoxos e hassídicos visitarem os lares judeus, fazendo coletas para escolas locais ou para programas de caridade, tais como as sociedades de visitação de hospitais.

Diferente como Moisés / *Alan D. Zamochnick*

1. Estas demonstrações foram organizadas pela Mattachine Society no princípio e em meados dos anos 60, todos os dias 4 de julho. Elas foram as precursoras do moderno movimento de direitos dos gays, que começou com os distúrbios de Stonewall de 1969.

2. Jerome D. Schein e Lester J. Waldman, eds., *The Deaf Jew in the Modern World* (Nova York: Ktav, 1986). Esta categoria também foi usada para mulheres, em alguns casos.

Você não Falou sobre estas Coisas / *Felice Yeskel*

1. Rita Mae Brown, *Rubyfruit Jungle* (Nova York: Bantam, 1973). Este romance, que apareceu nos primeiros anos da segunda onda de feminismo, gira em torno da lésbica Molly Bolt.
2. Jogo de criança feito na calçada com tampinhas de garrafas.
3. Uma mescla de *tackle football* (no futebol americano, fazer um jogador cair no chão para tomar-lhe a bola) e *capture the flag* (apanhar a bandeira).

Esconder-se não É Saudável para a Alma / *Rachel Wahba*

1. *Shaddai* representa o nome de Deus e freqüentemente é gravado em símbolos religiosos judeus.
2. Quando o governo pró-nazista de Rashid Ali caiu, em junho de 1941, houve distúrbios. Cento e setenta e cinco judeus foram mortos, muitos foram torturados e houve aproximadamente mil feridos. Casas e negócios judeus foram saqueados, com novecentos lares destruídos.
3. Em 1955-56, os judeus que haviam permanecido no Egito foram despojados de todos os bens materiais e expulsos. Os que já estavam fora foram despojados da cidadania, tornando-se sem pátria.
4. Em *The Other Jews: The Sephardim Today* (Nova York: Basic Books, 1989), Daniel J. Elazar argumenta que distinguir os sefardins como "orientais" e os asquenazins como "ocidentais" serve para reforçar a idéia de que os primeiros são atrasados e os últimos, progressistas, dada a presunção comum de que o Ocidente é mais adiantado culturalmente. Ele sugere "nortista" e "sulista" como sendo mais correto geograficamente e menos automaticamente preconceituoso.
5. Os livros de Memmi incluem *The Pillar of Salt* (Chicago: J. Phillip O'Hara, 1955), *The Colonizer and the Colonized* (Boston: Beacon, 1972), *The Liberation of the Jew* (Nova York: Viking, 1973) e *Jews and Arabs* (Chicago: J. Phillip O'Hara, 1975).

À Imagem de Deus / *Rebecca T. Alpert*

1. Embora o texto do Levítico se refira especificamente aos relacionamentos entre homens, as lésbicas sentem a força desta proibição em relação a elas, também.

2. Dou o devido crédito ao ensaio de Norman Lamm, "Judaism and the Modern Attitude Towards Homosexuality", *Encyclopedia Judaica Yearbook* (1974), pp. 194-205, pelas citações destas interpretações.
3. *Ibid.* Lamm oferece uma extensa apresentação de toda a discussão tradicional do problema da homossexualidade, não apenas a que pertence ao Levítico.
4. *Ibid.*, p. 198.
5. "Judaism and Homosexuality: A Response", *Central Conference of American Rabbis Journal* (verão de 1973), p. 31.
6. Dou o devido crédito aos escritos do rabino Hershel Matt (de abençoada memória) por esta interpretação.
7. Ver o artigo de Yehuda ben Ari em *Menorah* (julho/agosto 1983), publicado pela Waskow.

Dizer o Indizível / Faith Rogow

1. Adrienne Rich, *On Lies, Secrets, and Silence* (Nova York: Norton, 1979), p. 199.
2. Michael Meyer, ed., *Ideas of Jewish History* (Nova York: Behrman House, 1974), p. xi.
3. Em prol da concisão, este ensaio usará o termo "gay" para referir-se tanto a homens gays como a lésbicas. Este tratamento de maneira alguma implica que a experiência das lésbicas seja secundária ou idêntica à dos homens gays.
4. Por exemplo, Nathaniel Lehrman, "Homosexuality and Judaism: Are They Compatible?", *Judaism* 32 (Outono de 1983): 392-404; Abraham B. Hetch, citado em Enrique Rueda, *The Homosexual Network* (Old Greenwich, Conn.: Devin Adair, 1982), p. 372; Robert Gordis, *Love and Sex: A Modern Jewish Perspective* (Nova York: Farrar, Straus, and Giroux, 1978); Louis M. Epstein, *Sex Laws and Customs in Judaism* (Nova York: KTAV, 1948).
5. Por exemplo, Robert Gordis, "Homosexuality and Traditional Religion", *Judaism* 32 (outono de 1983): 390.
6. Para um sumário de referências textuais, ver Ellen M. Umansky, "Jewish Attitudes toward Homosexuality: A Review of Contemporary Sources", *Reconstructionist* 51, n° 2 (1985): 9-15.
7. Também precisamos ser cuidadosos para não generalizar demais os arquivos dos rabinos, que relatam opiniões de líderes da comunidade, mas nem sempre refletem o sentimento ou a prática da comunidade como um todo. Seria uma raridade histórica achar que a comunidade inteira concorda com seus líderes sobre todas as questões. Alguns exemplos de discordância foram documentados por Jacob Katz em *Tradition and Crisis* (Nova York: Schocken, 1961).
8. Por exemplo, Lawrence Stone, "Sex in the West", *New Republic* 193, n° 2 (8 de julho de 1985): 25-37; Estelle B. Freedman *et al.*, eds., *The Lesbian Issue: Essays from "Signs"* (Chicago: University of Chicago Press, 1985).
9. John Boswell, *Christianity, Social Tolerance, and Homosexuality* (Chicago: University of Chicago Press, 1980), p. 94.

10. *Ibid.*, p. 95.
11. *Ibid.*, p. 100. Outros textos incluem Isaías 44:19; Ezequiel 7:20, 16:36; e Jeremias 16:18.
12. Eles também precisam ser harmonizados com passagens que ocorrem freqüentemente, em lugares como o *Pirke Avot*, que pede amar ao próximo e julgar os outros cautelosamente.
13. Outras histórias devem incluir Isaac e Ismael, Rute e Noemi, R. Yohanan e Resh Lakish, e assim por diante.
14. Boswell, *Christianity, Social Tolerance, and Homosexuality*, p. 17.
15. Para um sumário dos vários argumentos na historiografia gay, ver a introdução de Jonathan Ned Katz, *Gay/Lesbian Almanac* (Nova York: Harper and Row, 1983; também Estelle Freedman, "Sexuality in Nineteenth Century America", *Reviews in American History* 10, n° 4 (1982): 200-201.
16. Judy Grahn, *Another Mother Tongue: Gay Words, Gay Worlds* (Boston: Beacon, 1984).
17. Ver Katz, *Gay/Lesbian Almanac*; Carol Smith Rosenberg, "The Female World of Love and Ritual: Relations between Women in Nineteenth-Century America", *Signs: Journal of Women in Culture and Society* 1, n° 1 (outono de 1975): 1-29; Lillian Faderman, *Surpassing the Love of Men* (Nova York: Morrow, 1981); Martha Vicinius, "Distance and Desire: English Boarding School Friendships", *The Lesbian Issue: Essays from "Signs"*, pp. 43-65.
18. Jeffrey Weeks, *Coming Out: Homosexual Politics in Britain from the Nineteenth Century to the Present* (Londres: Quartet Books, 1977).
19. Boswell, *Christianity, Social Tolerance, and Homosexuality*, p. 92.
20. Katz, *Gay/Lesbian Almanac*, p. 1.
21. *Ibid.*, p. 16.
22. Por exemplo, Sol Gordon em *Judaism* 32 (Outono de 1983): 406 ss.; também Lehrman, "Homosexuality and Judaism", sobre o mesmo problema.
23. Citado em John D'Emilio, *Sexual Politics, Sexual Communities: The Making of a Homosexual Minority in the United States, 1940-1970* (Chicago: University of Chicago Press, 1983), p. 153.
24. Boswell, *Christianity, Social Tolerance, and Homosexuality*, p. 14; ver também *The Pink Triangle*, de Richard Plant.
25. Em outros exemplos de trabalhos de judeus ou sobre judeus, a experiência gay é ignorada ou negada, como na versão original do filme baseado no romance de Lillian Hellman, *The Children's Hour*, ou, mais recentemente, *Julia* e *Yentl*.
26. Ver Richard Plant, *The Pink Triangle* (Nova York: Henry Holt, 1986), e Heinz Heger, *The Men with the Pink Triangle* (Boston: Alyson, 1980).
27. Hecht em Rueda, *The Homosexual Network*, p. 372.
28. Lehrman, "Homosexuality and Judaism", pp. 394 ss.
29. Foi feita uma boa pesquisa sobre a cultura dos americanos nativos. Por exemplo, ver *Living the Spirit*, de Will Roscoe (Nova York: St. Martin's, 1988). Ver também Boswell, *Christianity, Social Tolerance, and Homosexuality*, sobre as antigas Grécia e Roma, e as fontes citadas na nota 8 anterior.

30. Por exemplo, Harriet Alpert, ed., *We Are Everywhere: Writings by and about Lesbian Parents;* Sandra Pollack e Jeanne Vaughn, eds., *Politics of the Heart: A Lesbian Parenting Anthology;* Loralee MacPike, ed., *There's Something I've Been Meaning to Tell You* (Naiad Press); *Rocking the Cradle — Lesbian Mothers: A Challenge in Family Living* (Boston: Alyson).
31. Umansky, "Jewish Attitudes toward Homosexuality", p. 13.
32. Marie Syrkin, "Feminist Overkill", *Midstream* 24, n° 1 (janeiro de 1978): 54-57; também Samuel McCracken, "Are Homosexuals Gay?", *Commentary* 67, n° 1 (janeiro de 1976): 19-29.
33. A Free Forum Books publicou o texto da decisão de *Bowers versus Hardwick*. Atualmente, a sodomia é ilegal em vinte estados e há leis pendentes para proscrever a homossexualidade ou restringir os direitos dos gays em vários outros estados. Para informações e estatísticas atuais sobre os ataques aos gays, consultar a National Gay and Lesbian Task Force, 1517 U Street, N.W., Washington, D.C. 20009.
34. Outros exemplos incluem *The Law of Return,* de Alice Bloch *(Boston: Alyson, 1983); A Letter to Harvey Milk,* de Leslea Newman (Ithaca, N.Y.: Firebrand Books, 1988); "Yiddish: Lesbian Play Rocks Broadway", de Koier Curtin, em *Lillith* 19 (Primavera de 1988) 13-14; *The Lost Language of Cranes,* de David Leavitt (Nova York: Knopf, 1986).
35. *Pirke Avot,* 3.11.

Em Busca de Modelos / *Jody Hirsh*

1. Robert Gordis, *Love and Sex: A Modern Jewish Perspective* (Nova York: Farrar, Straus, and Giroux, 1978), p. 150.
2. A palavra "gay" é problemática quando usada num contexto histórico. Com certeza, não podemos encontrar "gays" na história que correspondam ao sentido contemporâneo da palavra no que se refere a suas implicações de um estilo de vida "gay", ou à auto-identificação como sendo exclusivamente homossexual. Porém eu uso a palavra para significar uma auto-imagem positiva, o que envolve mais do que apenas atos sexuais. Considerando que estou tentando discutir a possibilidade de ler a história de um modo que inclua as lésbicas e os homens gays, uso o termo "gay" para aludir a mulheres e homens.
3. 1 Samuel 20:40-41.
4. Francis Brown, S. R. Driver e Charles A. Briggs, *A Hebrew and English Lexicon of the Old Testament* (Oxford: Clarendon Press, 1907, 1955), p.152.
5. 2 Samuel 1:26-27.
6. Rute 1:16-17.
7. Gênesis 45:1-3.
8. 2 Samuel 13:18.
9. Arthur Evans, *Witchcraft and the Gay Counterculture* (Boston: Fag Rag Books, 1978), p. 17.

10. Gênesis 39:1-6.
11. O termo *saris* vem do significado do radical hebraico "castrar". Neste contexto, porém, foi traduzido geralmente por "funcionário público".
12. Gênesis Rabba 86.3.
13. Gênesis 39:10-12.
14. Conversa pessoal. Ver também Rebecca T. Alpert, página 298, nota 7.
15. Norman Roth, "'Deal Gently with the Young Man': Love of Boys in Medieval Poetry of Spain", *Speculum* 57, n° 1 (1982): 23.
16. Chaim Shirman, *ha-Shirah ha-Ivrit beSfarad uv'Provence* (Poesia hebraica da Espanha e da Provença), (Jerusalém: The Bialik Institute, 1959), 2:445.
17. *Ibid*, 2:367.
18. Estou em débito com David Biale por atribuir-me a história de Betula de Ludomir.

A História de Gerry / *Jeffrey Shandler*

1. A SAGE (Senior Action in a Gay Environment) é uma agência de serviço social para cidadãos da terceira idade da cidade de Nova York, e foi fundada em 1978. A mais antiga dessas organizações nos Estados Unidos, A SAGE proporciona apoio para clientes a domicílio, dirige um centro em Greenwich Village e patrocina outros eventos sociais e culturais para a comunidade gay da terceira idade. A agência dedica-se à educação pública sobre as necessidades e habilidades dos gays da terceira idade.

Redefinir a Família / *Martha A. Ackelsberg*

1. Ver Martha A. Ackelsberg, "Families and the Jewish Community: A Feminist Perspective", *Response* 48 (Primavera de 1985): 5.
2. Estou usando o termo "judeus liberais" para referir-me a um grupo que inclui liberais ou esquerdistas conservadores, reformadores e reconstrucionistas — isto é, os grupos de judeus que não se sentem obrigados pela *halakha* no sentido estrito. Os que vivem mais estritamente segundo a *halakha* (ex.: conservadores e ortodoxos de direita) tendem a impedir a total aceitação dos judeus gays e lésbicas no âmbito da *halakha*.
3. Para maior elaboração dos argumentos apresentados nesta seção, ver meus textos "Families and the Jewish Community" e "Sisters or Comrades? The Politics of Friends and Families", em *Families, Politics, and Public Policies*, ed. Irene Diamond (Nova York: Longman, 1983), pp. 339-56.
4. Este ensaio baseia-se em trabalho meu anterior. Além de "Families and Jewish Community", ver "Family or Community? A Response to Susan Handelman", *Sh'ma* 17 (20 de março de 1987), e "Toward a More Inclusive Community", *New Menorah*, 2ª série n° 9, pp. 4, 16.

5. Ver, por exemplo, Susan Handelman, "Family: A Religiously Mandated Ideal", *Sh'ma* 17 (20 de março de 1987).
6. Em dados do censo, geralmente, há estatísticas sobre a mudança da composição das famílias na sociedade. Para um sumário equilibrado destes dados, ver Sar Levitan e Richard S. Belous, *What's Happening to the American Family?* (Baltimore: Johns Hopkins University Press, 1981). Estudos indicam, por exemplo, que uma em cada sete famílias é chefiada por uma mulher; e só cerca de 14 por cento das famílias são "tradicionais", ou seja, com pai trabalhando, mãe em casa e dois filhos. Parece não existirem estatísticas semelhantes sobre a composição das famílias na comunidade judaica. As tendências estão resumidas em Steven M. Cohen, *American Modernity and Jewwish Identity* (Nova York: Tavistock, 1983), especialmente no capítulo 6. Dados sobre a composição dos lares e seu estado civil, entre as famílias judaicas da região da cidade de Nova York, podem ser encontradas em Steven M. Cohen e Paul Ritterband, "The Social Characteristics of the New York Area Jewish Community, 1981", *American Jewish Yearbook, 1984*, vol. 84 (Nova York e Filadélfia: American Jewish Commitee e Jewish Publication Society, 1983), pp. 128-161. Sobre as diferenças entre as famílias judias e não-judias, ver Andrew Cherlin e Carin Celebuski, "Are Jewish Families Different?", *Journal of Marriage and the Family* (Novembro de 1983): 903-10.
7. Uma visão da vida das pequenas comunidades judaicas da Europa Oriental, evocativa e romanceada, de Mark Zborowsky e Elizabeth Hertzog (Nova York: Schocken, 1952).
8. Ver, por exemplo, Rayna Rapp, "Family and Class in Contemporary America: Notes toward an Understanding of Ideology", em *Rethinking the Family: Some Feminist Questions*, ed. Barrie Thorne com Marilyn Yalom (Nova York: Longman, 1982): pp. 168-87. Sobre abuso e falta de mutualidade dentro das famílias judaicas, ver Faith Solela, "Family Violence: Silence Isn't Golden Anymore", *Response* 48 (primavera de 1985): 101-6.
9. Para mais ampla discussão sobre este problema, ver Martha A. Ackelsberg, "Sisters or Comrades? The Politics of Friends and Families", em *Families, Politics, and Public Policies*, ed. Irene Diamond (Nova York: Longman, 1983), pp. 339-56.
10. Andrew Cherlin, "Changing Family and Household: Contemporary Lessons from Historical Research", *Annual Review of Sociology*, 9 (1983), principalmente pp. 63-64. Sobre as mudanças nas famílias judaicas, ver Steven M. Cohen e Paula Hyman, *The Evolving Jewish Family* (Nova York: Holmes and Meier, 1986).
11. *Chevrei kadisha* eram organizações beneficentes de voluntários, financiadas pela comunidade, que preparavam os mortos para o enterro e pagavam a despesa do sepultamento dos que não podiam pagar; os grupos *hachnasat kallah* providenciavam dotes e as coisas necessárias para o casamento das noivas indigentes da comunidade. Estes eram apenas dois dentre uma variedade de grupos organizados de forma parecida, com o propósito de atender às necessidades dos judeus indigentes da comunidade.
12. As alternativas de adoção e criação, naturalmente, muitas vezes são mais limitadas para os gays e as lésbicas do que para os casais heterossexuais; e, na maioria dos estados, mais limitadas para os gays e as lésbicas do que para os heterossexuais solteiros.
13. Handelman, "Family, A Religiously Mandated Ideal", *Sh'ma* 17 (20 de março de 1987).

Rumo a uma Nova Teologia da Sexualidade / *Judith Plaskow*

1. Samuel Glasner, "Judaism and Sex", *Encyclopedia of Sexual Behavior*, ed. Albert Ellis e Albert Abarbanel (Nova York: Hawthorn, 1967), 2:575-84. Citado em Joan Scherer Brewer, *Sex and the Modern Jewish Woman: An Annotated Bibliography* (Fresh Meadows, N.Y.: Biblio Press, 1986), B-10.
2. Martha Vicinus, "Sexuality and Power: A Review of Current Work in the History of Sexuality", *Feminist Studies* 8, n° 1 (Primavera de 1982): 136.
3. Seymour Siegel, "Some Aspects of the Jewish Tradition's View of Sex", *Jews and Divorce*, ed. Jacob Freid (Nova York: KTAV, 1968), pp. 168-69.
4. Jacob Neusner, *A History of the Mishnaic Law of Women*, 5 vols. (Leiden: E. J. Brill, 1980), 5:271-72.
5. Audre Lorde, "Uses of the Erotic: The Erotic as Power", *Sister Outsider* (Trumansburg, N.Y.: Crossing Press, 1984), pp. 53-59. Comparar com Vicinus, "Sexuality and Power", p. 136.
6. Lorde, "Uses of the Erotic", p. 57.
7. Beverly Wildung Harrison, "The Power of Anger in the Work of Love: Christian Ethics for Women and Other Strangers", "Sexuality and Social Policy" e "Misogyny and Homophobia: The Unexplored Connections", todos em *Making the Connections: Essays in Feminist Social Ethics* (Boston: Beacon, 1985), pp. 13, 87, 149.
8. Harrison, "The Power of Anger", p. 14.
9. James Nelson, *Between Two Gardens: Reflections on Sexuality and Religious Experience* (Nova York: Pilgrim Press, 1983), p. 6; Harrison, "Misogyny and Homophobia", p. 149.
10. Para este discernimento, e para tudo o que vou dizer no resto deste ensaio, sou profundamente grata aos quatro anos de discussão de sexualidade e espiritualidade com minhas irmãs de B'not Esh. Ver Martha Ackelsberg, "Spirituality, Community and Politics: B'not Esh and the Feminist Reconstruction of Judaism", *Journal of Feminist Studies in Religion* 2, n° 2 (Outono de 1986): 115.
11. Arthur Green, "A Contemporary Approach to Jewish Sexuality", *The Second Jewish Catalog*, ed. Sharon Strassfeld e Michael Strassfeld (Filadélfia: Jewish Publication Society, 1976), p. 98.
12. Nelson, *Between Two Gardens*, p. 7.
13. Adrienne Rich, *Of Woman Born: Motherhood as Experience and Institution* (Nova York: Norton, 1976), p. 285.
14. Lorde, "Uses of the Erotic", p. 57
15. *Ibid.*, p. 55.
16. *Ibid.*, p. 57.
17. Louis M. Epstein, *Sex Laws and Customs in Judaism* (Nova York: KTAV, 1967), p. 14.
18. Robert Gordis, *Love and Sex: A Modern Jewish Perspective* (Nova York: Farrar, Straus, and Giroux, 1978), p. 106.
19. Harrison, "The Power of Anger", pp. 13-14.
20. Lorde, "Uses of the Erotic", p. 59.

21. Sou grata a Denni Liebowitz por colocar o problema desta maneira. Conversa, outono de 1983.
22. Martha Ackelsberg, "Families and the Jewish Community: A Feminist Perspective", *Response* 14, n° 4 (Primavera de 1985): 15-16.
23. David M. Feldman, *Marital Relations, Birth Control, and Abortion in Jewish Law* (Nova York: Schocken Books, 1974), caps. 2, 4, 5; Martha Ackelsberg, "Family or Community?", *Sh'ma* 17 (20 de março de 1987): 76-78.
24. Green, "A Contemporary Approach", p. 98.

Unir-se para Construir um Movimento Mundial / *Aliza Maggid*

1. Sou grata a Aaron Cooper por compartilhar material que ele preparou para um artigo a ser publicado no *Journal of Homosexuality*. Também agradeço a Lorry Sorgman por fornecer extensa informação histórica e sugestões editoriais.

Dar Nomes não É um Ato Simples / *Evelyn Torton Beck*

1. Evelyn Torton Beck, ed., *Nice Jewish Girls: A Lesbian Anthology* (Persephone Press, 1982; reimpressão, Trumansburg, N.Y.: Crossing Press, 1984, edição revista e ampliada, Beacon Press, 1989). Este foi o primeiro livro a quebrar o silêncio em torno da existência de lésbicas judaicas; ele contém ficção, poesia, ensaios autobiográficos e analíticos, bem como fotografias feitas por *ashkenazis*, sefarditas e judeus afro-americanos.
2. Ver *Washington Jewish Week*, "Study Page", rabino Joshua O. Haberman (14 de julho de 1988), p. 22. Esta citação aparece no *Pirke Avot*, capítulo 2, versículo 5, e é repetida textualmente em 4:7 pelo rabino Zadok.
3. Este estudo foi realizado por Mark Zborowski e Elizabeth Herzog (Nova York: Schocken Books, 1962). *Shtetl* é o nome dado às comunidades judaicas das cidades pequenas da Europa Oriental em que a cultura iídiche floresceu. Elas foram destruídas no fim da II Guerra Mundial, tendo a maioria de seus habitantes assassinados ou deportados para os campos de concentração nazistas.
4. Grahn escreve: "Dezenas de milhares de homens gays formavam uma categoria à parte das vítimas do campo de concentração. Eles eram obrigados a usar triângulos cor-de-rosa, enquanto os judeus usavam amarelo, e eram maltratados e mortos de maneira semelhante, principalmente nos campos de trabalho." Judy Grahn, *Another Mother Tongue: Gay Words, Gay Worlds* (Boston: Beacon, 1984), p. 279. Ver também Heinz Heger, *The Men with the Pink Triangle* (Boston: Alyson, 1980).
5. A sigla "JAP" é composta pelas primeiras letras de "Jewish American Princess" (princesa americana judia). Poucos anos atrás, o anti-semitismo juntou-se com o racismo e a misoginia para criar uma forma de violência contra mulheres judaicas, conhecida

DUPLAMENTE ABENÇOADO 305

por "JAP baiting". Para analisar este fenômeno, ver *Sojourner* (setembro de 1988) e *Lilith* (outono de 1987).

6. Grahn é a única historiadora da cultura lésbico-feminista que documenta as contribuições das lésbicas judias a essa cultura e tenta formular uma topologia heróica da Feminista Lésbica Judia. Ver "Judith the Hebrew and Others", pp. 185-91.
7. Grahn, *Another Mother Tongue*, p. xvi.
8. Deuteronômio 6:2.
9. Os marranos eram judeus forçados a converter-se ao cristianismo durante a Inquisição na Espanha e Portugal, mas conservaram as práticas judaicas. Enquanto alguns permaneceram judeus, outros, de fato, tornaram-se cristãos com o tempo, mas guardaram vestígios do ritual judaico.
10. Grahn, *Another Mother Tongue*, p. xvi.
11. Este é o título de um livro importante escrito por Jill Johnston em 1975, no qual ela declarou que as lésbicas são gente.
12. Para juntar estas três cores, a capa de *Nice Jewish Girls* teria que ser em púrpura, branco e azul; o branco teve que ser omitido porque a pequena editora lésbico-feminista que o produziu não podia dar-se ao luxo de uma terceira cor.
13. Agradeço a Lee não apenas por esta formulação, mas por muitas discussões estimulantes sobre estes assuntos, bem como pela magnífica edição.
14. Desejo agradecer a Michael Ragussis por ajudar-me a melhorar alguns destes critérios. A complexidade de "desnomear", "renomear" e "malnomear" pode ser encontrada em seu livro *Acts of Naming: The Family Plot in Fiction* (Nova York: Oxford University Press, 1986). Embora o ponto central específico esteja na ficção britânica do século XIX, a discussão teórica é muito provocadora e útil.
15 Na comunidade lésbico-feminista isto manifestou-se de várias maneiras. No início dos anos 70 (a primeira onda de politização "lésbico-feminista"), somente aquelas que nunca tinham sido casadas e nunca tiveram filhos eram consideradas lésbicas "autênticas"; as que se vestiam e comportavam como homens e as femininas não eram vistas como feministas de verdade. Hoje, as lésbicas que se envolvem sexualmente com homens são consideradas "revertidas" à heterossexualidade, são "despojadas" das credenciais lésbicas e geralmente não são bem recebidas nas atividades da comunidade.
16. "Preocupe-se com o mundo. (...) Pinte o espaço que você ocupa com seus princípios e opiniões. Muitos de nós reclamam a falta de liderança e de organização. Se você sente falta de alguma coisa, é do som de sua própria voz." Bernice Johnson Reagon, citada num anúncio para *fora de nossas costas* (1986).
17. Polanyi desenvolve o conceito de "conhecimento tácito" em *Personal Knowledge: Towards a Postcritical Philosophy* (Chicago: University of Chicago Press, 1958).
18. Por exemplo, a autora Ruth Baetz viveu com outra mulher um relacionamento sexual durante cinco anos, mas não se intitulava "lésbica" até que o relacionamento terminou. Ver *Lesbian Crossroads: Personal Stories of Lesbian Struggles and Triumphs* (Nova York: Morrow, 1980), p. 5.
19. As cerimônias experimentais e diferentes desenvolvidas por um grupo conhecido como *B'not Esh* (Filhas do Fogo), comunidade feminista judaica à qual pertenço (e que se reúne anualmente durante quatro dias num centro de retiro), são as mais satisfatórias,

espiritualmente, para mim. (Para uma completa descrição das práticas do *B'not Esh*, ver o ensaio de Martha Ackelsberg no *Journal of Feminist Studies in Religion* 2, n° 2 [Inverno de 1986]:105-6. Entre outros recursos, esse grupo usa as bênçãos transformadas, criadas por Marcia Falk, sem gênero tanto em hebraico como em inglês, e contendo um sentido novo para o que seja uma bênção. O mais satisfatório ritual de grupo "misto" do qual participei foi a cerimônia do Sabá dirigida por Marcia Falk na conferência da Nova Agenda Judaica, em 1987, que contou com a participação de judeus de todos os tipos, inclusive crianças. Às vezes, os momentos espirituais mais gratificantes vêm com pequenas cerimônias realizadas em minha casa, na companhia de outras lésbicas.

20. Leonard Fein, *Where Are We? The Inner Life of America's Jews* (Nova York: Harper and Row, 1988), p. xvi. Infelizmente, este livro se frustra porque o autor deixa de discutir o desafio feminista (sem falar no desafio lésbico-feminista) ao judaísmo normativo, ou de incluir qualquer discussão de lésbicas e gays judeus. O método do livro também é falho porque o autor deixou de incluir na extensa bibliografia textos feministas judaico importantes que foram publicados nas duas últimas décadas. Sua ignorância se revela de modo especial quando ele, descuidadamente, declara que praticamente nenhuma das intelectuais de proa que ajudaram a lançar o movimento feminista era judia! (p. 227).

21. Embora este movimento fosse extremamente informal, as reuniões de grupos lésbico-feministas nas salas de visita das pessoas, em cidades como Boston, Seattle, Minneapolis, San Francisco, Oakland, Los Angeles, Manhattan, Brooklyn, Washington, D.C., Chicago Filadélfia, Madison, Austin, Detroit, Portland, Santa Fé, Londres e Haifa, pareciam-se muito, sob vários aspectos. Que eu saiba, ninguém fez um estudo sistemático desses grupos, nem é provável encontrar um registro confiável, por causa de sua natureza informal. Um projeto de história oral bem pensado (a ser executado *logo*) parece ser a única maneira de documentar esta forma ímpar de comunidade judaica.

22. Este discurso foi feito numa reunião nacional da Associação Americana de Educação Superior em Washington, D.C., é intitulado "Desenvolvimento dos Corpos Docente e Discente nos Anos 80: Renovando a Comunidade de Estudiosos", e aparece em *Current Issues in Higher Education* (1980).

23. Estou pensando principalmente no Grupo de Lésbicas Judias de Washington, D.C., que continua a reunir-se com regularidade, embora o número de seus membros tenha diminuído de treze para cinco. Eu mesma já não sou membro, embora ainda freqüente os eventos das festas do grupo. O grupo de Madison, Wisconsin, ao qual pertenci como fundadora enquanto vivi em Madison, dissolveu-se oficialmente em 1988, embora tivesse diminuído consideravelmente desde 1978. Um dos problemas que infestaram os grupos judeus lésbico-feministas foi a tensão entre o desejo de organizar uma comunidade, o que significaria abrir os grupos a quem quisesse aderir, e a necessidade de continuidade e o tipo de intimidade que somente um grupo pequeno e estável proporciona.

24. Ver, por exemplo, Letty Pogrebin, "Anti-Semitism in the Women's Movement", *Ms* (junho de 1982), pp. 45-49, 62-72, e Letty Pogrebin, "Coming Out as a Jew", *Ms* (agosto de 1987); Selma Miriam, "Anti-Semitism in the Women's Community", *Sinister Wisdom* 19 (1982); Melanie Kaye/Kantrowitz, "Anti-Semitism, Homophobia, and The Good White Knight", *off our backs* 12 (maio de 1982): 30-31; e Evelyn Torton Beck, *Nice Jewish Girls* (1982) e "The Politics of Jewish Invisibility", *NWSA Journal* (Outono de 1988).
25. Esta reunião ocorreu na primeira convenção da Organização Feminista Lésbica Nacional (NLFO), que foi realizada entre 10 e 12 de novembro de 1978, em Milwaukee, Wisconsin. Embora não houvesse problemas judaicos entre os vários tópicos relacionados na publicidade, um grande número de participantes e organizadores da conferência era de judeus.
26. Importantes eventos culturais, dentre os quais leituras de *Nice Jewish Girls* e de outros trabalhos de lésbicas judias, realizaram-se, dentre outras cidades, em Boston, Washington, D.C., Nova York, Minneapolis, Madison, San Francisco e Los Angeles; estes eventos tiveram platéias de até quinhentas pessoas.
27. O grupo lésbico-feminista de Washington, D.C., que descrevi na nota 23 realizou uma aula pública de *seder*, em 1983, como meio de ensinar à maior comunidade de mulheres, especificamente, a festa da Páscoa. Foi um grande sucesso e contou com mais de cem mulheres.
28. Ver, por exemplo, *The Freedom Seder*, de Arthur Waskow (1969), que teve cinco edições, das quais a mais recente constou de *The Shalom Seders: Three Haggadahs*, compilado pela Nova Agenda Judaica (Nova York: Adama Press, 1984), p. 8.
29. A maioria das *seders* lésbico-feministas não tem os direitos autorais nem é publicada em forma de livro, mas circula amplamente como material fotocopiado — portanto, literalmente "dado" e modificado ano após ano. Uma exceção é *A New Hagaddah: A Jewish Lesbian Seder*, de Judith Stein, (abril de 1984; *Nisan* de 5744), publicado pela Bobbeh Meisehs Press, 137 Tremont Street, Cambridge, MA 02139, e disponível por quatro dólares.
30. Este termo foi cunhado por Georg Simmel, *Conflict and the Web of Group Affiliations*, traduzido por Kurt Wolff e Reinhard Bendix (Nova York: Free Press, 1964), e é usado para descrever as redes criadas por imigrantes judeus nos Estados Unidos, por Gerald Sorin, em *The Prophetic Minority: American Jewish Immigrant Radicals, 1880-1920* (Bloomington: Indiana University Press, 1985), p. 5. Considero este livro extremamente útil para se pensar sobre os grupos judeus radicais contemporâneos (ex.: lésbico-feministas).
31. Um ensaio muito cuidadoso sobre mães lésbicas foi escrito pela ativista lésbico-feminista Nancy Polikoff em *Politics of the Heart: Lesbian Parenting* (Ithaca, NY: Firebrand Press, 1987).
32. Embora muitos convertidos ao judaísmo prefiram intitular-se "judeus por opção", outros acham o termo ofensivo. Por acreditar que cada judeu "escolhe" possuir a identidade judaica ou assimilá-la, prefiro o termo "convertido".
33. A partir de uma conversa com Lee Knefelkamp em 22 de julho de 1988. Para mais ampla discussão sobre este tema, ver o ensaio dela, "Living in the In-Between", na nova edição de *Nice Jewish Girls* (Beacon Press, 1989).

34. Por causa de recentes acontecimentos em Israel, que ameaçavam fazer aplicar a "Lei do Retorno" somente àqueles que tiveram uma conversão ortodoxa, é provável que este problema se torne ainda mais suscetível e seja discutido mais amplamente nos Estados Unidos.
35. Elas também estão solicitando material para uma antologia de artigos da JLDHS, a princípio intitulada *The Hour of the Rooster, The Hour of the Owl*, de um poema em prosa com esse nome. Para mais informações, contatar JLDHS, PO Box 6194, Boston, MA 02114.
36. O início dessas discussões deu-se (por causa da invisibilidade das lésbicas) na conferência sobre "Mulheres Sobreviventes do Holocausto", realizada em 1983 e documentada em *Proceedings of the Conference*, editado por Esther Katz e Joan Miriam Ringleheim e que pode ser obtido em The Institute for Research in History, 432 Park Avenue South, New York, N.Y. 10016. Ver também Vera Laska, *Women in the Resistance and the Holocaust: The Voices of Eyewitnesses* (Westport, Conn.: Greenwood Press, 1983), e trabalhos ainda não publicados de Susan E. Cernyak-Spatz (University of North Carolina, Charlotte) e Ruth Angress (University of California, Irvine).
37. Ver Sorin, *The Prophetic Minority*.
38. *Ibid.*, p. 3, ênfase minha.
39. De acordo com a definição de Irving Howe e Eliezer Greenberg em sua introdução a *A Treasury of Yiddish Stories* (Nova York: Schocken Books, 1973), p. 29.

A Liturgia dos Judeus Gays e Lésbicas / *Yoel H. Kahn*

1. Do movimento das sinagogas gays e lésbicas surgiu e foi publicada liturgia reconhecidamente gay. Embora outros judeus gays e lésbicas, individualmente ou em grupo, tenham criado suas liturgias especiais, elas estão além do objetivo deste artigo. Sobre a liturgia da congregação Sha'ar Zahav, ver, de R. M. Rankin e G. Koenisburg, "Let the Day Come Which is All Shabbat: The Liturgy of the Gay Outreach Synagogue", *Journal of Reform Judaism* 33, n° 1 (Primavera de 1986), e "With David and Jonathan, With Ruth and Naomi We Remember You", *New Menorah* 2ª série, n° 2 (1986).
2. Embora muitos gays e lésbicas "saídos do armário" freqüentem regularmente congregações conservadoras, quase sempre são invisíveis *como pessoas* gays nessas sinagogas.
3. Ver L. A. Hoffman, *Beyond the Text: A Holistic Approach to Liturgy* (Bloomington: Indiana University Press, 1987).
4. Aspectos conservadores são: 1) mais hebraico do que o encontrado na liturgia da Reforma (no mínimo pré-*Gates of Prayer*) e 2) passagens que haviam sido removidas da liturgia pelo movimento da Reforma foram incluídas (ex.: o segundo e o terceiro parágrafos do *Sh'ma*). Este é o estilo dos livros de oração escritos na congregação Beth Simchat Torah de Nova York. Exceção a este modelo é a Beth Chayim Chadashim de Los Angeles, que está ligada ao movimento da Reforma desde sua fundação.

5. Este tipo de pensamento obviamente não se limita aos judeus gays e lésbicas; as feministas judaicas, por exemplo, tiveram de passar por um processo semelhante.
6. Esta seção é baseada num laboratório apresentado, pela primeira vez, na 10ª Conferência Internacional do Congresso Mundial de Judeus Gays e Lésbicas, em Amsterdam, Holanda, julho de 1987.
7. Um livro de orações, autorizado, da Reforma jamais usaria a expressão "a vinda do Messias". Na Sha'ar Zahav, recentemente mudamos esta frase para "fazer a criação total".
8. Em algumas versões anteriores, esta passagem inclui a sentença "pode ser difícil manter uma face reta num mundo reto". De acordo com Daniel Chesir, esta leitura foi composta por Alan Roth, quando membro da congregação Or Chadash, de Chicago.
9. Os judeus gays e lésbicas compararam-se aos marranos, os judeus medievais que foram forçados a converter-se ao judaísmo e praticá-lo em segredo. Ver "Os filhos de Sara não são estrangeiros para se esconder (...)", *Machzor U'becharta Chaim* (Yom Kippur) (Congregação Sha'ar Zahav, 1984), p. 18.
10. Versões anteriores incluíam a frase "lembremo-nos daqueles que *desperdiçaram suas vidas* anulando sua verdadeira natureza". Isto foi criticado como preconceituoso e inadequado e, portanto, foi retirado. A referência àqueles "que caíram em nossa cidade" referia-se antes à violência antigay. Para muitos, ela agora se reporta àqueles que morrem de AIDS. A frase de encerramento, na versão mais recente, enfatiza mais a responsabilidade humana do que o faziam as versões anteriores, que concluíam: "Põe um fim ao ódio e à opressão que temos conhecido há tanto tempo."
11. São mais comuns: "Alegres canções de vitória nas tendas dos justos" [RSV, Salmo 118:15], ou: "As tendas dos vitoriosos [ou justos] ressoam com alegres gritos de libertação." [Novo JPS.]
12. A rabina Margaret Wenig foi quem primeiro me sugeriu o conceito do novo *haftarot* e os critérios para seleção.
13. As primeiras linhas da tradicional oração de *Aleinu* são: "Devemos louvar o Senhor de tudo, Criador do céu e da terra, que nos colocou à parte de outras famílias da terra, dando-nos um destino ímpar entre as nações (...)"
14. Alguns criticaram este texto por não incluir as palavras "gay e lésbica". Uma versão revista e mais inclusiva do texto antigo discutido acima foi acrescentada ao nosso livro de orações: "Às vezes parece que somos forçados a esconder as qualidades que nos distinguem dos outros. Sentimo-nos rechaçados por ser judeus, lésbicas ou gays, velhos ou jovens; e escondemos os atributos incomparáveis com os quais fomos criados, à imagem de Deus." Ver também a alternativa *Aleinu* em *B'chol Levavcha*, p. 201.
15. Este é um dos dois textos usados na congregação Sha'ar Zahav.
16. Por exemplo, *"Avinu Malkaynu, Imeinu Amalkataynu"* [Nosso Pai, nosso Rei, nossa Mãe, nossa Rainha], na liturgia do Grande Dia Santo da congregação Sha'ar Zahav, de San Francisco.

17. Ver Marcia Falk, "Notes on Composing New Blessings: Toward a Feminist-Jewish Reconstruction of Prayer", *Journal of Feminist Studies in Religion* 3, n° 1 (1987): 39-53. Falk dissolve o dualismo da tradição entre sagrado e profano, Sabá e dia da semana, em sua nova bênção para a conclusão do Sabá:

> Vamos distinguir as partes dentro do todo
> e abençoar suas diferenças.
> Como o Sabá e os seis dias da criação,
> possam nossas vidas ser totais através da relação.
> Assim como o repouso santifica o Sabá,
> possa nosso trabalho santificar a semana.
> Vamos separar o Sabá da semana
> e consagrar ambos.

18. Várias seleções estão incluídas em T. Carmi, ed., *Penguin Book of Hebrew Poetry* (Nova York: Viking, 1981).
19. Qualquer um dos poemas de Whitman é apropriado para o uso litúrgico. A oração *yotzeir*, sobre a presença de Deus na natureza, ou as Bênçãos Matinais são muito bem interpretadas pela passagem: "A fumaça de minha respiração (...) minha respiração e inspiração (...)" (*Song of Myself*, seção 2.)
20. Adrienne Rich, *The Fact of a Doorframe* (Nova York: Norton, 1984), p. 264.
21. Isto também evita que o oficiante realize um casamento sem a licença.
22. Outros nomes usados para esta cerimônia incluem *Brit Ahava* ("*Pacto de Amor*"), Cerimônia de Consagração Amorosa, Santa União e Cerimônia de Compromisso.
23. Alguns celebrantes acham os *sheva berachot* muito intimamente identificados com o simbolismo do casamento heterossexual; por isso não os usam como um modelo.
24. De fato, nós recusamos o sexismo e as categorias patriarcais do sistema ortodoxo. O texto da fórmula litúrgica é apropriado para qualquer cerimônia de *kiddushin*, seja heterossexual ou homossexual.
25. Por exemplo, o novo *Nishmat*, de Marge Piercy, e outros escritos do projeto litúrgico P'nai Or.
26. Esta ladainha, extraída da obra de Judy Chicago, *Dinner Party* (Nova York: Anchor, 1979), pode ser usada para a seção de *Aleinu* da cerimônia. Esta passagem combina a chamada do *Aleinu* para fazer do mundo um todo (*tikkun olam*) com os ideais de nossa comunidade. A frase repetida "e então" designa o verso bíblico que inclui o tradicional *Aleinu*: "*Nesse dia* o nome de Deus será um." Seu uso na liturgia me foi sugerido pela rabina Sue Levi Elwell.

Conhecer uma Sinagoga Gay e Lésbica / *Janet R. Marder*

1. Howard Brown, *Familiar Faces Hidden Lives: The Story of Homosexual Men in America Today* (Harcourt Brace Jovanovich, 1976).

2. Evelyn Torton Beck, *Nice Jewish Girls: A Lesbian Anthology* (Watertown, Mass.: Persephone Press, 1982).
3. John Boswell, *Christianity, Social Tolerance, and Homosexuality: Gay People from the Beginning of the Christian Era to the Fourteenth Century* (Chicago: University of Chicago Press, 1980), pp. 11-13.
4. Asher Bar-Zev, "Homosexuality and the Jewish Tradition", *Reconstructionist* 42 (maio de 1976): 20-24.
5. Hershel Matt, "Sin, Crime, Sickness or Alternative Life Style?: A Jewish Approach to Homosexuality", *Judaism* 27, n° 1 (1976): 13-24.
6. Solomon Freehof, *American Reform Responsa: Jewish Questions, Rabbinic Answers*, Coletânea de Respostas da Conferencia Central de Rabinos Americanos, 1889-1983 (Central Conference of American Rabbis, 1983), pp. 49-52.
7. *Ibid.*, pp. 51-52.

Jornada Rumo à Plenitude / *La Escondida*

1. Abraham Joshua Heschel, "No Religion Is an Island", *Disputation and Dialogue: Readings in the Jewish-Christian Encounter*, ed. Frank Ephraim Talmage (Nova York: Ktav, 1975), p. 347.

O Movimento Lésbico-Gay / *Sue Levi Elwell*

1. Eu gostaria de agradecer ao rabino Clifford Librach por sua crítica de um rascunho anterior deste ensaio.
2. Ver a discussão ampla de Yoel Kahn sobre a reação judaica tradicional à homossexualidade em "Judaism and Homosexuality: The Traditional/Progressive Debate," *Journal of Homosexuality* 3, n°.19 (1989).
3. *Ibid.*
4. Ver os ensaios do dr. Eugene Mihaly e do rabino Solomon Freehof em *CCAR Journal* 20, n° 3 (Verão de 1973).
5. Brochura descrevendo a conferência realizada em 20 de abril de 1986, Stephen Wise Free Synagogue, 30 West 68th Street, New York, NY, 10023.
6. Christie Balka, "Beginning to See the Light", *Genesis* 2 (junho-julho de 1986): 10. Ver também "The Courage to Welcome Differences", resumo de um sermão feito pela rabina Helene Ferris no mesmo número de *Genesis* 2 (p. 11).
7. Resoluções adotadas pela 59ª Assembléia Geral da União das Congregações Hebraicas Americanas, Chicago, 29 de outubro — 3 de novembro de 1987.
8. Dirigir-se ao serviço da comunidade judaica em apoio às pessoas com Aids, Leo Baeck Temple, Los Angeles, Califórnia, 12 de março de 1989, p. 3.
9. *Ibid.*, p. 5.

10. Ver "The Torah and the Truth: Coming Out of the Closet", *New Menorah*, 2ª série, 5 (1986).
11. A noção de "louvar todas as nossas escolhas" é proclamada no poema de Marge Piercy "The sabbath of mutual respect", em *Circles on the Water* (Nova York: Knopf, 1982), pp. 270-72.

"Eles" São Nós / *Andy Rose*

1. Ver Mike Rankin, "Reaching In: The Synagogue That Lives with AIDS", *Moment* 11, n°1 (dezembro de 1985).
2. O material educacional do Nechama é encontrado em 6505 Wilshire Boulevard, Suite 510, Los Angeles, CA, 90048.
3. O material do programa BBYO é encontrado em 1640 Rhode Island Avenue N.W., Washington, D.C., 20036.
4. O material do programa NFTY é encontrado em 838 Fifth Avenue, New York, N.Y., 10021.
5. "Confronting the Aids Crisis" e outros materiais escritos estão disponíveis na UAHC, 838 Fifth Avenue, New York, NY, 10021.
6. *Keeping Posted* 33, n° 2 (novembro de 1987).
7. "Aids: A Jewish Response" encontra-se na United Synagogue of America, 155 Fifth Avenue, New York, N.Y., 10010.
8. "Aids: We Care" é publicada pela B'nai Brith Commission on Community Volunteer Services, 1640 Rhode Island Avenue N.W., Washington, D.C., 20036.
9. Ver Andy Rose, "Jewish Agency Services to People with Aids and Their Families", *Journal of Jewish Communal Service* 64, n° 1 (outono de 1987). Para mais informações, entrar em contato com Jewish Family and Children's Services, 1600 Scott Street, San Francisco, CA, 94115.
10. O Projeto da Jewish Board of Family and Children's Services, da Aids, encontra-se em 26 Court Street, Suite 800, Brooklyn, N.Y., 11201.
11. Daniel H. Freelander, "Aids: A Personal Plea", *Reform Judaism* 16, n° 2 (inverno de 1987-88).
12. Ver do rabino Barry Freundel, "Aids: A Traditional Response", *Jewish Action* (inverno de 1986-87).
13. O American Jewish Committee, bem como a UAHC, participou de fundação da Aids National Interfaith Network, a primeira iniciativa inter-religiosa a responder aos problemas de política pública, educacional e pastoral da Aids. Essa organização pode ser contatada em 131 W. 31st Street, 17th floor, New York, N.Y., 10117.
14. Andrea Jolles, "Aids and the Silent Jewish Majority", *B'nai Brith International Jewish Monthly* (abril de 1987).
15. Ver *Reform Judaism* 14, n° 2, e 15, n° 1, para exemplos.
16. Ver Jeffrey R. Solomon, "Aids: A Jewish Communal Challenge for the' 90s", *Journal of the Jewish Communal Service* 65, n° 1 (outono de 1988), em aditamento ao artigo de Rose citado anteriormente.

17. Rabino Gerald C. Skolnik, "AIDS and Synagogue Life", *United Synagogue Review* (outono de 1988).

Apêndice 1 / Denise L. Eger e Lesley M. Silverstone

1. Textos bíblicos, especificamente o Levítico 18:22 e 20:13, proíbem relações homossexuais masculinas. Além disso, a Maimonides Mishneh Torah codifica as proibições e também discute o lesbianismo.
2. Por exemplo, *Jenny Lives with Eric and Martin*, de Susanne Bosche (Londres: Gay Men's Press, 1983).
3. Ver "Uma Cerimônia de Compromisso", de Paul Horowitz e Scott Klein, neste volume.
4. Dentre os melhores livros estão *Reflections of a Rock Lobster*, de Aaron Fricke (Boston: Alyson, 1983), *One Teenager in Ten: Writings by Gay and Lesbian Youth*, ed. Ann Heron (Boston: Alyson, 1983) e *Annie on My Mind*, de Nancy Garden (Nova York: Farrar, Straus and Giroux, 1982).
5. "Youth, Self-Esteem and Anti-Suicide Curriculum" encontra-se em Ellen Mack, c/o Beth-El Congregation, P.O. Box 2232, Fort Worth, TX, 76113.
6. Shirley Barish, *Six Kallot* (Denver: Alternatives in Religious Education, 1978).
7. UAHC Task Force on Youth Suicide, 838 Fifth Avenue, New York, N.Y., 10021.
8. Sol Gordon e Judith Gordon, *Raising a Child Conservatively in a Sexually Permissive World* (Nova York: Simon and Schuster, 1983).

Apêndice 2 / Tom Rawson

1. "Nós" refere-se à força-tarefa feminista da Nova Agenda Judaica, que desenvolveu este laboratório para grupos judeus baseado, em parte, no trabalho pioneiro do saudoso Ricky Sherover Marcuse e outros sobre "Como Desaprender o Racismo", e o trabalho sobre homofobia feito por Suzanne Pharr, da Coalizão Nacional contra a Violência Doméstica.

GLOSSÁRIO

As seguintes palavras não-inglesas e termos coloquiais ingleses aparecem nas páginas desta antologia. *H* significa hebraico; *Y* significa iídiche; *I* significa inglês; *L* significa ladino; *P* significa português; *Lt* significa latim e *G* significa grego. [Nota dos editores: agradecimento especial a Rebecca T. Alpert pela ajuda com este glossário.]

Aleinu (H) Antiga oração de louvor a Deus normalmente recitada no fim da cerimônia de oração.
aliyah (H, pl. *aliyot*) Literalmente, ascensão. Uma honra conferida à pessoa que recita as bênçãos antes e depois da leitura pública da Torá.
Amidah (H) A oração central da cerimônia de adoração, normalmente composta de 18 ações de graças.
am kadosh (H) Povo santo.
apikoros (G) Aquele que se recusa terminantemente a observar a lei e os costumes judaicos.
Ashkenazi (H, pl. *Ashkenazim*) Judeus originários do norte da Europa.

bar/bat mitzvah (H, pl. *b'nai mitzvah*) Literalmente, filho/filha dos mandamentos. Indica a idade da maioridade na tradição judaica (para meninas, aos 12 anos, para meninos, aos 13).
beracha (H, pl. *berachot*) Bênção.
Bereshit (H) O livro bíblico do Gênesis, chamado em hebraico por sua primeira palavra, "No princípio".
bialy (Y) Um pão, semelhante a um *bagel* (pãozinho em forma de anel), mas sem um buraco no centro.
bikkur cholim (H) Visita aos enfermos, considerada importante mandamento.
bima (H) Setor mais alto da sinagoga em que o líder fica e a Torá é lida.
butch (I) Termo para lésbicas que assumem um papel masculino estereotipado.
brit milah (H), *bris* (Y) Circuncisão ritual de meninos de oito dias de idade, que, de acordo com o mandamento bíblico, simboliza a entrada no meio do povo judeu. Na última década, as feministas criaram cerimônias para dar as boas-vindas às crianças de ambos os sexos na comunidade.

cantor (I) Pessoa que canta e salmodia durante a cerimônia de adoração.
challah (H) Trança de pão doce comida pelos judeus no Sabá e em dias santos.

chavurah (H, pl. *chavurot*) Círculo de amigos. Refere-se a um pequeno grupo de judeus que se reúne para rezar, estudar e celebrar dias santos e outras datas.
chevra kadisha (H) Sociedade santa. Geralmente refere-se a um grupo de pessoas que lava e veste um defunto para prepará-lo para o enterro.
chevra tefila (H) Comunidade de oração.
chuppah (H) O pálio sob o qual o casal fica na cerimônia do casamento judeu.

daven (Y) Rezar de forma judaica tradicional, inclusive com entonação monótona, movimentos do corpo e intenção nobre.
d'var torah (H, pl. *d'vrei torah*) Comentário sobre o texto judaico, muitas vezes feito no curso de uma cerimônia religiosa ou de outra reunião oficial.
dyke (I) Termo para lésbica. Embora originário de um termo pejorativo, algumas lésbicas reivindicaram o termo nas duas últimas décadas e o usam quando se referem a si mesmas.

Eretz Yisrael (H) Literalmente, a terra de Israel.

fairy (I) Termo para homens gays. Embora o significado original fosse pejorativo, alguns homens gays passaram a reivindicar este termo e o usam quando se referem uns aos outros, com orgulho.
fem(me) Termo para uma lésbica que assume um papel feminino estereotipado.
feygele (Y) Passarinho. Gíria para homens gays, geralmente usada em sentido pejorativo.
frume (f.), *frum* (m.) (Y) Escrupulosamente praticante.

gmilut chassidim (H) Atos de bondade carinhosa.

hachnasat kallah (H) Boas-vindas à noiva.
haftarah (H) Uma seleção dos livros de profecias da Bíblia escolhida para ler no Sabá. A parte selecionada é tematicamente ligada à *parsha*.
Haggadah (H) Literalmente, história. O texto que é usado na *seder* da Páscoa para explicar os rituais.
halacha, halakha (H) Literalmente, caminho. Lei judaica.
hamenstaschen (Y) Literalmente, chapéu de Haman. Bolo triangular recheado com sementes ou frutas, comido durante o festival do Purim.
Havdalah (H) A cerimônia que marca o fim do Sabá.
heterossexismo (G, P) Discriminação contra lésbicas e homens gays.
High Holy Days (I) Dez dias observados como o início do Ano-Novo Judeu, começando com o *Rosh Hashanah*, o Ano-Novo, e concluindo com o *Yom Kippur*, dia de jejum e expiação.
homofobia (G, P) Medo de lésbicas e de homens gays.
hora (H) Dança folclórica israelense.

ima (H) Mãe.

kabbalah (H) Corpo de misticismo judeu medieval.
Kaddish (H) Literalmente, santificação. Oração de louvor a Deus, usada para lembrar os mortos.
kashruth (H) O sistema de leis (manter-se limpo) que regula os hábitos dietéticos e culinários dos judeus praticantes.
kiddush (H) Santificação. O termo geralmente se refere à bênção dada com vinho no Sabá e em dias santos.
kiddushin (H) Cerimônia de casamento judaica.
kike (I) Termo depreciativo para os judeus da Europa Oriental.
kitl (Y) Traje branco usado pelos homens em ocasiões especiais e com o qual se é enterrado.
kol Nidre (H) Literalmente, todos os votos. Texto que precede a cerimônia do *Yom Kippur*. As palavras se referem a uma anulação legal de votos. O texto é cantado com melodia triste.
kvel (Y) Exclamar com orgulho.
kvetch (Y) Reclamar, o que reclama.

Lesbian and Gay Pride, Freedom Day (I) Celebração anual de orgulho lésbico e gay realizada no aniversário da rebelião de Stonewall em cidades por toda a América do Norte. Geralmente marcada por um desfile e outros eventos culturais e políticos.

Magen David (H) A estrela de seis pontas asssociada aos judeus e ao Estado de Israel.
Marranos (L) Judeus que foram forçados a esconder sua identidade na Espanha depois da Inquisição. Externamente, os marranos adotaram todos os costumes e práticas dos católicos, mas, na privacidade, mantinham um nível de observância do ritual judeu.
mazal tov (H), *mazel tov* (Y) Congratulações.
mechitzah (H) A barreira física usada para separar homens e mulheres numa cerimônia tradicional de oração.
menorah (H) Candelabro aceso durante o festival do *Hanukkah*.
mentsh (Y) Uma pessoa boa.
mentshlikhkayt (Y) A arte do comportamento bondoso.
meshugeneh (Y) Um tanto louco.
midrash (H) Histórias que explicam o significado dos textos judeus.
minyan (H) Uma oração para um número de dez. Embora, no passado, somente os homens tomassem parte num *minyan*, as mulheres conseguiram ser incluídas no *minyan*, exceto nos círculos mais tradicionais.
mishpacha (H) Família.
mitzrayim (H) Egito; lugares estreitos.
mohel (H) A pessoa que executa o ritual de circuncisão.

negiyah (H) A proibição de tocar uma pessoa de outro sexo.
nelly (I) Termo depreciativo usado para descrever um homem gay efeminado.

parsha (H, pl. *parshiot*) O capítulo da Torá a ser lido em determinada semana. A Torá é lida num ciclo anual, um capítulo por semana.

Pentateuco (P) Os cinco livros de Moisés, os primeiros cinco livros da Bíblia.

Pesach (H) Páscoa, festival de primavera que marca a libertação do povo judeu do Egito.

piyyutim (H) Orações escritas por poetas na Idade Média, que foram incorporadas na liturgia dos judeus.

Purim (H) O festival judaico que comemora a libertação dos judeus do jugo persa, de acordo com a descrição no livro bíblico de Ester.

responsum (Lt) Resposta de um rabino a uma questão legal.

Rosh Hashanah (H) O Ano-Novo judeu.

ruach (H) Literalmente, vento. Espírito ou entusiasmo.

schlemiel (Y) Tolo.

schvartses (Y) Referência depreciativa aos afro-americanos.

seder (H) Literalmente, ordem. A *seder* é a cerimônia realizada por judeus em nossos lares na primeira (e, em alguns casos, na segunda) noite da Páscoa. Consiste na recitação e discussão dos símbolos e da história do Êxodo do Egito.

Sabá (H), *shabbos* (Y) (pl. *Shabbatot*). O Sabá judeu, observado do pôr-do-sol de sexta-feira ao pôr-do-sol de sábado.

Sephardi (H, pl. *Sephardim*) Judeus do sul da Europa, norte da África e Oriente Médio.

sheygets (Y) Homem que não é judeu. Geralmente, usado de modo depreciativo.

shidekh (Y) Um jogo.

shiva (H) Período de sete dias pranteando um morto.

shofar (H) Chifre de carneiro, usado como instrumento musical sagrado em várias ocasiões no início do ano judeu e, mais notadamente, durante as cerimônias da sinagoga no *Rosh Hashanah*.

shtetl (Y) Pequena vila.

shtibl (Y) Pequena sinagoga.

shul (Y) Sinagoga.

siddur (H, pl. *siddurim*) Livro de orações.

simkhes (Y, pl.) Ocasiões alegres.

Stonewall Rebellion (I) Distúrbio ocorrido em junho de 1969, quando os donos gays do Stonewall Inn, um bar gay de Nova York, reagiram a uma batida de rotina da polícia. Este evento marca o início geralmente aceito do moderno movimento de liberação gay.

sukkah (H, pl. *sukkot*) Morada temporária construída pelos judeus durante a festa do *Sukkot*. O festival comemora as peregrinações dos judeus no deserto e é também um festival da colheita.

Talmude (H, P) O compêndio de vários volumes das leis e do saber judaico, consistindo do *Mishnah* (código de lei do segundo século) e do *Gemara* (comentário sobre o *Mishnah*) compilado durante o século V d.C.

tallit (H), *talis* (Y, pl. *taleysim*) Xale de oração franjado, com *tzitzit* nos quatro cantos.

Tanakh (H) Acrônimo hebraico para as três mais importantes seções da Bíblia hebraica. T = Torá (os cinco livros de Moisés); N = Neviim (os profetas); e KH = Ketuvim (escritos).

tefilin (H) Amuletos de couro colocados na cabeça e braço durante as orações matinais dos dias de semana, em cumprimento ao mandamento bíblico: "Tu os juntarás como um sinal sobre tua mão, e eles serão faixas entre teus olhos" (Deut. 6:4). Somente homens adultos são obrigados a usá-los, mas recentemente também as mulheres começaram a observar esse mandamento.

tikkun olam (H) Literalmente, consertar o mundo.

to'evah (H) Abominação, anátema.

Torah, Torá (H, P) Os cinco livros de Moisés. Também se refere, geralmente, ao ensinamento judeu.

tsimmes (Y) Ensopado doce de carne, batatas e frutas, geralmente servido em dias santos e ocasiões festivas.

tzaddik (H) Literalmente, retidão. Atos de doação, considerados obrigatórios sob a lei judaica.

tzitzit (H) Cordões amarrados em peças de roupa, em cumprimento ao mandamento bíblico de usar um lembrete tangível para cumprir os mandamentos.

yarmulke (Y) Solidéu tradicionalmente usado por homens judeus e, agora, por mulheres judias, como obrigação religiosa.

yeshiva (H, pl. *yeshivot*) Casa de estudo. Nome usado para a escola diurna judaica.

yetzer hara (H) No pensamento judeu, acredita-se que as pessoas sejam influenciadas por forças boas e más, expressas como *yetzer tov* (a boa inclinação) e *yetzer hara* (a má inclinação).

yidishkayt (Y) A qualidade de ser judeu. Ser bem versado em todas as coisas judaicas.

yizkor (H) O rito que relembra os mortos. O *yizkor* é recitado quatro vezes ao ano nos Grandes Dias Santos.

Yom HaShoah (H) O dia escolhido anualmente na primavera para relembrar o Holocausto.

Yom Kippur (H) O último dia dos Grandes Dias Santos, observado por meio de jejum, oração, auto-exame e redirecionamento.

Yom Tov (H) Dia santo.

zaddik (H) Indivíduo probo.

BIBLIOGRAFIA ANOTADA

Esta bibliografia empenha-se em listar uma amostra representativa de fontes anteriores sobre assuntos gays e lésbicos em geral, e judaísmo e homossexualismo em particular. Embora contendo muito material valioso, ela de modo algum é exaustiva.

A lista é derivada em parte de duas ou mais bibliografias extensivas: "Lesbian and Gay Liberation: A Bibliography for the Jewish Community", publicada pela Nova Agenda Judaica (New Jewish Agenda, 64 Fulton St. # 1100, New York, NY 10038); e "Jewish Sources on Homosexuality", compilada pelo rabino Yoel Kahn (Congregation Sha'ar Zahav, 220 Danvers St., San Francisco, CA 94114).

História Gay e Lésbica

Boswell, John, Christianity, Social Tolerance, and Homosexuality: Gay People in Western Europe from the Beginning of the Christian Era to the Fourteenth Century. Chicago: University of Chicago Press, 1980. Este livro muito festejado, escrito por um professor de Yale, traz uma riqueza de novo material histórico à luz em seu exame das atitudes religiosas e sociais em relação à homossexualidade. Dentre suas várias contribuições importantes, o livro documenta os antigos paralelos históricos entre os bodes expiatórios homossexuais e os bodes expiatórios judeus.

D'Emilio, John. *Sexual Politics, Sexual Communities: The Making of a Homosexual Minority in the United States, 1940-1970.* Chicago: University of Chicago Press, 1983. Este livro documenta a opressão sofrida por lésbicas e homens gays num passado não tão distante e explora o começo da história do moderno movimento de liberação gay. Ele mostra o heroísmo individual e os esforços organizacionais que precederam a Rebelião de Stonewall, de 1969.

Grahn, Judy. *Another Mother Tongue: Gay Words, Gay Worlds.* Boston, Beacon Press, 1984. Este livro revelador apresenta um panorama da história cultural gay e lésbica. Oferece notável compreensão da mitologia e da linguagem.

Heger, Heinz. *The Men with the Pink Triangle.* Boston: Alyson Publications, 1980. Heger, sobrevivente gay do Holocausto, conta a própria história de prisão sob o Terceiro Reich. A introdução faz um resumo deste terrível capítulo da história gay, que só recentemente veio à luz.

Katz, Jonathan. Gay *American History: Lesbians and Gay Men in the U.S.A: A Documentary Anthology*. Nova York: Harper and Row, 1986. Este documento, o primeiro do gênero, oferece uma riqueza de material sobre a experiência lésbica e gay nos Estados Unidos, dos tempos coloniais até meados dos anos 70.

Katz, Jonathan. *Gay/Lesbian Almanac: A New Documentary*. San Francisco: Harper and Row, 1983. Este volume inclui pesquisa adicional de arquivo centrada no período colonial e na moderna "invenção do homossexual".

Plant, Richard. *The Pink Triangle: The Nazi War against Homosexuals*. Nova York: Henry Holt and Company, 1986. Este livro oferece a primeira investigação em profundidade da perseguição de homossexuais sob o Terceiro Reich. Foi escrito por um judeu gay refugiado da Alemanha Nazista, que emigrou para os Estados Unidos em 1938.

Shilts, Randy. *The Mayor of Castro Street*. Nova York: St. Martin's Press, 1982. Este livro é uma comovente biografia do líder político gay judeu, Harvey Milk, que foi eleito para o corpo administrativo de San Francisco e assassinado em 1978. O livro pinta um quadro da vida política, social e cultural da comunidade burguesa gay e lésbica na San Francisco dos anos 70.

Problemas de Ciclo de Vida e Família

Adelman, Marcy, ed. *Long Time Passing: Lives of Older Lesbians*. Boston: Alyson Publications, 1986. Estas histórias de mulheres mais vellhas descrevem suas vidas antes do surgimento do feminismo e da liberação gay; suas preocupações com a idade; e problemas de relacionamentos, sexualidade, solidão e comunidade.

Bridges of Respect: Creating Support for Lesbian and Gay Youth. American Friends Service Committee, 1988. Direcionado para pais, líderes religiosos e todos os adultos que trabalham com jovens, este manual fornece informações valiosas e modelos de programas.

Curtis, Wayne, ed. *Revelations: A Collection of Gay Male Coming Out Stories*. Boston: Alyson Publications, 1988. Vinte e dois homens, entre a adolescência e os setenta anos, revelam as lutas e a liberação de "sair do casulo". Alguns escritores usam pseudônimos, sinal do perigo e opressão que ainda existem.

Fairchild, Betty, e Nancy Hayward. *Agora que você já sabe*. San Diego: Harcourt Brace Jovanovich, 1979. Este livro foi escrito por e para pais que descobriram que têm filhos gays ou lésbicas. Contém informação básica e narrativas pessoais, e apresenta uma excelente seção sobre os gays e a religião.

Gay Fathers: Some of Their Stories, Experiences, and Advice. Gay Fathers of Toronto, 1981. Pais gays discutem problemas de como revelar-se e permanecer envolvidos na vida dos filhos. Este livro foi publicado antes da tendência dos anos 80 de alguns homens gays escolherem ser pais por meio de adoção, inseminação ou outros meios.

Heron, Ann, ed. *One Teenager in Ten: Writings by Gay and Lesbian Youth*. Boston: Alyson Publications, 1983. Vinte e seis jovens, mulheres e homens, escrevem sobre aprender a aceitar ser "diferente", decidindo se e como revelar-se e seguir adiante com suas vidas.

Holmes, Sarah, ed. *Testimonies: A Collection of Lesbian Coming Out Stories*. Boston: Alyson Publications, 1988. Mulheres contam suas histórias de descoberta, revelação, busca da comunidade lésbica e incremento da consciência política.

Pies, Cheri. *Considering Parenthood*. San Francisco: Spinster/Aunt Lute, 1988. Este livro é um amplo manual para as lésbicas que desejem fazer opções sobre ser mães, incluindo um caderno de exercícios e considerações importantes.

Pollack, Sandra, e Jeanne Vaughan, eds. *Politics of the Heart: A Lesbian Parenting Anyhology*. Ithaca, N.Y.: Firebrand Press, 1988. Esta compilação de prosa e poesia cobre uma ampla escala de experiências de lésbicas no papel direto de mãe/pai ou co-participante: em famílias com filhos biológicos, adotivos e outros. O livro inclui mães de todas as idades.

Silverstein, Charles. *A Family Matter: A Parent's Guide to Homosexuality*. Nova York: McGraw-Hill, 1977. Este livro foi o primeiro a abordar este problema de maneira informativa, simpática e respeitosa. O dr. Silverstein discute assuntos tais como o modo de tocar na questão, a importância de ouvir e maneiras de lidar com o sentimento de culpa.

Vacha, Keith. *Quiet Fire: Memoirs of Older Gay Men*. Trumansburg, N.Y.: Crossing Press, 1985. Dezessete homens gays idosos falam sobre suas vidas.

Literatura Judaica Lésbica e Gay

Beck, Evelyn Torton, ed. *Nice Jewish Girls: A Lesbian Anthology*. Watertown, Mass.: Persephone Press, 1982; reedição, Beacon Press, 1989. Este livro pioneiro, editado por uma colaboradora deste volume, foi o primeiro a afirmar a singularidade e variedade da experiência lésbica judaica. Ele conseguiu ampliar a consciência na comunidade lésbica como um todo. O livro inclui histórias pessoais, ensaios, poesia e fotografias.

Bloch, Alice. *The Law of Return*. Boston: Alyson Publications, 1983. Este romance descreve uma mulher americana vivendo em Israel, explorando seu judaísmo mas também erguendo a voz como mulher e lésbica.

Coming Out, Coming Home: Lesbian and Gay Jews and the Jewish Community. Nova York: New Jewish Agenda, 1987. Este livreto cobre uma ampla variedade de experiências, tratando da total inclusão de lésbicas e homens gays na vida comunitária judaica.

Fierstein, Harvey. *Torch Song Trilogy*. Nova York: New American Library, 1988. Publicado, a princípio, em 1981, *Torch Song* tornou-se um clássico moderno, primeiro como peça da Broadway e agora como filme. Ele fala dos triunfos e tragédias de uma *drag queen* judia, inclusive de seus relacionamentos com a mãe, amantes e o filho adotivo.

Geller, Ruth. *Triangles*. Trumansburg, N.Y.: Crossing Press, 1984. A autora, uma lésbica judia, escreveu este romance baseado na vida da avó.

Glickman, Gary. *Years from Now*. Nova York: New American Library, 1987. Este romance descreve três gerações de uma família judia, vista em parte através dos olhos do neto gay.

Kaye/Kantrowitz, Melanie, e Irena Klepfisz, eds. *The Tribe of Dina: Jewish Women's Anthology*. Edição atualizada. Boston: Beacon Press, 1989. Este número duplo especial de um periódico lésbico-feminista apresenta as experiências de mulheres judias heterossexuais e lésbicas nos Estados Unidos e em Israel. Contém ficção, poesia, ensaios e trabalhos de arte.

Newman, Leslea. *A Letter to Harvey Milk*. Ithaca, N.Y.: Firebrand Books, 1988. Esta antologia de nove contos escritos por uma lésbica judia narra as vidas de um círculo de amigos, seus relacionamentos e suas famílias.

Out of Our Kitchen Closets: San Francisco Gay Jewish Cooking. Congregation Sha'ar Zahav. San Francisco, 1987. Este livro de cozinha, jovial e bem apresentado, foi escrito na melhor tradição dos livros de cozinha das sinagogas. Ele inclui uma história desta congregação gay e lésbica, bem como maravilhosas e cálidas histórias de receitas de família.

Rich, Adrienne. *Blood, Bread and Poetry*. Nova York: Norton, 1986. Esta compilação de prosa selecionada inclui "Split at the Root: An Essay on Jewish Identity". A autora publicou muitos outros trabalhos que iluminam sua arte e sua perspectiva ímpar lésbico-feminista judaica, tais como: *On Lies, Secrets and Silence* (1979), *The Fact of a Doorframe* (1984) e *Your Native Land, Your Life* (1987).

AIDS

Altman, Dennis. *AIDS in the Mind of America*. Nova York: Anchor Books, 1987. Altman explora o impacto social, psicológico e político da epidemia de AIDS. Ele culpa a homofobia e as instituições médicas pela exacerbação da crise.

Calahan, Kathleen A. *AIDS: Issues in Religion, Ethics and Care*. Illinois: Park Ridge Center, 1987. Esta bibliografia anotada abrange material publicado de 1980 a 1987.

Gong, Victor, e Norman Rudnick, eds. *AIDS: Facts and Issues*. New Brunswick, N.J.: Rutgers University Press, 1987. Este livro é uma boa fonte de informação sobre a AIDS, cobrindo problemas médicos, psicológicos, legais, éticos e espirituais.

Nungesser, Lon G. *Epidemic of Courage: Facing AIDS in America*. Nova York: St. Martin's Press, 1986. Pessoas com AIDS, membros da família, amigos, enfermeiros e acompanhantes contam as próprias histórias da epidemia de AIDS.

O'Connor, Tom. *Living with AIDS*. San Francisco: Corwin Publishers, 1987. Este livro prático e auspicioso é escrito por uma pessoa com AIDS para outras que estão vivendo com o HIV. O'Connor explora muitas abordagens para aumentar a saúde, a longevidade e a qualidade de vida.

Quackenbush, Marcia, e Mary Nelson com Kay Clark, eds. *The AIDS Challlenge: Prevention Education for Young People*. Santa Cruz: Network Publications, 1988. Esta abrangente compilação de material sugere estratégias educacionais para uma larga escala de idades, ambientes (inclusive instituições religiosas) e populações especiais.

Fontes Adicionais

Brod, Harry, ed. *A Mensch among Men Explorations in Jewish Masculinity*. Trumansburg, N.Y.: Crossing Press, 1988. Esta antologia, refletindo uma perspectiva masculina judaica pró-feminista, oferece uma série de histórias pessoais e ensaios eruditos, inclusive artigos relacionados ao homossexualismo.

Browne, Susan E., Debra Connors e Nanci Stern, eds. *With the Power of Each Breath: A Disabled Women's Anthology*. Pittsburgh: Cleis Press, 1985. Este livro inclui artigos de 54 mulheres, várias das quais são lésbicas, judias, ou ambas.

Bulkin, Elly, Minnie Bruce Pratt e Barbara Smith. *Yours in Struggle: Three Feminist Perspectives on Anti-Semitism and Racism*. Ithaca, N.Y.: Firebrand Books, 1984. Três mulheres — uma judia, uma cristã branca e uma negra — oferecem seus critérios sobre estas diferentes mas relacionadas formas de opressão.

Curry, Hayden, e Denis Clifford. *A Legal Guide for Lesbian and Gay Couples*. 5ª edição. Ed. Robin Leonard. Nolo Press, 1988. Este compêndio atualizado é útil para as lésbicas e os gays em relacionamentos ou fora deles. Ele trata de assuntos relacionados a contratos, moradia, seguro, paternidade e custódia, tratamento médico e testamentos, bem como outros problemas.

Demystifying Homosexuality: A Teaching Guide about Lesbians dan Gay Men. Nova York: Irvington Publishers, 1984. Este manual de discussão para professores, orientadores e pais inclui uma lista de fontes, bibliografia e declarações de organizações profissionais e religiosas.

Morse, Carl, e Joan Larkin, eds. *Gay and Lesbian Poetry in Our Time: An Anthology*. Nova York: St. Martin's Press, 1988. Esta nova antologia inclui o trabalho de 94 poetas, bem conhecidos e menos conhecidos, que cobrem o espectro de idade, raça, etnia e classe. Estes poemas foram escritos entre 1950 e 1988.

Shernoff, Michael, e William A. Scott. *The Sourcebook on Lesbian and Gay Health Care*, 2ª edição. Washington, D.C.: National Lesbian and Gay Health Foundation, 1988. Este livro inclui excelentes bibliografias e listas de fontes além de artigos sobre sexualidade, saúde mental, AIDS, uso de drogas, problemas de família, e outros tópicos.

Periódicos Judeus

A seção seguinte lista artigos importantes e números especiais de publicações sobre homossexualidade que apareceram em periódicos judeus durante os últimos vinte anos. Uma lista mais completa está disponível com o rabino Yoel Kahn, como citado anteriormente, e aparece na parte final desta bibliografia.

Freehof, Solomon B. "Homosexuality". *Current Reform Responsa* (1969): 236-38. Este curto *responsum* (opinião legal judaica) apóia a condenação tradicional de atos homossexuais. De acordo com o autor, a ausência de discussão prolongada da homossexualidade em fontes judaicas "fala bem da normalidade e pureza do povo judeu".

"Judaism and Homosexuality". *CCAR Journal* 20, N° 3 (verão de 1973). Este simpósio no periódico do movimento da Reforma foi inspirado pelo pedido da Beth Chayim Chadashim, uma congregação de gays e lésbicas de Los Angeles, para admissão na Union of American Hebrew Congregations. Os oito artigos do periódico vão da eloquente defesa do lugar de lésbicas e gays na comunidade, de Sanford Ragin ("An Echo of the Pleas of our Fathers") aos ataques hostis ("A Congregation of the Emotionally Ill?"). Solomon Freehof, em seu segundo *responsum* ao assunto, reitera suas anteriores objeções e declara sua oposição às sinagogas gays e lésbicas.

Lamm, Norman. "Judaism and the Modern Attitude towards Homosexuality". *Encyclopedia Judaica Yearbook* (1974), pp. 197-204. Lamm revê fontes judaicas históricas e frisa que a homossexualidade deve permanecer "inaceitável pelos judeus". Este artigo foi amplamente reimpresso e posto em circulação.

"Must Homosexuals Be Jewish Outcasts?" *Sh'ma* 5:98 (3 de outubro de 1975), pp. 303-5. No primeiro artigo publicado por um judeu gay num periódico conservador judeu, o autor pede tolerância e aceitação.

Mehler, Barry. "Gay Jews: One Man's Journey from Closet to Community". *Moment* 2 n° 5 (fevereiro/março de 1977): 22-24. Este artigo é um comovente depoimento pessoal sobre assumir-se e encontrar um lar na comunidade gay.

Matt, Hershel J. "Sin, Crime, Sickness or Alternative Life Style?: A Jewish Approach to Homosexuality". *Judaism* 27 (1978): 13-24. Durante muitos anos, este ensaio foi considerado uma declaração autorizada liberal judaica sobre a homossexualidade. Matt argumenta que, desde que os homossexuais não têm liberdade para escolher sua orientação sexual, não deveriam ser considerados pecadores de acordo com a lei tradicional judaica, mas aceitos como são. Ele pede a realização de uma cerimônia de casamento ou de um tipo semelhante de afirmação para os judeus gays e lésbicas.

Spero, M. H. "Homosexuality: Clinical and Ethical Challenges". *Tradition* 17, n° 4 (primavera de 1979): 17-53. Um terapeuta judeu ortodoxo discute questões clínicas no tratamento de homossexuais. Spero incentiva a "culpa religiosa não-neurótica" como instrumento de mudança. Qualquer insinuação de que homossexualidade é normal ou aceitável está "desencaminhando, deliberadamente, em questão religiosa".

Schwartz, Robert D., e David Novak. "On Homosexuality". *Sh'ma* 11:201 (14 de novembro de 1980), pp. 2-6. Este intercâmbio entre um judeu gay e um rabino conservador ressalta os limites do debate envolvendo os que se consideram certos pela *halakhah*. Robert Schwartz afirma, com firmeza, sua recusa em voltar ao casulo para ser bem-recebido na sinagoga e na comunidade judaica.

"Homosexuals and Homosexuality: Religious Leaders and Laymen Compare Notes". *Judaism* 32 (outono de 1983). Este livro é desfigurado pela distorção e homofobia do principal artigo, que até os colaboradores não-gays rejeitam. Os colaboradores são rabinos e profissionais de saúde mental.

Marder, Janet R. "Getting to Know the Gay and Lesbian Shul". *Reconstructionist* 51, n° 2 (outubro/novembro de 1985): 20-25. Marder descreve o próprio crescimento como rabina da Beth Chayim Chadashim. Este número do periódico, que inclui três outros artigos de apoio aos gays, é uma das melhores introduções ao assunto.

"Homosexuality". *Keeping Posted* 32, n° 2 (outubro de 1986). *Keeping Posted* é a revista do movimento da Reforma para a educação de segundo grau e de adultos. Esta excelente edição inclui uma descrição das congregações gays, fatos médicos e psicológicos e narrativas pessoais de dois jovens judeus sobre revelar-se. Uma entrevista com um psiquiatra que considera a homossexualidade um estado impeditivo do desenvolvimento é uma inclusão infeliz.

Matt, Hershel J. "Homosexual Rabbis?" *Conservative Judaism* 39, n° 3 (1987): 29-33. Tendo concluído que a orientação sexual é um traço inalterável da personalidade, Matt pede a total rejeição do ensino tradicional judaico e apóia a ordenação de rabinos gays e lésbicas.

Kirschner, Robert. "Judaism and Homosexuality: A Reappraisal". *Judaism* 37, n° 4 (outono de 1988): 450-58. Kirschner argumenta que, por entender-se tão pouco sobre as origens da orientação sexual, a criatividade ortodoxa deveria ser usada para suspender a aplicação da tradicional lei judaica. O benefício da dúvida deveria ser concedido, com os homossexuais, portanto, sendo totalmente aceitos e integrados na vida comunitária judaica.

Kahn, Yoel. "Judaism and Homosexuality". *Journal of Homosexuality* 18, n°[s] 1-2 (inverno de 1989). O ensaio de Kahn levanta tudo o que foi escrito sobre judaísmo e homossexualidade entre 1968 e 1987. Afirmando que o mundo bíblico e dos rabinos não tinha idéia de orientação homossexual, Kahn argumenta que a condenação tradicional do comportamento homossexual não é adequada hoje e não deveria ser mais invocada. Ele afirma que as diferentes orientações sexuais são parte da diversidade da criação e refletem a criação da humanidade à imagem de Deus.

NOTAS SOBRE OS COLABORADORES

Adina Abramowitz mora em Media, Pennsylvania, onde trabalha numa sinagoga recém-inaugurada, a Mishkan Shalom. Ela e sua namorada pertencem à diretoria da sinagoga e são coordenadoras do comitê da vida espiritual. Adina dirige um pequeno negócio de fundo de empréstimo, e ainda procura gays e lésbicas formados pela Hebrew Academy of Washington.

Martha A. Ackelsberg, professora de administração no Smith College, foi fundadora do *Ezrat Nashim* (o primeiro grupo feminista judeu a pedir a igualdade das mulheres dentro da comunidade judaica) e do *B'not Esh* (uma cooperativa de espiritualidade feminista judaica). Ela já não tem atividades feministas judaicas e escreveu e falou amplamente sobre tópicos relacionados com o feminismo, mudança da tradição judaica e mudança nas famílias.

Rebecca T. Alpert nasceu e foi criada no Brooklyn, Nova York. Ela foi ordenada rabina no Reconstructionist Rabbinical College, onde serviu durante dez anos como encarregada dos estudantes. Ela divulgou amplamente as áreas de história judaica, ética médica e feminismo. É membro da *B'not Esh*. Rebecca mora com sua parceira e dois filhos em Filadélfia.

Evelyn Torton Beck, estudiosa/professora/ativista, é catedrática e diretora do Women's Studies Program e professora de estudos judaicos da Universidade de Maryland — College Park. É editora de *Nice Jewish Girls: A Lesbian Anthology* (1982); dentre seus outros livros estão *Kafka and the Yiddish Theater* (1971) e *The Prism of Sex* (1979). Ela faz conferências e escreve sobre estudos de mulheres judaicas, estudos lésbicos e transformações feministas do conhecimento. Atualmente, trabalha em dois livros sobre perspectivas feministas a respeito de Kafka e mulheres judias e anti-semitismo, bem como numa coleção de seus discursos e ensaios.

Denise L. Eger é rabina da Congregação Beth Chaym Chadashim, de Los Angeles. Ela se formou no Hebrew Union College, Jewish Institute of Religion. Escreveu vários artigos para a revista *Compass*, inclusive um artigo sobre problemas gays no movimento da Reforma.

Sue Levi Elwell é uma rabina que vive e trabalha em Los Angeles. É autora de *Jewish Women: A Mini-Course for Jewish Schools* e editora de *The Jewish Women's Studies Guide*. É formada pelo Hebrew Union College — Jewish Institute of Religion, e tem doutorado em educação de adultos pela Universidade de Indiana. Atualmente, é membro do projeto *P'nai Or Siddur* e participa de numerosas outras organizações e publicações judaicas.

Agnes G. Herman nasceu na cidade de Nova York em 1922. Diplomou-se pela Universidade de Michigan e fez mestrado em assistência social na Universidade de Columbia. Casou-se com o rabino Erwin Herman em 1945. Eles adotaram seus dois filhos no início dos anos 50. Agnes trabalhou para agências de serviço social por todo o país até aposentar-se em 1979. Desde essa época, tem trabalhado como escritora, conferencista e voluntária. Colaborou para o lançamento do programa da Union of American Hebrew Congregations (UAHC) sobre mudança da família judaica e da sinagoga e agora serve no comitê da AIDS. Colaborou com o marido num livro intitulado *The Yanov Torah*.

Jody Hirsh é candidata ao doutorado em literatura hebraica moderna na UCLA (Universidade da Califórnia de Los Angeles), fez conferências e publicou trabalhos nos campos da literatura e educação judaicas. Foi professora da UCLA, Universidade da Califórnia (Berkeley) e Universidade de San Francisco. Durante muito tempo, foi membro da diretoria e coordenadora para a Costa Oeste da Conference on Alternatives in Jewish Education (CAJE). Além disso, foi diretora do San Francisco Bureau of Jewish Education. Jody é uma das poucas judias, que se expressam em hebraico, a tocar viola da gamba.

Linda J. Holtzman, nascida em Filadélfia, graduou-se em 1979 pelo Reconstructionist Rabbinical College. Foi rabina da Congregação Beth Israel, em Coatesville, Pensilvânia, e é rabina em meio expediente da Beth Ahavah, a sinagoga gay e lésbica de Filadélfia. Atualmente, é diretora de rabínico prático no Reconstructionist Rabbinical College. Mora com sua parceira Betsy, os dois filhos Jordan e Zachary, os cachorros Lilith, Ulysses e Circe e a gata Miranda.

Paul Horowitz teve o *bar mitzvah* numa sinagoga ortodoxa, foi membro da organização do movimento conservador da juventude (United Synagogue Youth) e passou verões no Campo Kinder-Ring, secular e socialista, do Women's Circle. Ativista dos movimentos pacifista, feminista e de liberação gay, seus artigos apareceram em *Out/Look*, o periódico trimestral de lésbicas e gays, e *Report on the Americas*, da NACLA. É membro da Nova Agenda Judaica e dos Socialistas Democratas da América.

Yoel H. Kahn foi ordenado no Hebrew Union College – Jewish Institute of Religion, em 1985. Ele é rabino da Congregação Sha'ar Zahav, em San Francisco.

Scott Klein foi criado em Queens, Nova York, numa família secular judaica. Ao ser aluno do Hamilton College, sentiu, pela primeira vez, fazer parte de uma minoria judaica, e desde então passou a participar das sinagogas da Reforma em San Francisco e Nova York. Ativo em política lésbica e gay em ambas as cidades, foi presidente do Lambda Independent Democrats, clube democrático de gays e lésbicas, e candidatou-se a delegado na campanha de Jesse Jackson na eleição primária do Partido Democrata, em 1988.

La Escondida ensina história judaica e religião numa pequena faculdade liberal de artes. Liturgista e musicista, ela também trabalha como rabina numa congregação igualitária de estilo *havurah*.

Aliza Maggid é membro fundador da Am Tikva, que começou em Boston em 1977. Foi diretora de desenvolvimento do Congresso Mundial de Organizações Judaicas Gays e Lésbicas durante três anos. Dirigiu laboratórios sobre questões organizacionais e desenvolvimento de liderança e é autora de um livrinho sobre renovação de liderança usado para treinar membros da diretoria do Congresso. Os relatórios de Aliza sobre as conferências do Congresso Mundial foram publicados no periódico de Boston *Gay Community News* e na antologia *Nice Jewish Girls*. Ela acrescenta: "Minha mãe me ensinou a amar as pessoas além de rótulos e categorias e sempre aplicou isto a seu apoio ao meu povo, os gays e as lésbicas."

Janet R. Marder formou-se pela Universidade da Califórnia, em Santa Cruz, e ordenou-se em 1979 pelo Hebrew Union College — Jewish Institute of Religion, o seminário do movimento da Reforma. Foi a primeira rabina ordenada a trabalhar na Congregação Beth Chayim Chadashim, de Los Angeles, de 1983 a 1988. Atualmente, é diretora associada da União das Congregações Hebraicas Americanas, região do Sudoeste do Pacífico. É casada e tem dois filhos.

Judith Plaskow, professora de estudos religiosos no Manhattan College, tem estado ensinando, aprendendo, falando e escrevendo sobre teologia feminista por quase vinte anos. Ela é uma das fundadoras e co-editora do *Journal of Feminist Studies in Religion*, autora de *Sex, Sin and Grace* e co-editora com (Carol P. Christ) de *Womanspirit Rising* e *Weaving the Visions*. Seu ensaio neste volume é adaptado de sua teologia feminista judaica, *Standing Again at Sinai: Rethinking Judaism from a Feminist Perspective* (Harper and Row, 1990).

Tom Rawson é consultor de computador na área de Boston. Ele colabora na política judaica progressista nacional e local, e trabalhou nos laboratórios sobre Como Desaprender a Homofobia para a Nova Agenda Judaica.

Eric E. Rofes é escritor, administrador de serviço social e organizador da comunidade, e, no momento, é diretor-executivo do Projeto Shanti, organização de luta contra a AIDS de San Francisco. Há pouco tempo, foi diretor-executivo do Centro de Serviços da Comunidade Gay e Lésbica de Los Angeles, onde também trabalhou na Comissão de AIDS do distrito e como vice-diretor do No on Larouche Committee, em 1986. Ele escreveu para várias publicações, inclusive *Gay Community News* e *The Guardian*, e publicou seis livros inclusive *The Kids' Book of Divorce* (Random House, 1981), *Socrates, Plato and Guys Like Me — Confessions of a Gay Teacher* (Alyson, 1984) e *Gay Life* (Doubleday, 1986). Eric trabalhou na diretoria da Fundação Nacional da Saúde Gay e Lésbica e no Instituto Pride, centro de recuperação para lésbicas e homens gays internados.

Faith Rogow, doutora em história da mulher e história judaica, mora com a companheira, Del, nas margens do rio Susquehanna, em Binghamton, Nova York. Foi educadora na comunidade judaica por mais de quinze anos e publicou vários artigos sobre mulheres judias. Também é compositora de música feminista judaica, membro da *B'not Esh* e ativista na comunidade de mulheres local. Sua fantasia secreta é ser um pouco mais alta e a primeira mulher judia atacante da NBA (Associação Americana de Basquetebol).

Burt E. Schuman teve várias profissões, inclusive professor, organizador da comunidade, redator de discursos, produtor de televisão a cabo e diretor de uma organização de relações intergrupais na qual colaborou em laboratórios sobre heterossexismo. Atualmente, dirige uma agência judaica na cidade de Nova York.

Jeffrey Shandler, neto de judeus imigrantes da Europa Oriental, nasceu em Valley Forge, Pensilvânia, em 1956. Mora no Brooklyn com o namorado, Stuart Schear. Jeffrey trabalha e estuda no Instituto YIVO de Pesquisa Judaica de Nova York. Além de etnografia sobre judeus gays, seu trabalho acadêmico inclui artigos sobre a educação tradicional de mulheres em *Ashkenaz*, a semiótica das cartilhas americanas em iídiche, e os auto-retratos judaicos na televisão americana. Sua tradução de *Yingl Tsingl Khvat*, de Many-Leyb, foi publicada pela Moyer Bell.

Lesley M. Silverstone, R.J.E., graduou-se pela escola de educação Rhea Hirsch, do Hebrew Union College — Jewish Institute of Religion. Atualmente, é diretora educacional e de programa do Templo Menorah, em Redondo Beach, Califórnia. Escreveu um manual sobre Israel e vários artigos educacionais, e está trabalhando num novo livro para alunos do curso primário, para a União das Congregações Hebraicas Americanas.

Rachel Wahba é psicoterapeuta em San Francisco, onde também trabalha como supervisora clínica na Operation Concern, agência de saúde mental gay e lésbica.

Felice Yeskel é ativista em mudança social. Trabalha como consultora de desenvolvimento organizacional e técnica em relações humanas com inúmeros grupos, inclusive pequenos negócios, instituições religiosas e educacionais, agências de serviço social e grupos comunitários. Está na fase de dissertação de seu programa de doutorado em desenvolvimento organizacional e tem mestrado em psicologia. Trabalha para a Diversity Works, Inc., empresa de educadores e consultores em mudança social, ajudando grupos a lidar com diferenças culturais.

Alan D. Zamochnick trabalha com questões de incapacidade e direitos gays. Nascido em Filadélfia, tem diplomas das universidades Gallaudet e de Nova York. Atualmente, é coordenador do Projeto de AIDS de uma agência federal de direitos civis, colabora com organizações gays e de incapazes, nacionais e locais, e é presidente da Beth Ahavah, sinagoga de gays e lésbicas de Filadélfia.

Christie Balka é uma ativista que escreveu sobre questões do Oriente Médio, feminismo e lésbicas e gays. Foi vice-presidente nacional da Nova Agenda Judaica, e é diretora do Shalom Center. Trabalha para o Pennsylvania Humanities Council, com sede em Filadélfia, onde mora com sua parceira e dois filhos. Trabalha na comunidade judaica local e pertence à diretoria de sua sinagoga.

Andy Rose é assistente social e ativista da comunidade, vive em Baltimore e dirige o projeto nacional judeu da AIDS em Washington, D.C. Trabalha no Comitê da AIDS da União Americana das Congregações Hebraicas e é membro da diretoria da AIDS National Interfaith Network e do Shefa Fund. Andy foi vice-presidente da Nova Agenda Judaica.

CRÉDITOS

Trechos de "A jornada de uma mãe para 'fora do armário'", de Agnes G. Herman, reproduzidos a partir de *Reconstructionist* 51, n. 2 (outubro de 1985). Cópias deste artigo sobre a questão do Judaísmo e Homossexualismo podem ser encontradas em *Reconstructionist*, Church Road e Greenwood Avenue, Wyncote, PA 19095.

"Começando a conhecer a sinagoga gay e lésbica: uma rabina vai da tolerância à aceitação", de Janet R. Marder, inicialmente publicado em *Reconstructionist* 51, n. 2 (outubro de 1985). Cópias deste artigo sobre a questão do Judaísmo e Homossexualismo podem ser encontradas em *Reconstructionist*, Church Road e Greenwood Avenue, Wyncote, PA 19095.

Trecho do livro *The Book of Blessings*, © 1989 by Marcia Falk, editado pela Harper and Row Publishers, Inc. (inicialmente publicado em "Notes on Composing New Blessings: Toward a Feminist-Jewish Reconstruction of Prayer", *Journal of Feminist Studies in Religion* 3, n. 11 [março de 1987]: 39-53), reproduzido com permissão de Marcia Falk.

Trecho do livro *The Dinner Party*, de Judy Chicago, © 1979 by Judy Chicago, reproduzido com permissão da Doubleday, uma divisão da Bantam, Doubleday, Dell Publishing Group, Inc.

Linhas do poema "Natural Resources" reproduzidos a partir do livro *The Fact of a Doorframe: Poems selected and New, 1950-1984*, de Adrienne Rich, com permissão de W. W. Norton & Company, Inc. Copyright © 1984 by Adrienne Rich. Copyright © 1975, 1978 by W. W. Norton & Company, Inc. Copyright © 1981 by Adrienne Rich.

Trechos da música "Everything Possible", letra e canção de Fred Small, © 1983 by Pine Barrens Music (BMI), a partir do álbum *No Limit* (Rounder Records 4018), reproduzidos com permissão.

Este livro foi composto na tipologia Caslon
Old Face em corpo 11/13 e impresso em papel
Off-set 75g/m² no Sistema Cameron da
Divisão Gráfica da Distribuidora Record.

Seja um Leitor Preferencial Record
e receba informações sobre nossos lançamentos.
Escreva para
RP Record
Caixa Postal 23.052
Rio de Janeiro, RJ – CEP 20922-970
dando seu nome e endereço
e tenha acesso a nossas ofertas especiais.

Válido somente no Brasil.

Ou visite a nossa *home page*:
http://www.record.com.br